Dipl.-Hdl. Frank Hoffmeister

Industriekaufmann Industriekauffrau
Geschäftsprozesse

Prüfungstrainer Abschlussprüfung

Aufgabenteil

Bestell-Nr. 609

u-form Verlag · Hermann Ullrich GmbH & Co. KG

Deine Meinung ist uns wichtig!

Du hast Fragen, Anregungen oder Kritik zu diesem Produkt?

Das u-form Team steht dir gerne Rede und Antwort.

Einfach eine kurze E-Mail an

feedback@u-form.de

Änderungen, Korrekturen und Zusatzinfos findest du übrigens unter diesem Link:

www.u-form.de/addons/609-2025.zip

Wenn der Link nicht funktioniert, haben wir noch keine Korrekturen oder Zusatzinfos hinterlegt.

BITTE BEACHTEN:

Zu diesem Prüfungstrainer gehört auch noch ein **Lösungsteil**.

19. Auflage 2025 · ISBN 978-3-88234-609-1

Alle Rechte liegen beim Verlag bzw. sind der Verwertungsgesellschaft Wort, Untere Weidenstr. 5, 81543 München, Telefon 089 514120, zur treuhänderischen Wahrnehmung überlassen. Damit ist jegliche Verbreitung und Vervielfältigung dieses Werkes – durch welches Medium auch immer – untersagt.

© u-form Verlag | Hermann Ullrich GmbH & Co. KG
Cronenberger Straße 58 | 42651 Solingen
Telefon: 0212 22207-0 | Telefax: 0212 22207-63
Internet: www.u-form.de | E-Mail: uform@u-form.de

Vorwort

Kern der schriftlichen Abschlussprüfung für Industriekaufleute ist das Prüfungsfach Geschäftsprozesse. Hier werden anhand eines Beispielunternehmens vielfältige und komplexe Fragestellungen aufgeworfen, die situationsbezogen bearbeitet werden sollen. Im Rahmen offener Aufgabenstellungen müssen dabei selbstständig Lösungen entwickelt, dargestellt und sinnvoll aufeinander bezogen werden.

Der vorliegende Prüfungstrainer unterstützt Sie bei der Vorbereitung auf diesen bedeutenden Prüfungsteil in inhaltlicher und methodischer Hinsicht.

Im **Aufgabenteil** dieses Prüfungstrainers erhalten Sie Angaben zum Beispielunternehmen sowie Aufgabenstellungen zu den vier prüfungsrelevanten Themenfeldern

– Marketing und Absatz
– Beschaffung und Bevorratung
– Personalwesen
– Leistungserstellung

Diese Aufgaben sollten von Ihnen zunächst ohne Blick auf den Lösungs- und Erläuterungsteil bearbeitet werden. Nur so können Sie ein realistisches Bild Ihres eigenen Kenntnisstandes entwickeln.

Im **Lösungsteil** finden Sie außer den Lösungen auch entsprechende ausführliche Erläuterungen. Der Vergleich dieser Lösung mit Ihren eigenen Antworten ermöglicht Ihnen eine systematische Lernerfolgskontrolle. Vorhandene Wissenslücken werden mit Hilfe der ausführlichen Lösungserläuterungen gezielt geschlossen.

Verlag und Autor wünschen Ihnen viel Erfolg für Ihre Prüfung!

Notizen

Inhaltsverzeichnis Aufgabenteil

	Seite
Einführung und Beispielunternehmen	
Einführung	9 – 14
Beispielunternehmen	15 – 16

Bereich	Aufgaben-Nr.	Seite
01 Marketing und Absatz		
1. Aufgabe	1.1 – 1.6.3	19 – 20
2. Aufgabe	2.1 – 2.8	21 – 23
3. Aufgabe	3.1 – 3.2.2	24
4. Aufgabe	4.1 – 4.4.2	25
5. Aufgabe	5.1 – 5.10	26 – 30
6. Aufgabe	6.1 – 6.6	31 – 32
7. Aufgabe	7.1 – 7.3	32 – 33
8. Aufgabe	8.1 – 8.4	33 – 34
9. Aufgabe	9.1 – 9.3.2	35
10. Aufgabe	10.1 – 10.5.2	36 – 38
11. Aufgabe	11.1 – 11.5.2	38 – 39
12. Aufgabe	12.1 – 12.4	40 – 41
13. Aufgabe	13.1 – 13.3.2	42 – 44
14. Aufgabe	14.1 – 14.6	45 – 46
02 Beschaffung und Bevorratung		
1. Aufgabe	1.1 – 1.5	49 – 51
2. Aufgabe	2.1 – 2.4	51 – 53
3. Aufgabe	3.1 – 3.2	53 – 54
4. Aufgabe	4.1 – 4.2	54 – 55
5. Aufgabe	5.1 – 5.3	55
6. Aufgabe	6.1 – 6.3.3	56 – 57
7. Aufgabe	7.1 – 7.2.3	57 – 58
8. Aufgabe	8.1 – 8.7.2	58 – 60
9. Aufgabe	9.1 – 9.5	61 – 62
10. Aufgabe	10.1 – 10.3.2	62 – 63
11. Aufgabe	11.1 – 11.4	64
12. Aufgabe	12.1 – 12.5.2	65 – 67

Inhaltsverzeichnis

Bereich	Aufgaben-Nr.	Seite
03 Personalwesen		
1. Aufgabe	1.1 – 1.8	71 – 73
2. Aufgabe	2.1 – 2.4	73 – 75
3. Aufgabe	3.1 – 3.6.2	76 – 77
4. Aufgabe	4.1 – 4.4	78 – 79
5. Aufgabe	5.1 – 5.5	79 – 80
6. Aufgabe	6.1 – 6.7	80 – 83
7. Aufgabe	7.1 – 7.6.2	83 – 87
8. Aufgabe	8.1 – 8.5	87
9. Aufgabe	9.1 – 9.3.2	88 – 90
10. Aufgabe	10.1 – 10.3.3	91
04 Leistungserstellung		
1. Aufgabe	1.1 – 1.5	95 – 96
2. Aufgabe	2.1 – 2.5.3	97 – 98
3. Aufgabe	3.1 – 3.3.3	99 – 100
4. Aufgabe	4.1 – 4.6	101
5. Aufgabe	5.1 – 5.7.4	102 – 104
6. Aufgabe	6.1 – 6.4	105 – 106
7. Aufgabe	7.1 – 7.6.3	106 – 110
8. Aufgabe	8.1 – 8.3	111 – 113
9. Aufgabe	9.1 – 9.5	114
Bildnachweis		116

Einführung und Vorstellung des Beispielunternehmens

Notizen

Einführung

I Informationen zur Prüfung

a) Grundaufbau der Prüfung

Die Prüfung besteht aus einem schriftlichen und einem mündlichen Prüfungsteil.

Die schriftliche Abschlussprüfung erfolgt in drei Bereichen:

Geschäftsprozesse	erster Prüfungstag
Kaufmännische Steuerung und Kontrolle Wirtschafts- und Sozialkunde	zweiter Prüfungstag

Die praktische Prüfung erfolgt im Prüfungsbereich Einsatzgebiet.

b) Gewichtung der Prüfungsleistungen

Bei der Ermittlung des Gesamtergebnisses der Prüfung werden die einzelnen Prüfungsteile unterschiedlich stark gewichtet:

Geschäftsprozesse	Dauer: 180 Minuten	40 %
Kaufmännische Steuerung und Kontrolle	Dauer: 90 Minuten	20 %
Wirtschafts- und Sozialkunde	Dauer: 60 Minuten	10 %
Einsatzgebiet	Dauer: ca. 30 Minuten	30 %
		insgesamt 100 %

Sie erkennen diese Gewichtung in der folgenden Darstellung anhand der Fläche der dargestellten Prüfungsbereiche:

Abschlussprüfung	
Schriftliche Abschlussprüfung	**Praktische Prüfung im Einsatzgebiet**
Geschäftsprozesse	Report
	Präsentation
Kaufmännische Steuerung und Kontrolle	Fachgespräch
Wirtschafts- und Sozialkunde	

Einführung

Für die Berechnung des Gesamtergebnisses werden die Ergebnisse entsprechend gewichtet und addiert. Das Fach Geschäftsprozesse hat dabei die größte Bedeutung für das Gesamtergebnis.

Beispiel:

	Gewicht		Ergebnis		
Geschäftsprozesse	40 %	x	77 %	=	30,8 %
Kaufmännische Steuerung und Kontrolle	20 %	x	73 %	=	14,6 %
Wirtschafts- und Sozialkunde	10 %	x	80 %	=	8,0 %
Einsatzgebiet	30 %	x	83 %	=	24,9 %
insgesamt	100 %			=	78,3 %
					= *befriedigend*

c) Bestehen der Abschlussprüfung

Die Bestehensregelung ergibt sich aus § 10 der Ausbildungsordnung.

Demnach ist die Abschlussprüfung bestanden, wenn:

1. im Gesamtergebnis,
2. im Prüfungsbereich Geschäftsprozesse,
3. in mindestens einem der beiden schriftlichen Prüfungsbereiche Kaufmännische Steuerung und Kontrolle und Wirtschafts- und Sozialkunde sowie
4. im Prüfungsbereich Einsatzgebiet

jeweils mindestens ausreichende Leistungen erbracht wurden.

Welche Konsequenzen ergeben sich, wenn diese Bedingungen nicht erreicht werden?

a) ungenügende Leistungen in einem oder mehreren Prüfungsbereichen	Prüfung ist nicht bestanden.
b) In der schriftlichen Prüfung in bis zu zwei Prüfungsbereichen „mangelhaft", die übrigen Prüfungsleistungen mindestens „ausreichend"	auf Antrag des Prüflings oder nach Ermessen des Prüfungsausschusses: mündliche Ergänzungsprüfung von etwa 15 Minuten in einem mit „mangelhaft" bewerteten Prüfungsbereich, wenn dies für das Bestehen der Prüfung den Ausschlag geben kann. Der Prüfungsbereich ist vom Prüfling zu bestimmen. (Anmerkung zur Erläuterung: Dies ist im Allgemeinen bei „mangelhaft" im Bereich „Geschäftsprozesse" der Fall.)

Bei der Ermittlung des Ergebnisses für das betreffende Prüfungsgebiet ist das Ergebnis der schriftlichen Arbeit und der mündlichen Ergänzungsprüfung im Verhältnis 2 : 1 zu gewichten.

Beispiel:

	Gewicht	Ergebnis		
Ergebnis der schriftlichen Prüfung	2 x	45 %	=	90
Ergebnis der mündlichen Ergänzungsprüfung	1 x	69 %	=	69
insgesamt				159/3
			=	53 %
				= *ausreichend*

Einführung

II Tipps für die Prüfung im Fach Geschäftsprozesse*

Die schriftliche Abschlussprüfung prüft insbesondere Ihre Fachkompetenz. Die Bewertung Ihrer Antworten bzw. Lösungen soll darüber Aufschluss geben, inwieweit Sie auf der Grundlage Ihres fachlichen Wissens und Könnens Aufgaben und Probleme zielorientiert, sachgerecht und selbstständig lösen können. Dieses sollen Sie unter der Nutzung unterschiedlicher Methoden unter Beweis stellen. Schließlich sollen Sie Ihr Ergebnis in einen Gesamtzusammenhang einordnen und auch beurteilen können.

Form der Aufgaben: Ungebundene Aufgaben (offene Fragen)

Im Fach Geschäftsprozesse werden dem Prüfling ungebundene Aufgaben gestellt (offene Fragen). Der Prüfungsbogen besteht aus einem Aufgabenbogen, dem eine Anlage beigefügt ist. Diese Anlage enthält die Beschreibung eines Unternehmens, auf das sich die Aufgaben beziehen, sowie Belege und Abbildungen.

Jede der einzelnen Fragestellungen (ungebundenen Aufgaben) basiert auf einer Situation, die sich in dem vorgegebenen Beispielunternehmen abspielt. Die Situationsbeschreibung wird der Aufgabe vorangestellt.

In jeder Situation werden grundlegende betriebswirtschaftliche Problemstellungen und Begriffe aus einer geschäftsprozessorientierten Sicht entwickelt. Für das Lösen der komplexen Aufgaben benötigen Sie ein gutes Orientierungswissen sowie die Fähigkeit zu systemorientiertem und vernetztem Denken. Reines Auswendiglernen von Faktenwissen reicht dabei kaum zur Lösung der Aufgaben aus. Sie sollen als Prüfling vielmehr zeigen, dass Sie Ihre Fähigkeiten und Kenntnisse in einer vorgegebenen Situation handlungsorientiert anwenden können. Versuchen Sie also, sich jeweils in die Geschäftssituation hineinzuversetzen und sich in die Rolle desjenigen zu versetzen, von dem bestimmte situative Problemlösungen verlangt werden.

Wie bereitet man sich auf diese Anforderungen vor?

Hier nun einige praktische Tipps für eine erfolgreiche Vorbereitung und Beantwortung der Aufgaben im Fach „Geschäftsprozesse":

1. Gute inhaltliche Vorbereitung!

Das A und O einer guten Prüfung ist das sichere Wissen über Grundlagen und Zusammenhänge des jeweiligen Inhaltsbereiches.

Sie sollten daher eine Ihnen angemessene Lernstrategie entwickeln. Wichtig dabei ist eine aktive Haltung zu den jeweiligen Inhalten. Versuchen Sie z. B. Zusammenfassungen in eigenen Worten zu den einzelnen Themenbereichen zu erstellen und lassen Sie sich u. U. von Kollegen oder Freunden abfragen.

2. Aufgabenstellung sorgfältig lesen!

Viele Fehler können vermieden werden, wenn die Aufgabenstellung konzentriert aufgenommen wird. Oft werden wichtige Begriffe oder Erläuterungen nur unzureichend verstanden. Vermeiden Sie, sich gedanklich zu stark von der Aufgabenstellung zu entfernen; das kann passieren, wenn Sie beispielsweise zusätzliche Voraussetzungen schaffen oder einen seltenen Ausnahmefall konstruieren.

3. Auf die Formulierung der Frage bzw. des Arbeitsauftrages achten!

3.1 Wie viel wird gefordert?

Welche Form und welchen Umfang die Lösung aufweisen muss, ist aus der Aufgabenstellung zu erkennen.

Die Anzahl der geforderten Angaben (z. B. Nennungen bei Aufzählungen, Anzahl von Vorschlägen, Argumenten etc.) wird in der Aufgabe genannt. Wenn Sie mehr Angaben machen als gefordert (z. B. zehn Gründe aufzählen, obwohl nur drei verlangt werden), so führt das nicht zu mehr Punkten in der Bewertung.

---

*vgl. Industriekaufmann/Industriekauffrau, AKA-Informationen 21
Hrsg. AKA Nürnberg (erhältlich über u-form Verlag)

Einführung

3.2 Was wird gefordert?

Oft sind Aufgaben mit praxisüblichen Unterlagen versehen (z. B. Geschäftsbriefe, Geschäftsformulare, Auszüge aus Gesetzestexten o. Ä.). Diese Belege sind ein wichtiger Bestandteil der Aufgabe und müssen daher genau beachtet und – wie gefordert – für die Lösung verwendet werden.

Es kann z. B. gefordert werden:

- Fehler in vorliegenden Unterlagen festzustellen und dazu Stellung zu beziehen
- Termine zu bestimmen
- Geschäftsbriefe oder interne Korrespondenz zu verfassen
- Berechnungen vorzunehmen
- Beurteilungen abzugeben und Entscheidungen zu treffen
- Vorschläge zu Problemlösungen begründet darzulegen

3.3 Wie werden die Aufgaben bearbeitet?

Die Anforderungen an Form und Umfang können sehr stark variieren.

Beispiele:

- Die gewünschte Antwort erfordert lediglich eine bestimmte Angabe (Nennung) bzw. eine Aufzählung: Die Aufgabe lautet dann z. B.

  - Nennen Sie ...
  - Zählen Sie auf, welche ...
  - Geben Sie ... Gründe/Ursachen an, für ...

- In der gewünschten Antwort sollen bestimmte Begriffe verdeutlicht oder Zusammenhänge und Wirkungsweisen dargestellt werden:

  - Erklären Sie ...
  - Definieren Sie ...
  - Unterscheiden Sie ...
  - Grenzen Sie ... gegeneinander ab.

- Die gewünschte Antwort soll zusätzlich zu der Begriffserklärung bzw. Vorgangsbeschreibung enthalten, warum etwas geschieht, unter welchen Umständen, wann, wo, womit, mit wem, für wen usw.:

  - Erläutern Sie ...

- Die gewünschte Antwort erfordert die klare Darstellung eines Sachverhaltes, Vorgangs, z. B. eines Arbeitsablaufs. Eine eigene Stellungnahme wird hier nicht erwartet:

  - Beschreiben Sie ...
  - Schildern Sie ...
  - Stellen Sie dar ...
  - Geben Sie wieder ...
  - Vergleichen Sie ...

Einführung

Direkte Fragestellungen

Auch diese Fragestellungen lassen erkennen, ob die Frage eine

- Nennung oder Aufzählung (Nennen Sie ...)
- Erklärung (Erklären Sie ...)
- Erläuterung (Erläutern Sie ...)
- Beschreibung (Beschreiben Sie ...)

erfordert.

Beispiele für direkte Fragestellungen

- **Aufzählung oder Nennung**
  - Welche Möglichkeiten bietet ...?
  - Welche Gesichtspunkte spielen für/bei ... eine Rolle?
  - Welche Voraussetzungen müssen für ... gegeben sein?
  - Welche Bedingungen sind zu beachten bei ...?
  - Welche Maßnahmen müssen oder können ergriffen werden bei ...?
  - Welche Gesetze/Bestimmungen regeln ...?
  - Welche Folgen/Auswirkungen hat ... (ohne Begründung)?
  - Welche Aufgaben hat ...?
  - Welche Funktionen übt ... aus?

- **Erklärung**
  - Was versteht man unter ...?
  - Was bedeutet ...?
  - Wie funktioniert ...?
  - Welche Unterschiede bestehen zwischen ...?
  - Worin unterschieden sich ...?

- **Erläuterung**
  - Weshalb ...?
  - Wozu ...?
  - Wofür ...?
  - Welche Vor- und Nachteile hat ...?
  - Welche Folgen oder Auswirkungen hat ... (mit Begründung)?
  - Was ist zu ... zu sagen?

- **Beschreibung**
  - Wie läuft ein bestimmter Vorgang oder Prozess ab?
  - Wie sieht ... aus?
  - Welche Aufgaben fallen in/bei ... an?
  - Wie ist ... organisiert/aufgebaut?
  - Was und/oder wie muss ... geprüft werden?

Einführung

Weitere Aufgabenstellungen

Die Arbeitsanweisungen beziehen sich auf praxisbezogene Handlungsanweisungen.

Beispiele:

- Formulieren eines Geschäftsbriefes und Schreiben des Textes auf einem Vordruck nach DIN 5008 (handschriftlich). Der Vordruck ist Bestandteil des Aufgabenbogens.
- Grafische Darstellung von Kostenentwicklungen etc., z. B. als Kurvendiagramm. Das Feld auf dem Aufgabenbogen ist hierbei entsprechend abgegrenzt vorgegeben.

4. Punkte erzielen!

Sollten Sie eine Aufgabe nicht bearbeiten können, fangen Sie mit der folgenden Aufgabe an. Dieses Vorgehen verhindert, dass Sie sich an einzelnen Aufgaben „festbeißen". So ist das Erreichen der notwendigen Mindestpunktzahl sicherer.

5. Nicht zu früh freuen – Aufgabenstellung bei Rechenaufgaben noch einmal lesen!

Nach Beendigung des Rechenweges sollten Sie noch einmal die Aufgabenstellung durchlesen.
Oftmals kommt es zu Fehlern, weil bei den Rechenaufgaben gleich „drauflos" gerechnet wird (Bsp.: Einzelpreis eines Diktiergerätes ermitteln) und das Ergebnis dann gleich übernommen wird. Lesen Sie – trotz aller Freude über ein ermitteltes Ergebnis – die Aufgabenstellung noch einmal durch (Bsp.: Es war nach dem Preis für **zwei** Diktiergeräte gefragt). Vergessen Sie nicht den passenden Antwortsatz zu formulieren.

6. Konzeptpapier nutzen!

Bei der Beantwortung einiger Fragen kann Konzeptpapier beim Ordnen der Gedanken helfen. Im Innenteil des Prüfungssatzes finden Sie liniertes Konzeptpapier, das Sie hierfür verwenden können (und nur dieses!). Beispielsweise kann man sich bei Rechenaufgaben eine Formel zunächst allgemein notieren und im nächsten Schritt die vorliegenden Werte eintragen.

7. Im Notfall: Teilpunkte sind besser als gar nichts - schreiben Sie's einfach hin!

Sollten Sie doch einmal ratlos vor einer Aufgabe sitzen, sollten Sie nicht zu lange darüber nachgrübeln, sondern lieber bei den anderen Aufgaben die Punkte sammeln. Machen Sie auf dem Konzeptpapier ein kleines Brainstorming. Versuchen Sie unbedingt die Fragen zu beantworten. Erfahrungsgemäß sind viele Gedanken, die man selbst zunächst für falsch hält, doch nutzbar. Vielleicht verdienen Sie sich auf diese Weise immerhin noch einen Teilpunkt. Bleiben Sie aber ganz eng an der Aufgabenstellung.

8. Zeit managen!

Bei offenen Fragen (ungebundenen Aufgaben) muss man aufpassen, dass man sich bei einzelnen Aufgaben nicht zu lange aufhält. Um Zeitnöte zu verhindern, sollten Sie sich an den Zeitvorgaben orientieren, die bei den Aufgaben angegeben sind. Außerdem sollten Sie – bei normaler Handschriftgröße – die auf dem Vordruck zur Beantwortung vorgegebenen Antwortfelder (z. B. Linien) nicht überschreiten.

III Beispielunternehmen

Alle Aufgaben beziehen sich auf das folgende Unternehmen:

1.	**Name**	Keramik-Fabrik Hamburg AG (KAFAHA)
	Geschäftssitz	Kernbrook 12, 20011 Hamburg
2.	**Geschäftsjahr**	1. Januar bis 31. Dezember
3.	**Bankverbindung**	Hamburgbank AG IBAN: DE83 2007 5001 0000 2736 75 BIC: HHBADEFF123
4.	**Produkte**	Für Bau: – Sanitärkeramik (Waschbecken, Badewannen – Porzellan/Acryl, Duschwannen, Toilettenbecken) – Wand- und Bodenfliesen Für Endverbraucher: – Porzellangeschirr und Haushaltskeramik (u. a. Vasen)
5.	**Handelswaren**	– Besteck – Armaturen, Handtuchhalter, Spiegel, Leuchten, Seifenspender, Seifenhalter, Ablagekonsolen aus Edelstahl/Glas
6.	**Maschinen und maschinelle Anlagen**	Trommelmühlen, Knetmaschinen, Strangpressen, Schleifanlagen, Tunnelöfen
7.	**Fertigungsart**	Serienfertigung
8.	**Stoffe**	
	– Rohstoffe	Kaolin, Ton, Quarz, Feldspat, Kreide
	– Hilfsstoffe	Dolomit, Lack, Dichtungsmaterial
	– Betriebsstoffe	Strom, Heizöl, Schmieröle
9.	**Mitarbeiter**	Mitarbeiter 2 215 Auszubildende 20
10.	**Bilanzsumme**	180 Mio. Euro
11.	**Umsatz**	240 Mio. Euro

Beispielunternehmen

Rahmenbedingungen des Unternehmens

1. Weltwirtschaft

Der deutliche Aufschwung der Weltwirtschaft hat sich verlangsamt. Insbesondere in den USA – als Motor der Weltwirtschaft – war dies spürbar. Dennoch wächst das amerikanische Bruttoinlandsprodukt (BIP). Das erreichte Wachstum der US-Wirtschaft ist dabei deutlich größer als das Wachstum in der Euro-Zone. Gedämpft werden die weltwirtschaftlichen Aktivitäten vor allem durch den starken Anstieg des Ölpreises. Dieser entzieht dem privaten Verbrauch Kaufkraft.

2. Euroraum

Die konjunkturelle Erholung im Euroraum hält weiter an. Dennoch wird durch die Energieverteuerung der private Verbrauch gedämpft. Trotz dieser Entwicklung hat sich der private Konsum im Euroraum erhöht. In Folge des stark aufgewerteten Euros werden deutsche Produkte im Ausland teurer. Ungeachtet dieser Entwicklung konnte der Export gesteigert werden.

3. Deutschland

Das Bruttoinlandsprodukt wächst nach einer dreijährigen Phase der Stagnation erstmals wieder. Wachstumsmotor hierbei ist der Export, der deutlich zulegt. Die inländische Nachfrage bleibt aber weiterhin schwach. Diese Entwicklung ergibt sich insbesondere durch höhere Preise für Energie und Gesundheitsdienstleistungen. Gleichzeitig halten sich die Konsumenten beim Kauf langlebiger Konsumgüter zurück, da viele Angst vor einem Arbeitsplatzverlust haben. Die Baubranche steckt auch weiterhin in der Krise und muss einen Rückgang bei den Bauinvestitionen verkraften.

IV Aufgaben

Sie sind ein junger Mitarbeiter/eine junge Mitarbeiterin der Keramik-Fabrik Hamburg AG (kurz: KAFAHA) und durchlaufen die verschiedenen Abteilungen des Unternehmens, um Berufserfahrungen in unterschiedlichen Bereichen zu sammeln.

Alle Aufgaben beziehen sich auf das zuvor beschriebene Unternehmen.

01 Marketing und Absatz

Notizen

Marketing und Absatz

Lesen Sie sich vor der Bearbeitung der Aufgaben die Informationen zum Beispielunternehmen auf den Seiten 15 und 16 durch.

1. Aufgabe

> **Situation**
>
> In einer Besprechung im Marketing-Bereich erfahren Sie, dass der Absatz der Produkte in den letzten beiden Quartalen stagnierte. Der Produktionsleiter Herr John teilt mit, dass die Produktionskapazitäten nur zu 69 % genutzt sind.
>
> Die Unternehmensleitung fordert konkrete Maßnahmen zur Erhöhung des Absatzes. Hierfür soll die Produktpalette um Designer-Waschbecken und Designer-Badewannen ergänzt werden, die qualitativ hochwertig sein sollen und dem stärkeren ökologischen Bewusstsein der Verbraucher Rechnung tragen sollen.
>
> Die Abteilung Marktforschung stellt in der Besprechung folgende Informationen für die Länder der Europäischen Union zur Verfügung:
>
> Jährlicher Absatz – Designer-Waschbecken: 18 000   Stück im Inland und 30 000 Stück im Ausland
> Jährlicher Absatz – Designer-Badewannen: 9 000   Stück im Inland und 12 000 Stück im Ausland
>
> Die Listenverkaufspreise pro Stück betragen bei diesen Waschbecken durchschnittlich 69,00 € und bei Badewannen durchschnittlich 253,00 €. Die variablen Kosten betragen pro Stück bei Waschbecken durchschnittlich 64,00 €, bei Badewannen 247,00 €.
>
> Die Produktion der neuen Produkte kann im gleichen Prozess erfolgen. Die Kapazitäten sind ausreichend.

1.1 Da es sich bei Designer-Waschbecken und Designer-Badewannen um ein für die KAFAHA unbekanntes Marktsegment handelt, werden Sie damit beauftragt ein neues Marketing-Konzept zu entwickeln.

Erläutern Sie vier Handlungsschritte zur Erstellung einer Marketing-Konzeption in einer schlüssigen Reihenfolge.

1.2 Begründen Sie rechnerisch, ob eine Ausweitung des Produktionsprogramms sinnvoll ist.

1.3 Führen Sie zwei weitere Gründe an, die vor dem Hintergrund der Gesamtsituation der KAFAHA für eine Erweiterung des Produktionsprogramms sprechen.

1.4 Um den hohen Anforderungen der Kunden gerecht zu werden, wurde ein neues Herstellungsverfahren zur Formgebung entwickelt. Gleichzeitig sollen sich die Produkte optisch deutlich von den Mitbewerbern unterscheiden. Hierfür wurde ein auffälliges und neues Design entwickelt.

Geben Sie eine geeignete Möglichkeit an, um das Formgebungsverfahren und das Design vor Nachahmung zu schützen.

1.5 In einem langjährigen Forschungsverfahren wurde das Beschichtungsverfahren für Keramik weiterentwickelt. Dieses verbesserte Verfahren bewirkt bei der Herstellung der Keramik einen geringeren Materialverbrauch, eine Verringerung von Abfallmengen sowie eine erhöhte Widerstandsfähigkeit gegen Säure und Druck.

Erläutern Sie zwei wirtschaftliche Vorteile, die sich aus diesem neuen Beschichtungsverfahren für die KAFAHA ergeben.

Marketing und Absatz

1.6 Nach der Vorbesprechung zur Marketing-Konzeption sollen Sie den Einsatz von Absatzhelfern prüfen. Hierzu liegen folgende Informationen vor:

Handlungsreisender 2.500 € monatliches Fixum (zzgl. Arbeitgeberanteil zur Sozialversicherung in Höhe von 21 %) und 1 % Umsatzprovision (Arbeitgeberanteil zur Sozialversicherung ist bereits enthalten)

Handelsvertreter 2 % Umsatzprovision

1.6.1 Skizzieren Sie den Kostenverlauf für beide Absatzhelfer. Beschriften Sie die Achsen und die Kostengeraden.

1.6.2 Begründen Sie rechnerisch, für welchen Absatzmittler sich die KAFAHA unter Kostengesichtspunkten entscheiden sollte. Gehen Sie davon aus, dass die in der Situation genannten Absatzmengen erreicht werden.

1.6.3 Führen Sie drei Gesichtspunkte an, die für den Einsatz von Handlungsreisenden sowie drei Gesichtspunkte, die für den Einsatz von Handelsvertretern sprechen.

Marketing und Absatz

2. Aufgabe

Situation

Der Umsatz der KAFAHA war in den letzten zwei Jahren rückläufig. Um diesem Trend entgegenzusteuern, entscheidet sich die Geschäftsführung zur Erschließung neuer Märkte. Dabei soll durch die Erweiterung des Produktprogramms um den Bereich „Technische Keramik" ein deutliches Umsatzwachstum erreicht werden.

Zur Vorbereitung einer Marketingsitzung sollen Ideen und geeignete Maßnahmen für eine Erhöhung des Umsatzes entwickelt werden. Nach Rücksprache mit der Marktforschungsabteilung stellen Sie fest, dass im Unternehmen bislang keine Informationen und Erfahrungen zum Marktsegment „Technische Keramik" vorliegen.

2.1 Aus der Buchhaltung erhalten Sie die unten stehenden Umsatzangaben. Stellen Sie anhand der Tabelle fest, wie hoch der prozentuale Umsatzrückgang vom Jahr 2022 im Vergleich zum Jahr 2024 ist (kaufmännisch runden).

Umsatz 2022	I.	Quartal	15	
in T€	II.	Quartal	18	
	III.	Quartal	17	
	IV.	Quartal	15	65
Umsatz 2023	I.	Quartal	13	
in T€	II.	Quartal	17	
	III.	Quartal	15	
	IV.	Quartal	14	59
Umsatz 2024	I.	Quartal	12	
in T€	II.	Quartal	18	
	III.	Quartal	12	
	IV.	Quartal	12	54

2.2 Führen Sie zwei mögliche außerbetriebliche Informationsquellen für Marktinformationen an.

2.3 Erläutern Sie jeweils zwei Vor- und Nachteile der Sekundärforschung.

2.4 Sie entscheiden sich dafür, eine Marktforschungsstudie in Auftrag zu geben.

Geben Sie fünf Arbeitsschritte bzw. Vorgehensweisen bei der Durchführung einer Marktforschungsstudie an.

2.5 Formulieren Sie drei Fragen, die durch die Marktforschung im Bereich „Bedarfsforschung" geklärt werden sollten.

2.6 Da nur geringe Kenntnisse über die Marktteilnehmer in diesem Marktsegment vorliegen, sollen die Mitbewerber im Rahmen einer Konkurrenzmarktforschung analysiert werden.

Geben Sie drei Aspekte an, die im Rahmen der Konkurrenzmarktforschung zu untersuchen sind.

Marketing und Absatz

2.7 Nachdem ein volles Geschäftsjahr lang Produkte aus dem Bereich „Technische Keramik" verkauft wurden, lassen Sie eine Marktforschungsstudie durchführen. Mit Hilfe der Ergebnisse sollen Ansatzpunkte für weitere Marketingmaßnahmen gefunden werden.

Zur Vorbereitung des nächsten Treffens des Marketingworkshops sollen Sie die Daten, die Ihnen das Marktforschungsinstitut zugeschickt hat, für eine Präsentation aufbereiten.

2.7.1 Tragen Sie folgende Daten in die nebenstehende Abbildung durch Punkte bzw. Kreuze richtig ein (KAFAHA-Eintragung: •, Marktführer-Eintragung: **x**).

Bereich	Unterkriterium	Note KAFAHA	Note Marktführer
Marketing	Preise	4	3
	Service/Kundendienst	2	2
	Werbung	3	2
	Image	5	2
	Marktanteil	3	1
	Bekanntheitsgrad	2	2
Produkte	Qualität	5	2
	Innovationen	3	4
Mitarbeiter	Qualifikationen	1	3
	Kosten	3	3
	Motivation	2	4
Produktion	Kosten	3	2
	Qualität	4	3
	Kapazität	2	3
Forschung und Entwicklung	Eigenes Know-how/Patente	1	4

Marketing und Absatz

KAFAHA : Auswertung – Technische Keramik

Kriterium	Unterkriterium	Stärke ++ 1	+ 2	0 3	– 4	Schwäche – – 5
Marketing	Preise					
	Service/Kundendienst					
	Werbung					
	Image					
	Marktanteil					
	Bekanntheitsgrad					
Produkte	Qualität					
	Innovationen					
Mitarbeiter	Qualifikationen					
	Kosten					
	Motivation					
Produktion	Kosten					
	Qualität					
	Kapazität					
Forschung und Entwicklung	Eigenes Know-how/Patente					

(Note -> ; Stärke <--> Schwäche)

2.7.2 Stellen Sie jeweils die zwei wesentlichen Stärken und Schwächen der KAFAHA im Vergleich zum Marktführer dar.

2.7.3 Unterbreiten Sie zwei Vorschläge, wie sich die Schwächen der KAFAHA durch geeignete Maßnahmen beseitigen lassen.

2.8 Die KAFAHA liefert Fliesen und Sanitärkeramik, insbesondere an Unternehmen aus der Baubranche. In der Vergangenheit konnte beobachtet werden, dass die Baubranche stark konjunkturabhängig ist. Daher sollen bei den Umwelt- und Marktanalysen volkswirtschaftliche Rahmendaten beachtet werden.

Erläutern Sie drei gesamtwirtschaftliche Eckdaten, die die Auftragslage der KAFAHA beeinflussen und daher bei Marketing-Entscheidungen berücksichtigt werden müssen.

Marketing und Absatz

3. Aufgabe

Situation

Durch die Aufnahme von weiteren Produkten im Bereich Haushaltskeramik und technische Keramik ins Produktprogramm muss die KAFAHA einen neuen Distributionsweg beschreiten. Zur Vorbereitung der Entscheidung wurde eine „Task Force" gegründet, die sich regelmäßig treffen soll und deren Mitglied Sie sind.

3.1 In einer ersten Besprechung soll die Entscheidung für einen direkten bzw. indirekten Vertrieb vorbereitet werden.

3.1.1 Erläutern Sie einem Kollegen kurz den Unterschied zwischen direktem und indirektem Vertrieb.

3.1.2 Zur Vorbereitung des Meetings erstellen Sie eine Mind-Map zu den Vor- und Nachteilen des indirekten Vertriebs.

Ergänzen und erläutern Sie in der unten stehenden Mind-Map je 3 Vor- und Nachteile des indirekten Vertriebs.

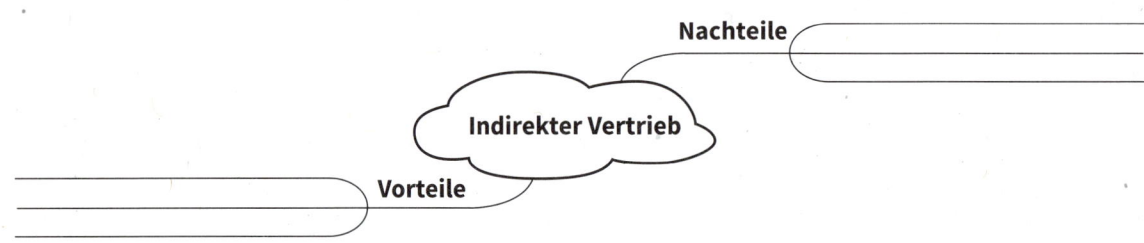

3.2 In einer Marketing-Sitzung schlägt ein Kollege vor, ab sofort ein Franchising-System aufzubauen.

3.2.1 Erläutern Sie kurz, was unter Franchising zu verstehen ist.

3.2.2 Führen Sie zwei Argumente an, warum der Vorschlag zur Einrichtung eines Franchising-Systems nicht geeignet ist.

Marketing und Absatz

4. Aufgabe

Situation

Zur Unterstützung des Vertriebs erwägt die Marketingleitung der KAFAHA den Bereich E-Commerce aufzubauen. Dabei sollen die Waren im Bereich Haushaltskeramik (u. a. Vasen, Geschirr) direkt an den Endverbraucher verkauft werden. Zur Vorbereitung der Entscheidung sollen Sie verschiedene Aspekte vorbereiten und nach einer Einführungsphase das System verbessern.

4.1 Zur Vorbereitung der Projektsitzung überlegen Sie sich in einem Brainstorming, welche großen Meilensteine zwischen der Entscheidung für die Einführung eines E-Commerce-Systems bis zur tatsächlichen Einführung des Systems erreicht werden müssen.

Führen Sie vier Meilensteine an.

4.2 Führen Sie drei Vorteile an, die sich aus der Einführung des E-Commerce für die KAFAHA ergeben können.

4.3 Stellen Sie drei Aspekte des E-Commerce heraus, aus denen sich im Hinblick auf die Wettbewerbssituation besondere Herausforderungen ergeben. Entwickeln Sie jeweils Vorschläge, welche Maßnahmen ergriffen werden sollten.

4.4 Nach den ersten Erfahrungen im E-Commerce-Bereich wird deutlich, dass es immer wieder zu Schwierigkeiten beim Versand der Ware kommt. Die Kunden sind häufig unzufrieden, da die Ware beschädigt ankommt.

4.4.1 Klären Sie, ob die KAFAHA oder die Kunden das Transportrisiko übernehmen müssen.

4.4.2 Schlagen Sie drei Maßnahmen vor, um die Anzahl der Transportschäden zu verringern und die Kundenzufriedenheit zu erhöhen.

Marketing und Absatz

5. Aufgabe

Situation

Als Mitarbeiter der Marketing-Abteilung liegt Ihnen eine Anfrage vom 24.03. der Korean Bathing Company (KBC) über 2 000 Spezial-Waschbecken WCT 70 vor. Nach Rücksprache mit dem Verkaufsleiter sollen die Produkte zum Preis von 67,50 US-$ pro Stück angeboten werden. Die Lieferung soll CIF Hafen Busan erfolgen.

Die Produktion der Waschbecken würde zwei volle Arbeitswochen beanspruchen (Arbeitswoche von Montag bis Freitag). Die Transportzeit beträgt 36 Tage. Aufgrund von Erfahrungen aus der Vergangenheit wird bei Exportaufträgen ein Puffer von zwei Arbeitstagen eingeplant.

Für die Produktion hat Ihnen die Abteilung Produktionsplanung folgende Informationen mitgeteilt:
Variable Kosten pro Stück 31 €, auftragsfixe Kosten 25.000 €. Es sind ausreichende Produktionskapazitäten vorhanden.

5.1 Da die KBC der KAFAHA bisher nicht bekannt ist, möchten Sie Informationen über diesen neuen Kunden einholen.

Führen Sie drei Informationen an, die zur Abschätzung des Risikos benötigt werden und geben Sie zusätzlich an, an welche externen Stellen Sie sich wenden, um diese Informationen einzuholen.

5.2 Formulieren Sie den Text des E-Mail-Angebots an die KBC (auf Deutsch, ganze Sätze)!

Keramik-Fabrik Hamburg AG, Abteilung Vertrieb	28.03.20..
Von: vertrieb@kafaha.de	
An:	
Betreff:	

Marketing und Absatz

5.3 In der Vergangenheit sind immer wieder Verluste aus Exportgeschäften für die KAFAHA entstanden.

Um diese Verluste zu minimieren, hat man Sie damit beauftragt, eine Analyse vorzunehmen.

5.3.1 Führen Sie 2 vertragliche Möglichkeiten an, wie das Risiko von Zahlungsausfällen verringert bzw. vermieden werden kann.

5.3.2 Mit welcher Maßnahme könnte die KAFAHA das Währungsrisiko ausschließen?

5.4 Erläutern Sie die Bedeutung der Frachtklausel „CIF Hafen Busan" hinsichtlich Kosten, Versicherung und Gefahrenübergang.

5.5 Nach einigen Verhandlungen ist der Kunde bereit, 62,50 US-$ netto pro Stück zu zahlen. Geeignete Maßnahmen zur Absicherung des Zahlungseinganges wurden getroffen.

Begründen Sie rechnerisch anhand der vorliegenden Angaben, ob Sie den Auftrag annehmen.

Gehen Sie von einem Umrechnungskurs von 1 € = 1,2000 US-$ aus.

5.6 Der Kaufvertrag mit KBC wird schließlich zu den genannten Konditionen abgeschlossen. Zur Umsetzung planen Sie die Schritte vom Beginn der Produktion bis zur Versandabwicklung.

Führen Sie 6 Schritte in einer schlüssigen Reihenfolge auf.

Fortsetzung nächste Seite

Containerverladung, Hamburg

Marketing und Absatz

5.7 Am 4. April haben Sie vor dem Beginn der Produktion den Auftrag per E-Mail erhalten. Die Produktion kann am nächsten Tag beginnen.

In dem Auftrag wurden Sie um die Mitteilung eines genaueren Liefertermins gebeten.

Ermitteln Sie anhand des Kalenderauszuges den voraussichtlichen Liefertermin, den Sie der Firma KBC mitteilen.

JANUAR
KW	M	D	M	D	F	S	S
53						1	2
1	3	4	5	6	7	8	9
2	10	11	12	13	14	15	16
3	17	18	19	20	21	22	23
4	24	25	26	27	28	29	30
5	31						

FEBRUAR
M	D	M	D	F	S	S	KW
	1	2	3	4	5	6	5
7	8	9	10	11	12	13	6
14	15	16	17	18	19	20	7
21	22	23	24	25	26	27	8
28							9

MÄRZ
KW	M	D	M	D	F	S	S
9		1	2	3	4	5	6
10	7	8	9	10	11	12	13
11	14	15	16	17	18	19	20
12	21	22	23	24	25	26	27
13	28	29	30	31			

APRIL
M	D	M	D	F	S	S	KW
				1	2	3	13
4	5	6	7	8	9	10	14
11	12	13	14	15	16	17	15
18	19	20	21	22	23	24	16
25	26	27	28	29	30		17

MAI
KW	M	D	M	D	F	S	S
17							1
18	2	3	4	5	6	7	8
19	9	10	11	12	13	14	15
20	16	17	18	19	20	21	22
21	23	24	25	26	27	28	29
22	30	31					

JUNI
M	D	M	D	F	S	S	KW
		1	2	3	4	5	22
6	7	8	9	10	11	12	23
13	14	15	16	17	18	19	24
20	21	22	23	24	25	26	25
27	28	29	30				26

JULI
KW	M	D	M	D	F	S	S
26					1	2	3
27	4	5	6	7	8	9	10
28	11	12	13	14	15	16	17
29	18	19	20	21	22	23	24
30	25	26	27	28	29	30	31

AUGUST
M	D	M	D	F	S	S	KW
1	2	3	4	5	6	7	31
8	9	10	11	12	13	14	32
15	16	17	18	19	20	21	33
22	23	24	25	26	27	28	34
29	30	31					35

SEPTEMBER
KW	M	D	M	D	F	S	S
35				1	2	3	4
36	5	6	7	8	9	10	11
37	12	13	14	15	16	17	18
38	19	20	21	22	23	24	25
39	26	27	28	29	30		

OKTOBER
M	D	M	D	F	S	S	KW
					1	2	39
3	4	5	6	7	8	9	40
10	11	12	13	14	15	16	41
17	18	19	20	21	22	23	42
24	25	26	27	28	29	30	43
31							44

5.8 Ihr Kollege erstellt über diesen Auftrag die nachfolgend abgedruckte Rechnung. Bei der Prüfung der Rechnung stellen Sie fest, dass diese zwei sachliche Fehler enthält.

Nehmen Sie direkt in der Rechnung die notwendigen Korrekturen vor.

Keramik-Fabrik Hamburg AG

Kernbrook 12 • 20011 Hamburg
Phone: +49 (0)40 - 17 000 - 0
Fax: +49 (0)40 - 17 000 - 111
E-Mail: info@kafaha.de
Internet: www.kafaha.de

INVOICE

Date of Export: 20..-04-20	Invoice no.: **9878998-KBC-001**
Shipper/Exporter (complete name and address): Keramik-Fabrik Hamburg AG Kernbrook 12 20011 Hamburg Germany VAT No. DE896735679	Recipient (complete name and address): KBC 243-62, Ri-Samchongi Eup-Dokuj Choongchongbuk-Do 322-804 BUSAN-CITY Republic of Korea
Country of export: Germany	Importer - if other than recipient (complete name and address): As Above
Country of manufacture: Germany	
Country of ultimate destination: Korea	
Terms of delivery: CIF Busan	Terms of payment: L/C
International Waybill No.: 700-4756-0854	Currency: US$

Marks/Nos	No. of pkgs	Type of packaging	Full Description of goods	Qty	Units of measure	Weight	Unit Value	Total Value
1 of 1	4	container	WCT-70 No. 8869345	2,000	piece	10 kg	65.20 US$	130,400.00 US$
						Value Added Tax (19%)		24,776.00 US$
	Total No. of Pkgs				Total Weight			Total Invoice Value
	4				20 t			**155,176.00 US$**

Signature of shipper/exporter   Date:

Lutz Christian Bruckner, Export Manager   20..-06-01

5.9 Angebot und Rechnung wurden in US-$ ausgestellt.

Erläutern Sie, welche Konsequenzen sich für die KAFAHA bei dem unten stehenden Kursverlauf für US-$ ergeben, wenn die Rechnung am 01.07. bezahlt wird.

Datum	28.03. (Tag des Angebots)	14.04.	14.05.	14.06.	01.07.
1€ =	1,2000 US-$	1,1955 US-$	1,1235 US-$	1,1877 US-$	1,1632 US-$

Marketing und Absatz

5.10 Als Zahlungsbedingung wurde mit dem Kunden das bestätigte Dokumentenakkreditiv (Letter of Credit, L/C) vereinbart.

Für eine interne Präsentation dieser Zahlungsbedingung wurde ein Ablaufschema entworfen, das noch vervollständigt werden muss:

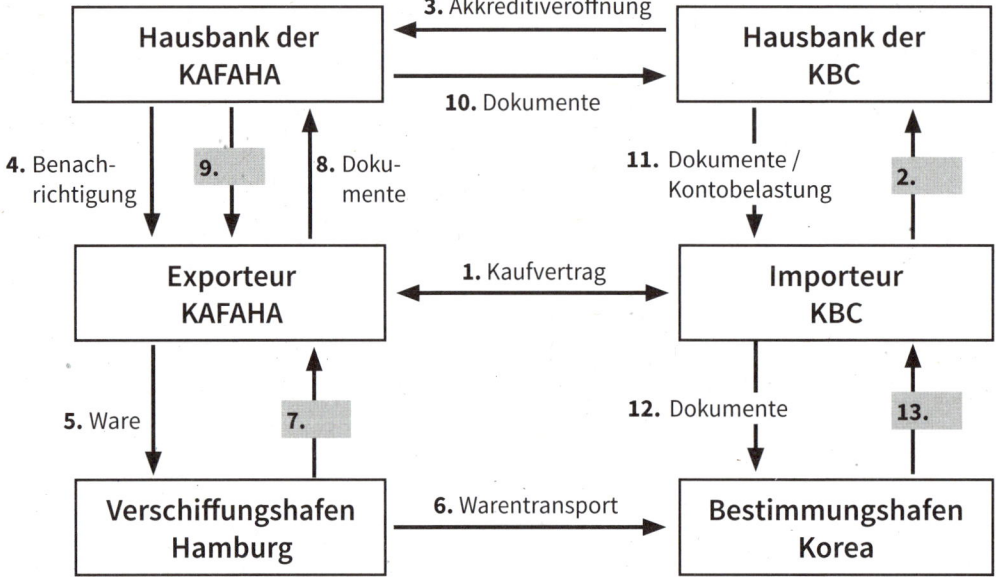

Ordnen Sie den noch zu beschriftenden Pfeilen die richtigen Texte zu! Tragen Sie die Nummern der Pfeile in die unten angegebenen Felder der Tabelle ein.

Text	Pfeilbeschriftung zu Pfeil Nr.
Akkreditivauftrag	
Ware	
Dokumente	
Zahlung/Gutschrift	

Marketing und Absatz

6. Aufgabe

Situation

Aufgrund des schwierigen Marktumfeldes soll im Marketing über die weitere Strategie beraten werden. Ihr Abteilungsleiter bittet Sie um die Aufbereitung von Informationen und sieht für die Zukunft große Probleme, da keine „guten Produkte" nachkommen.

Zur Vorbereitung der Beratungen soll eine Portfolioanalyse durchgeführt werden. Aus der Marktforschung erhalten Sie folgende Angaben:

	KAFAHA Umsatz (in Mio. €) 1. Jahr	KAFAHA Umsatz (in Mio. €) 2. Jahr	Marktvolumen (in Mio. €) 1. Jahr	Marktvolumen (in Mio. €) 2. Jahr	Marktanteil (in %) 2. Jahr	Marktwachstum (in %)
Produkt 1	10	10	140	140		
Produkt 2	23	25	60	62,4		
Produkt 3	12	24	255	357		
Produkt 4	0,1	3,5	4	24		
Produkt 5	55	56	400	407,6		
Produkt 6	3	21,5	15	40		
Produkt 7	10	152	70	273		

6.1 Berechnen Sie mit Hilfe der obigen Angaben die Werte für den Marktanteil (2. Jahr) und die Wachstumsrate des Marktes, die für eine Erstellung der Portfolioanalyse benötigt werden.

6.2 Für eine Präsentation im Unternehmen sollen Sie die Daten zur Portfolioanalyse darstellen. Vervollständigen Sie das Schema und tragen Sie die Werte skizzenhaft ein. Gehen Sie davon aus, dass Werte von 40 % oder mehr als „hoch" eingestuft werden.

6.3 Kennzeichnen Sie im Schema aus **6.2** die Bereiche „Stars" und „Poor Dogs".
Wie sollte mit den Produkten in diesen Bereichen jeweils weiter verfahren werden?

Marketing und Absatz

6.4 Formulieren Sie eine kurze sachliche Stellungnahme zur Aussage des Abteilungsleiters.

6.5 Zur Neuentwicklung von Produkten sind ständig Innovationen der KAFAHA erforderlich. Zur Verbesserung der Innovationskraft sollen Sie Ideen entwickeln, die dann intern diskutiert werden sollen.

Erläutern Sie drei Ideen, wie die Innovationskraft des Unternehmens gestärkt werden kann.

6.6 Aus einer Fachzeitschrift entnehmen Sie, dass Kundenbindung und Kundenpflege für den Unternehmenserfolg zunehmend wichtiger werden.

Stellen Sie 3 Maßnahmen dar, die die KAFAHA bei der Auftragsnachbearbeitung (After Sales) und beim Service ergreifen kann.

7. Aufgabe

Situation

Die KAFAHA fertigt ihre Produkte hauptsächlich für den deutschen Markt. Im laufenden Geschäftsjahr stagniert der Umsatz bei allen Produktgruppen. Um einen weiteren Umsatzrückgang zu verhindern, prüft die Geschäftsleitung Veränderungen im Bereich der Produktpolitik, der Preispolitik sowie der Werbung. In einem Gespräch mit der Marketingleitung, an dem Sie teilnehmen, sollen zur Vorbereitung der Entscheidungen erste Ideen zur Produktpolitik entwickelt werden.

7.1 Führen Sie drei Möglichkeiten an, wie die Produktpalette der KAFAHA verändert werden könnte.

7.2 Der Preis für einen Waschtisch WCT 20 DF beträgt derzeit 180 €. Für den Bereich der Waschtische stellen Sie auf der Grundlage eigener Marktuntersuchungen fest, dass Ihre Kunden auf Preisänderungen reagieren.

Unternehmensinterne Ermittlungen ergaben folgende Kosten:

Variable Kosten je Waschtisch WCT 20 DF 150,00 €, fixe Kosten 100.000 €. Alle Zahlen beziehen sich jeweils auf ein Geschäftsjahr.

7.2.1 Zur Vorbereitung weiterer Entscheidungen im Bereich der Preispolitik sollen die Informationen in einer Tabelle dargestellt werden.

Vervollständigen Sie die unten stehende Tabelle.

Produkt: Waschtisch WCT 20 DF

Preis € je Stück	Absetzbare Menge Stück	Variable Gesamtkosten €	Fixe Gesamtkosten €	Gesamtkosten €	Umsatz €	Gewinn €	Verlust €
280,00	1 000						
260,00	1 500						
240,00	2 000						
220,00	2 500						
200,00	3 000						
180,00	3 500						
160,00	4 000						
140,00	4 500						

Marketing und Absatz

7.2.2 Ermitteln Sie den Preis, zu dem der Waschtisch WCT 20 DF verkauft werden sollte, wenn folgende Zielsetzungen verfolgt werden:

a) Gewinnmaximierung

b) Umsatzmaximierung

c) Maximaler Absatz bei einem noch kostendeckenden Preis

7.2.3 In der Besprechung wird der Vorschlag gemacht, dass die KAFAHA die Preise differenzieren sollte. Sie werden damit beauftragt, sinnvolle Vorschläge für eine Preisdifferenzierung zu entwickeln.

Führen Sie zwei Möglichkeiten der Preisdifferenzierung an.

7.3 Erläutern Sie drei Aspekte, die von der KAFAHA generell bei der Preispolitik beachtet werden sollten, bevor konkrete Maßnahmen beschlossen werden.

8. Aufgabe

Situation

Seit zwei Jahren sind die Umsätze der KAFAHA rückläufig. Zur Verbesserung der Situation nehmen Sie als Sachbearbeiter im Marketing an einer Arbeitsgruppe „Kommunikationspolitik" teil, die Vorschläge erarbeiten soll. In der ersten Besprechung werden verschiedene Entscheidungen und Prozesse vorbereitet.

Für eine neue Werbekonzeption gibt die Geschäftsleitung folgende Rahmenbedingungen vor: Die Werbemaßnahmen sollen kostengünstig sein und zu messbaren Umsatzsteigerungen führen. Dabei sollen direkt Endabnehmer beworben werden und nicht nur, wie bisher, ausschließlich die Fachhändler.

8.1 Führen Sie drei Werbegrundsätze an, die bei der Erarbeitung der neuen Werbekonzeption zu berücksichtigen sind.

8.2 Zur Vorbereitung der nächsten Arbeitssitzung möchten Sie Leitfragen für die Tagesordnung entwickeln, die ein systematisches Bearbeiten der Elemente der Werbeplanung ermöglicht.

Geben Sie vier Leitfragen an, die in den Arbeitssitzungen noch zu klären sind.

8.3 Nach der Durchführung der Maßnahmen hat sich eine Verbesserung der Umsätze der KAFAHA ergeben. Sie werden von der Geschäftsleitung gebeten, eine Einschätzung des Werbeerfolges in quantitativer und qualitativer Hinsicht abzugeben.

Folgende Angaben stellt Ihnen das Rechnungswesen für Ihre Auswertung zur Verfügung:

	Umsatz	Kosten	darin enthalten: Werbekosten
Vorher	2.300.000 €	2.200.000 €	175.000 €
Nachher	2.600.000 €	2.300.000 €	280.000 €

Marketing und Absatz

8.3.1 Ermitteln Sie den ökonomischen Werbeerfolg in Euro unter Berücksichtigung des Gewinnzuwachses.

8.3.2 Zeichnen Sie in der folgenden Skizze das gewinnmaximale Werbebudget ein.

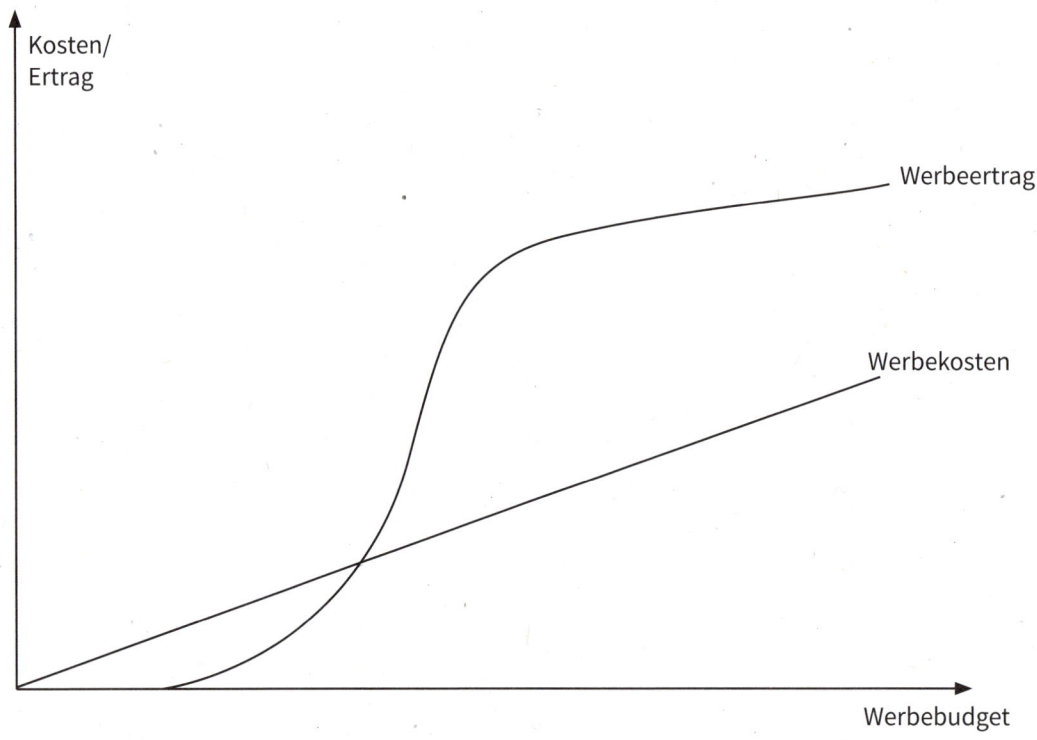

8.3.3 Begründen Sie, warum eine rein rechnerische Betrachtung des ökonomischen Werbeerfolgs problematisch ist.

8.4 Die KAFAHA möchte ein neues Produkt im Bereich „Badfliesen" bekannt machen. Hierfür sollen in zwei Zeitschriften je halbseitige Anzeigen platziert werden.

Entscheiden Sie sich auf der Basis der Tausenderkontaktpreise (TKP), in welchen zwei der zur Auswahl stehenden Zeitschriften die Anzeige erscheinen soll.

	Wohnzeitschriften			TV-Programmzeitschriften	
	Neues Wohnen	Der Umbau	Wohnideen	tv-programm	TV-Alles
Leser pro Ausgabe	700 000	280 000	350 000	1 000 000	850 000
Kosten für ½-Seite	24.000 €	9.500 €	12.500 €	30.000 €	29.000 €

Marketing und Absatz

9. Aufgabe

Situation

Das Unternehmen KAFAHA stellt spezielle, sehr rutschfeste Fliesen für Schwimmbäder, Sportanlagen und Sportstudios her. Anhand der neuesten Verkaufszahlen wird festgestellt, dass der Absatz dieses Spezialproduktes stagniert.

Als Vertriebsmitarbeiter, der für diesen Produktbereich verantwortlich ist, überlegen Sie daher, wie Sie mit Hilfe von Ergebnissen der Marktforschung Vorschläge zur Erweiterung der Produktpalette entwickeln können.

9.1 Zur Vorbereitung der Entscheidungen sollen Marktinformationen mit Hilfe von Primär- oder Sekundärforschung beschafft werden.

9.1.1 Erläutern Sie kurz den Unterschied zwischen Primär- und Sekundärforschung.

9.1.2 In einer Besprechung meint ein Kollege, dass aus Kostengründen ausschließlich Sekundärforschung durchgeführt werden sollte.

Führen Sie zwei Aspekte an, die gegen den Einsatz von Sekundärforschung sprechen.

9.2 Als Ergebnis der Marktforschung wird festgestellt, dass die Kunden einerseits neue Farbvarianten und andererseits verbesserte Abriebeigenschaften bei Fliesen wünschen. Die KAFAHA beschließt daraufhin, einen neuen Fliesentypus mit diesen Eigenschaften zu entwickeln und zu produzieren.

Schlagen Sie der Marketingleitung begründet ein Werbemittel bzw. Medium vor, das geeignet ist, um das neue Produkt erfolgreich auf den Markt zu bringen. Berücksichtigen Sie dabei, dass die Streuverluste möglichst gering sein sollen.

9.3 Sie betreuen den Großkunden "PowerFit" (Sportstudiokette) in Königstein. PowerFit ist langjähriger Kunde der KAFAHA und bestellt für ein neues Studio einige Monate später die neuartigen Fliesen im Gesamtwert von 10.000,00 € (netto).

Im Kaufvertrag ist folgende Zahlungsbedingung vereinbart worden: „Bei Zahlung innerhalb von 8 Tagen 2 % Skonto oder 30 Tage Ziel." Grundsätzlich nutzt dieser Kunde kein Skonto aus, wodurch es immer wieder zu Liquiditätsengpässen bei der KAFAHA kommt.

9.3.1 Sie möchten den Kunden gern von der Vorteilhaftigkeit der Skontoziehung überzeugen.

Begründen Sie rechnerisch gegenüber PowerFit, dass eine Skontoziehung für die Sportstudiokette vorteilhaft ist.

9.3.2 Vor der Auslieferung der Ware hat der Außendienst-Mitarbeiter Herr Boglund durch einen Zufall erfahren, dass PowerFit wirtschaftliche Schwierigkeiten hat.

Beschreiben Sie zwei Möglichkeiten, wie sich die KAFAHA vor einem möglichen Forderungsausfall schützen kann.

Marketing und Absatz

10. Aufgabe

Situation

In der Vergangenheit kam es in der KAFAHA immer wieder zu verschiedenen Problemen, wie z. B. zu lange Lieferzeiten, Lieferunfähigkeit, geringe Auslastung.

Eine eingesetzte Arbeitsgruppe hat die Probleme analysiert und die Ziele der einzelnen Unternehmensbereiche deutlich herausgearbeitet. Zusätzlich wurde zur Ankurbelung des Umsatzes vorgeschlagen, zukünftig auch dauerhaft Bad- und Küchenarmaturen als Handelsware zu verkaufen. Um die Kunden optimal betreuen zu können, wird erwogen, mehrere Verkaufsbüros zu eröffnen. Zur Vorbereitung der Entscheidung sollen Sie das Für und Wider einer solchen Maßnahme in der kommenden Sitzung erläutern.

Die Ziele der einzelnen Betriebsbereiche werden im Intranet der KAFAHA in folgender Weise dargestellt:

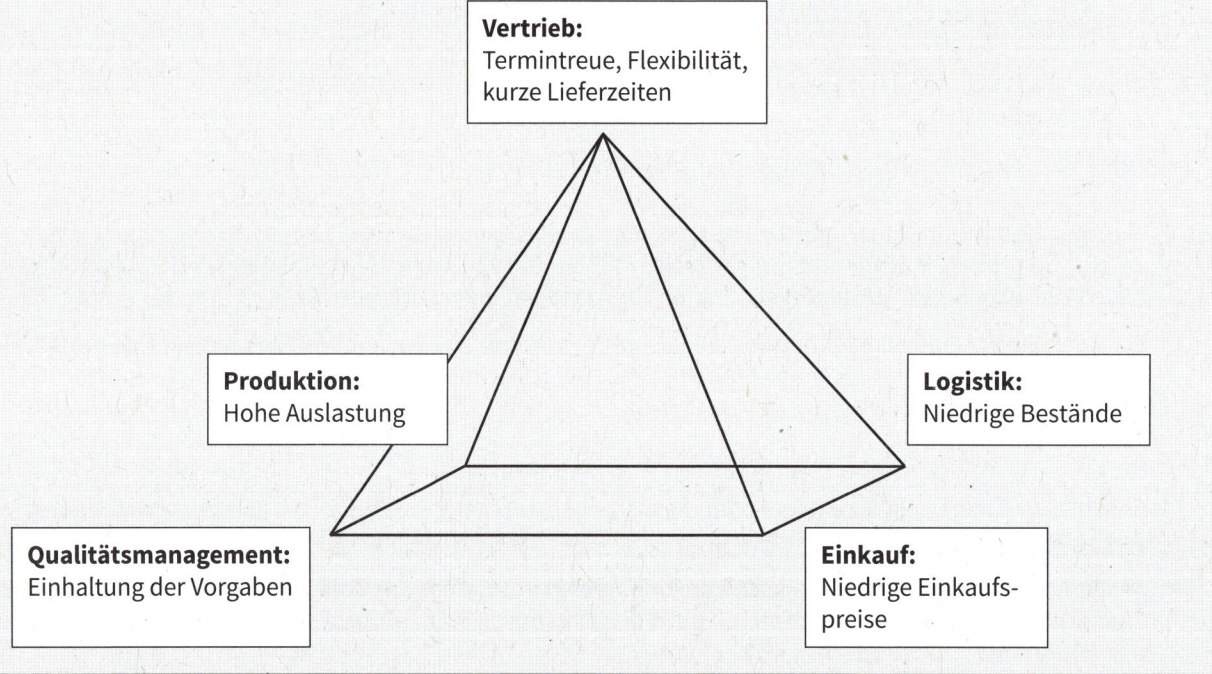

10.1 Durch einen unerwarteten Großauftrag wird das Ziel „Hohe Auslastung" besonders gut erreicht.

Stellen Sie für zwei Betriebsbereiche dar, welche negativen Auswirkungen sich hierdurch ergeben können.

10.2 Zur Erreichung einer hohen Kundenzufriedenheit stellt die Marketing-Abteilung folgende Forderungen auf:

- Stärkere Verwendung nicht standardisierter Teile
- Hohe Materialqualität
- Einkauf in größeren Mengen zur Vermeidung von Materialengpässen
- Sofortiger Einkauf bei Kundenbedarf
- Breites Produktprogramm
- Hoher Lagerbestand an Fertigerzeugnissen

Erläutern Sie anhand von zwei dieser Forderungen die Auswirkungen für das Gesamtunternehmen in anderen betrieblichen Funktionsbereichen. Berücksichtigen Sie dabei die Kostensituation.

Marketing und Absatz

10.3 Innerhalb der KAFAHA wird eine Analyse von Geschäftsprozessen durchgeführt. Ziel ist es, die Geschäftsprozesse systematisch auf Möglichkeiten der Verbesserung zu untersuchen, um Zeit- und Kostenersparnisse zu erreichen.

Zur Vorbereitung des nächsten Treffens sollen Sie die bislang identifizierten Einzelprozesse beim Vorgang „Schreiben einer Rechnung" sortieren.

Ordnen Sie die unten stehenden Vorgänge, die auf Meta-Plan-Karten aufgeschrieben wurden, nach ihrem zeitlichen Ablauf und tragen Sie die einzelnen Vorgänge in das Schema zum zeitlichen Ablauf ein.

- Zahlungseingang überwachen
- Rechnung schreiben
- Versandpapiere erstellen
- Rechnungsnummer vergeben
- Ware ausliefern
- Erteilung des Auftrages
- Angebot erstellen und versenden
- Anfrage
- Kundendaten aufnehmen
- Rechnung versenden
- Auftragsbestätigung erstellen
- Buchung der Rechnung
- Zahlungseingang buchen

ZEIT ↓

1. _____
2. _____
3. _____
4. _____
5. _____
6. _____
7. _____
8. _____
9. _____
10. _____
11. _____
12. _____
13. _____

Marketing und Absatz

10.4 Führen Sie zwei Vorteile an, die für die Einrichtung von mehreren Verkaufsbüros sprechen.

10.5 In der Marketingsitzung sind alle Teilnehmer der Meinung, dass die vorhandene Organisation des Marketingbereichs angepasst werden müsste. Bisher ist der Marketingbereich folgendermaßen organisiert:

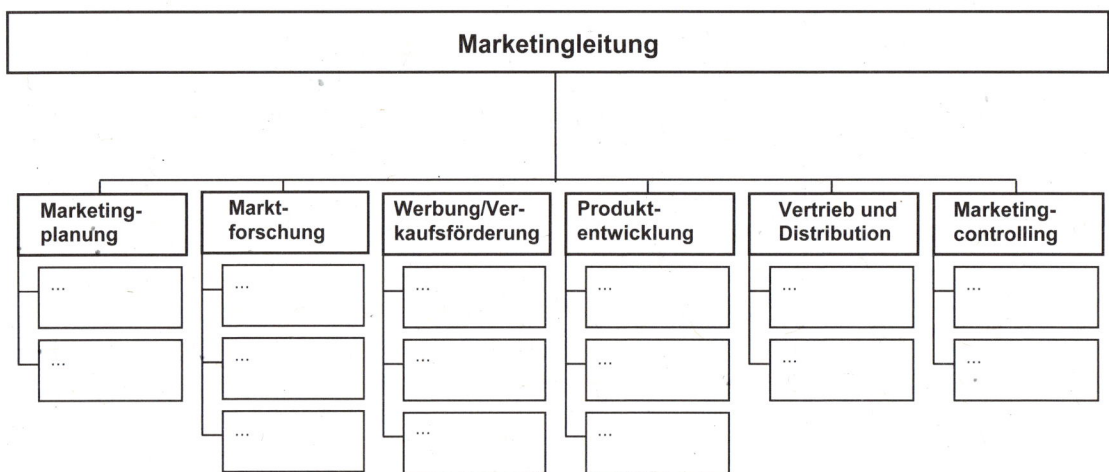

10.5.1 Beschreiben Sie, nach welchem Kriterium der Marketingbereich bisher gegliedert ist.

10.5.2 Um eine stärkere Kundenorientierung zu erreichen, soll die Organisation des Marketings zukünftig an Kundengruppen ausgerichtet werden.

Skizzieren Sie ein Organigramm für eine kundenorientierte Organisationsform des Marketings.

11. Aufgabe

Situation

Im Rahmen einer Abteilungsbesprechung wird über die Marktstellung der KAFAHA im Bereich „Fliesen" diskutiert. Als Assistent des Vertriebsleiters nehmen Sie an dieser Sitzung teil, in der Maßnahmen für die Zukunft entwickelt werden sollen.

Im Außendienst sind 10 Verkäufer tätig, die pro Jahr jeweils 250 Kundenbesuche absolvieren. Der Verkauf der Fliesen entwickelt sich wie erwartet. Um weitere Verbesserungen zu erreichen, führen Sie eine Marktforschungsstudie durch. Dabei werden die Werte der gesamten Branche den Werten der KAFAHA in einem Tabellenkalkulationsprogramm gegenübergestellt:

	A	B	C	D	E	F	G
1	Fliesen: Entwicklung des Umsatzes und der Marktanteile					Stand: 28. Februar	
2							
3	Zeitraum	August	September	Oktober	November	Dezember	Januar
4							
5	Marktvolumen in Mio. €	640	700	560	600	640	660
6	Umsatz der KAFAHA in Mio. €	100	104	80	76	70	64
7	Marktanteile der KAFAHA in %	15,63	14,86	14,29	12,67	10,94	9,70
8							

11.1 Prüfen Sie die Tabelle zur Umsatz- und Marktentwicklung.

Welche kopierbare Formel ist in der Zelle B7 zu hinterlegen?

Marketing und Absatz

11.2 Zur Vorbereitung der Abteilungsbesprechung möchten Sie Ihre Daten grafisch aufbereiten. Stellen Sie den Verlauf der Marktanteilsentwicklung als Liniendiagramm dar. Beschriften Sie die Achsen und geben Sie die Skalierung an (Marktanteilswerte kaufmännisch auf eine ganze Zahl runden).

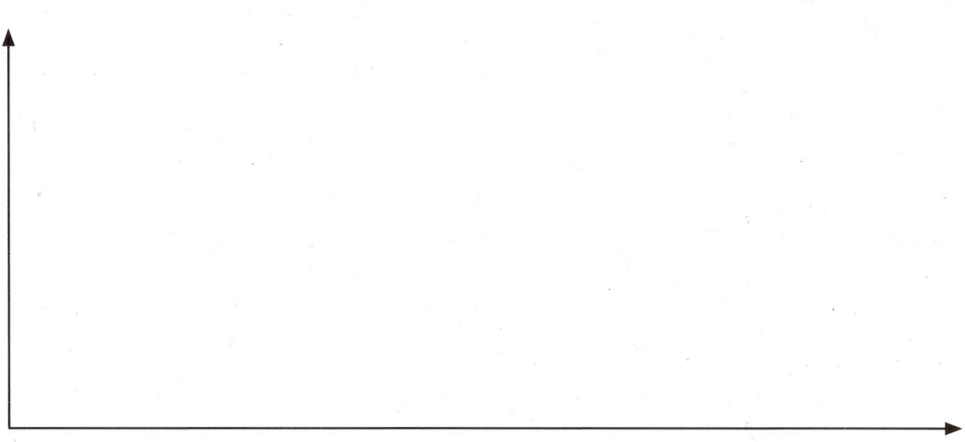

11.3 Beschreiben Sie den Verlauf der Entwicklung des Marktanteils der KAFAHA sowie des Marktvolumens insgesamt.

11.4 Führen Sie vier betriebliche bzw. volkswirtschaftliche Ursachen an, die zu dieser Umsatzentwicklung bei der KAFAHA geführt haben könnten.

11.5 Die Unternehmensführung hat den Vertriebsbereich angewiesen, Maßnahmen zur Kostenreduzierung zu entwickeln. Dabei soll nach Einsparmöglichkeiten beim Außendienst gesucht werden.

Zusätzlich zu den Angaben in der Situationsbeschreibung zu dieser Aufgabe liegen Ihnen folgende Informationen zu den monatlichen Kosten pro Außendienstmitarbeiter vor: Gehalt (inkl. Arbeitgeberanteil zur Sozialversicherung) 3.000 €, durchschnittliche Provision 1.200 €, Reisekosten 2.700 €, allgemeine Vertriebskosten 750 €.

11.5.1 Ermitteln Sie die Kosten je Kundenbesuch.

11.5.2 Die Kundenbesuche der KAFAHA werden nach folgendem Muster durchgeführt:

Kundenklasse	Umsatzvolumen insgesamt	Besuche im Jahr	Kundenanzahl	Kundenbesuche insgesamt
1	30 Mio. €	4	100	400
2	14 Mio. €	3	175	525
3	4 Mio. €	2	400	800
4	2 Mio. €	1	775	775

Die Kosten für die Kundenbesuche sollen gesenkt werden.

Schlagen Sie zwei Maßnahmen vor, um eine Kostensenkung zu erreichen. Beziehen Sie die obige Tabelle mit ein und führen Sie eine kurze Begründung an.

Marketing und Absatz

12. Aufgabe

Situation

Aufgrund der zunehmenden Konkurrenz ausländischer Anbieter in der Produktgruppe „Fliesen" soll diese genauer untersucht werden. Als Sachbearbeiter in der Abteilung für Absatzcontrolling sollen Sie die Umsatzentwicklung für diese Produktgruppe durch einen Produktlebenszyklus darstellen.

Zur Vorbereitung von Marketingentscheidungen sind Sie beauftragt, die Situation zunächst zu analysieren und schließlich begründete Handlungsempfehlungen für die Produktmanager zu entwickeln.

12.1 Benennen Sie in dem unten stehenden Produktlebenszyklus die Phasen 1 – 5, die durch die gestrichelten Linien abgegrenzt sind.

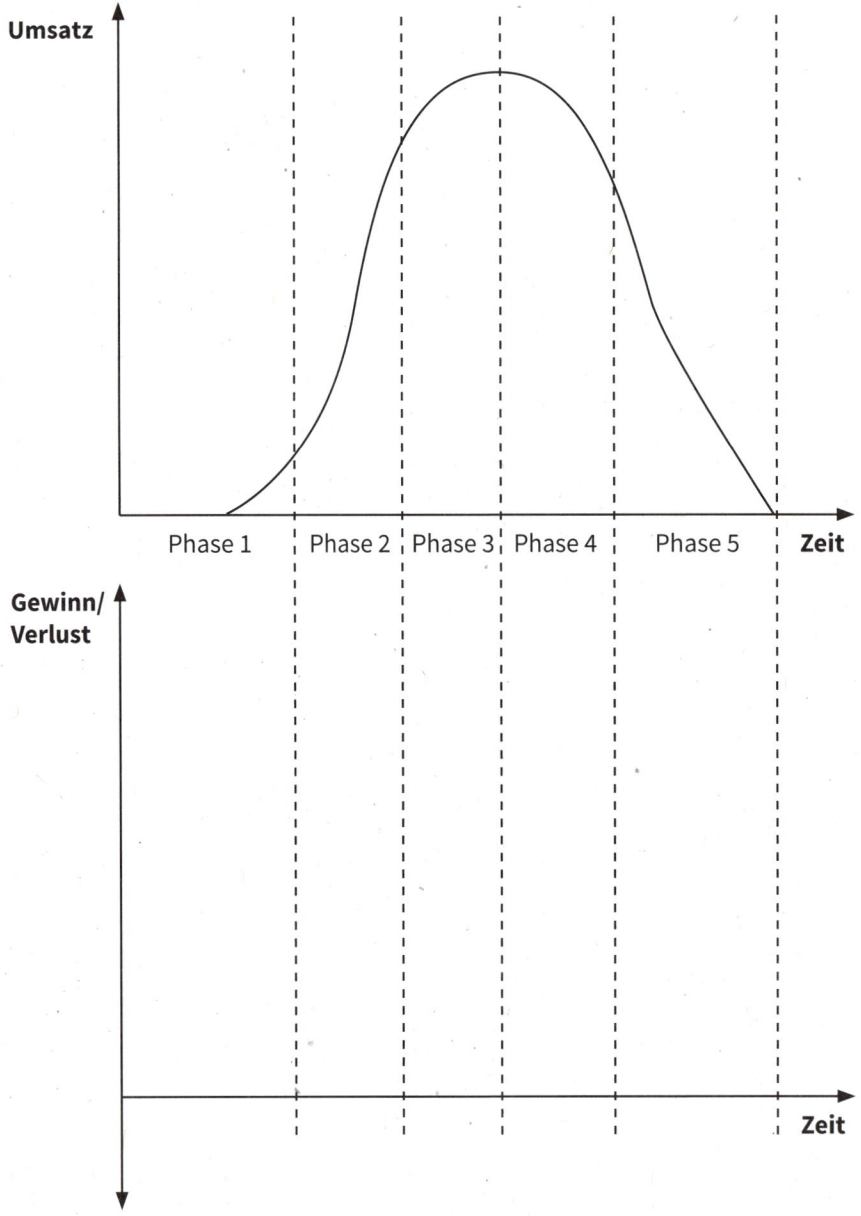

Marketing und Absatz

12.2 Sie wissen, dass das Management stets auf eine konsequente Ergebnisorientierung drängt. Skizzieren Sie daher in der Grafik auf Seite 40 den Verlauf der Gewinn- bzw. Verlustkurve.

12.3 Nach der Analyse in einer ersten Marketingsitzung sind alle Beteiligten der Meinung, dass sich das Produkt „Fliesen" in der Phase 4 befindet.

Führen Sie eine sinnvolle absatzpolitische Maßnahme an, die in der Phase 4 durchgeführt werden sollte.

12.4 Zukünftig soll im Rahmen des Absatzcontrollings der Absatzerfolg anhand konkreter Messgrößen erkennbar sein.

Schlagen Sie vier Messgrößen vor, bei denen durch einen Soll-Ist-Vergleich der Erfolg absatzpolitischer Maßnahmen gemessen bzw. kontrolliert werden kann.

Marketing und Absatz

13. Aufgabe

Baugeschäft Hermann Lippelt GmbH

Hermann Lippelt GmbH · Escher Str. 78 a · 47051 Duisburg

KAFAHA AG
Kernbrook 12
20011 Hamburg

Escher Str. 78 a · 47051 Duisburg

Ihr Zeichen, Ihre Nachricht vom	Unser Zeichen, unsere Nachricht vom	Tel.-Durchwahl, Name	Datum
5129034-LIP-005	kri	233	20..-05-14

Reklamation – Waschbecken-Lieferung 5129034-LIP-005

Sehr geehrte Damen und Herren,

bei o. g. Waschbecken-Lieferung

        100 Stück Waschbecken Modell DF 16, beige

sind bei allen Waschbecken Kratzer an der Unterseite der Waschbecken im Bereich der Abflussöffnung aufgetreten.

Bitte teilen Sie uns schnellstmöglich mit, wie dieser Mangel behoben werden soll.

Mit freundlichem Gruß

Hermann Lippelt
Baugeschäft GmbH

i. A.

Gerhard Kriewitz

Sitz und Registergericht:
HRB 46987
Amtsgericht Duisburg

USt.-Nr. 05/259/17069
USt.-Ident.-Nr. DE29623487

Geschäftsführer:
Hermann Lippelt
Maria Lippelt-Busemann

Kontakt:
Tel.: 0203 39933-0
Fax: 0203 39933-999
E-Mail: info@lippelt-bau.de
www.lippelt-bau.de

Bankverbindung:
Duisburger Volksbank AG
IBAN: DE55 4004 3202 0000 3110 12

Marketing und Absatz

13. Aufgabe

Situation

Als Mitarbeiter des Vertriebsbereiches liegt Ihnen ein Brief (siehe Nebenseite) eines wichtigen Neukunden vor. Diese Reklamation bezieht sich auf die neuen Designer-Waschbecken. Bisher wurden solche Reklamationen eher zufällig und unsystematisch bearbeitet. Die Reklamation der Hermann Lippelt GmbH wird zum Anlass genommen, um ein Beschwerdemanagement aufzubauen.

13.1 Nennen Sie 2 Vorteile, die sich für die KAFAHA aus einem gut organisierten Beschwerdemanagement ergeben.

13.2 Vervollständigen Sie die ereignisgesteuerte Prozesskette zum Beschwerdemanagement. (Darstellung auf der folgenden Seite.)

- **A** Auf Kulanz prüfen
- **B** Prüfen, ob Reklamation gerechtfertigt
- **C** Höhe der Kostenübernahme berechnen
- **D** Ansprüche zurückweisen
- **E** Liefer-/Bestell- und Rechnungsdaten aufsuchen
- **F** Reklamation erledigt
- **G** Kunden informieren
- **H** Call-Center (Beschwerdecenter)

13.3 Durch ein Telefongespräch mit der Abteilung Technik haben Sie erfahren, dass die Reklamation zwar berechtigt ist, der Mangel aber nur als Schönheitsfehler gesehen werden kann. Die Nutzung sowie der Einbau der Waschbecken sind keinesfalls beeinträchtigt.

In dem bevorstehenden Telefongespräch mit dem Kunden möchten Sie einerseits die Interessen der KAFAHA vertreten, andererseits den Neukunden nicht verlieren. Sie bereiten sich daher auf das Gespräch vor.

13.3.1 Welche zwei Sachargumente unterbreiten Sie dem Kunden?

13.3.2 Führen Sie vier Kommunikationsregeln für das Telefongespräch mit Herrn Kriewitz an.

Marketing und Absatz

zu 13.2

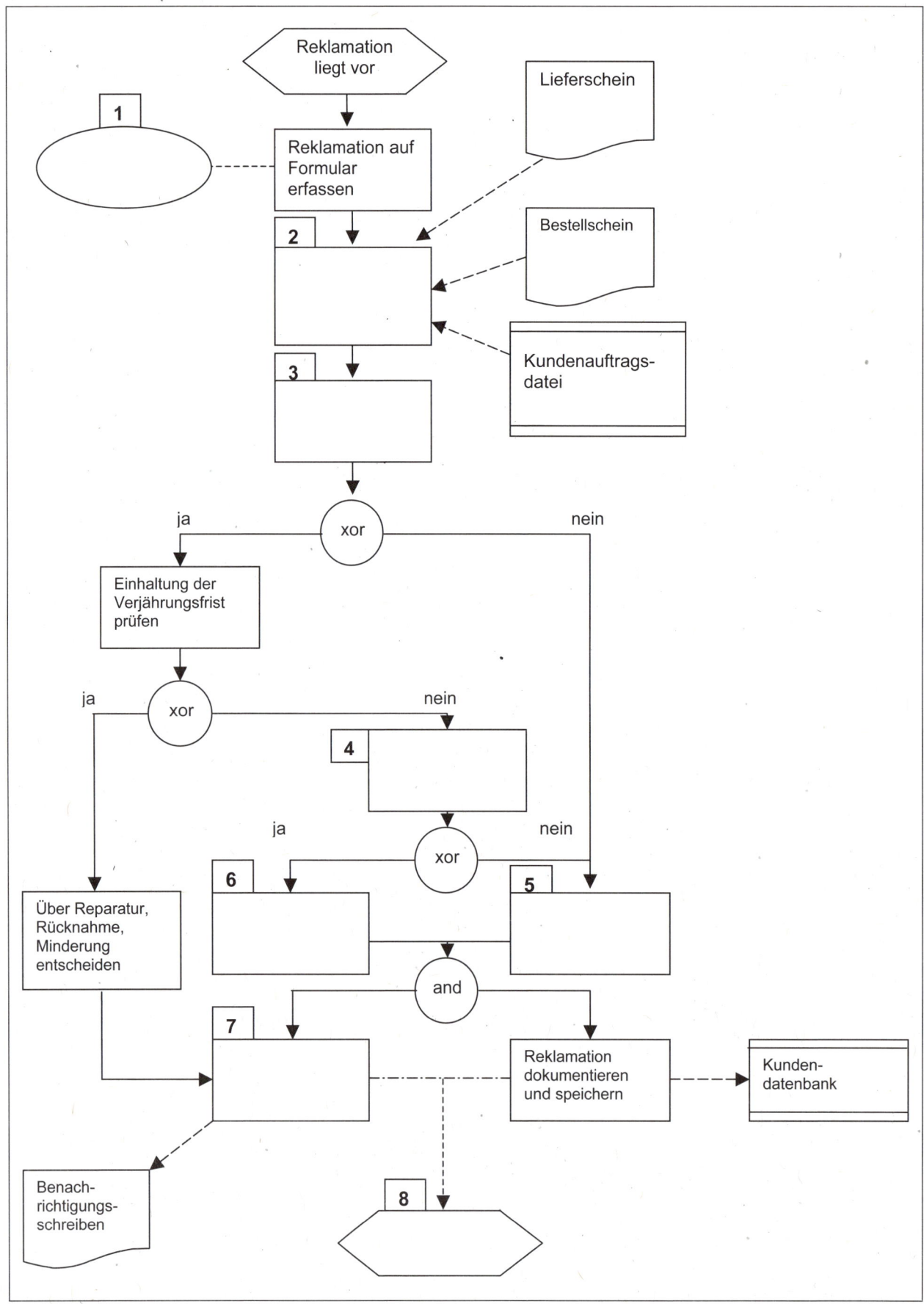

Marketing und Absatz

14. Aufgabe

Situation

Die KAFAHA beabsichtigt für die Bauindustrie einen neuartigen Fliesentyp auf den europäischen Markt zu bringen. Diese Fliesen werden durch ein neues und patentiertes Verfahren mit Leuchtdioden versehen, die in die Fliesen eingepresst werden.

Das neue Produkt soll überwiegend an Baumarktketten verkauft werden. Die Entwicklungskosten für das Produkt betrugen 300.000 €. Die Markteinführung ist für den Beginn des kommenden Jahres vorgesehen.

Sie assistieren der Marketingleitung bei der Vorbereitung der Markteinführung.
Folgende Marktinformationen werden Ihnen von der Marktforschung zur Verfügung gestellt:

Land	Anzahl der verkauften Fliesen Stück	Anzahl der Baumarktketten	Anzahl der Baumarktketten mit einem Marktanteil von 15 % – 25 % im jeweiligen Land	Anzahl der Baumarktketten mit einem Marktanteil von 26 % – 50 % im jeweiligen Land
A	5 300 000	13	1	1
B	7 600 000	16	1	1
….	….	….	….	….
Y	2 870 000			
Z	1 225 000			
SUMME	50 000 000	156	25	20

14.1 Erläutern Sie zwei Risiken für die KAFAHA, die mit der Entwicklung und Einführung der neuen Fliesen verbunden sind.

14.2 Ermitteln Sie, wie viel Fliesen Sie in die Planungsrechnung aufnehmen müssen, wenn ein Marktanteil von 4,5 % erreicht werden soll.

14.3 Zusammen mit allen beteiligten Bereichen wurde folgender voraussichtlicher Kostenverlauf ermittelt:

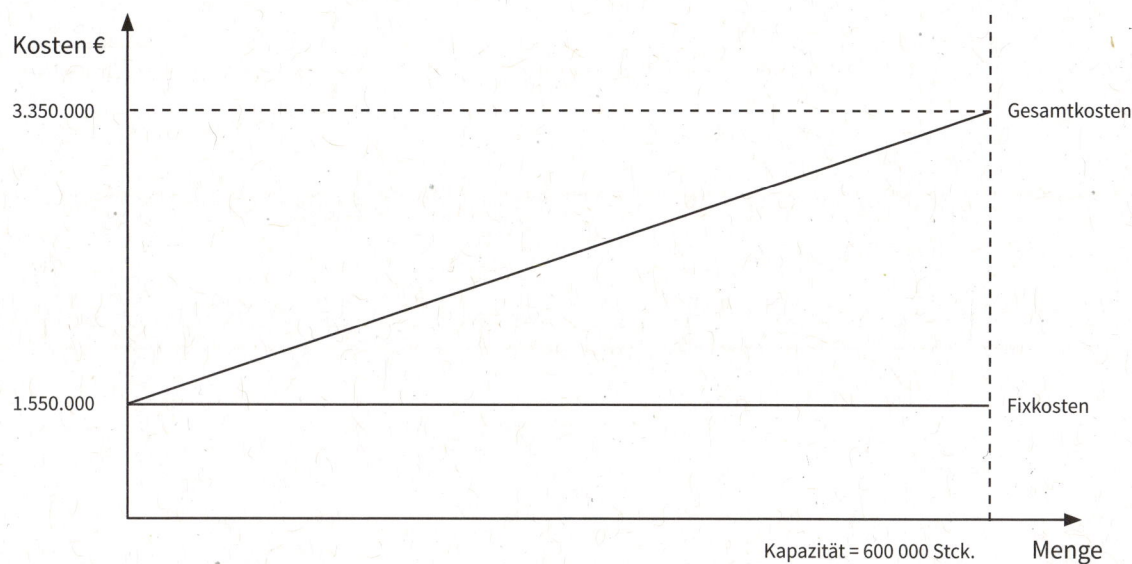

Marketing und Absatz

14.3.1 Geben Sie die kurzfristige Preisuntergrenze für das neue Produkt an.

14.3.2 Führen Sie drei Argumente an, warum die KAFAHA nicht zu dieser Preisuntergrenze anbieten sollte.

14.4 Anhand der in der Situationsbeschreibung angegebenen Tabelle zur Marktstruktur ergibt sich in einer Sitzung die Frage, ob ein direkter oder indirekter Vertriebsweg gewählt werden sollte.

Geben Sie drei Argumente an, warum im vorliegenden Fall ein direkter Absatzweg gewählt werden sollte.

14.5 Das neue Produkt soll bei Endverbrauchern bekannt gemacht werden. Um Interesse zu wecken, ist eine Werbekampagne geplant.

Führen Sie drei Aspekte an, die bei der Aufstellung des benötigten Werbeetats berücksichtigt werden müssen.

14.6 Die unten stehende Grafik zeigt für das kommende Jahr die erwartete Umsatzentwicklung für das neue Produkt. Hierfür soll antizyklisch geworben werden.

Die ersten Werbemaßnahmen sollen zwei Monate vor der Markteinführung beginnen.

Ergänzen Sie die Grafik, indem Sie die Kurve der Werbekosten eintragen und die Kurven beschriften.

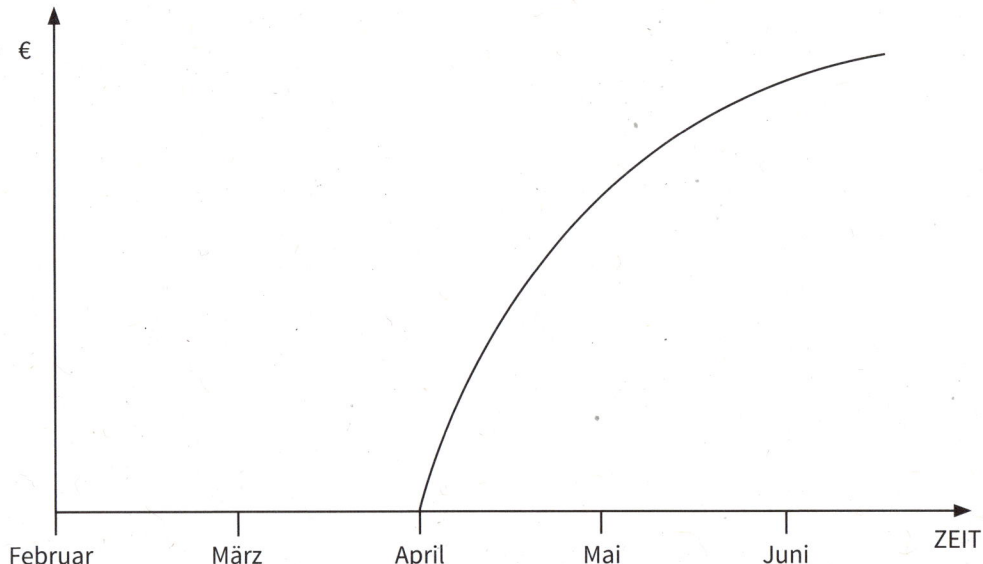

02 Beschaffung und Bevorratung

Notizen

Beschaffung und Bevorratung

Beschaffungssituation

Die Preisentwicklung im Beschaffungsbereich ist uneinheitlich. Die Preise für die keramischen Rohstoffe stagnieren, während die Preise im Bereich Gas und Verpackung geringfügig sinken.

Gleichzeitig werden diese Preisreduzierungen von der deutlichen Preiserhöhung beim Strom überkompensiert. Insgesamt gesehen ist die KAFAHA mit steigenden Einkaufspreisen von durchschnittlich 2 % konfrontiert, wobei zukünftig mit einer Erhöhung der Einkaufspreise um 5 % gerechnet werden muss. Verantwortlich hierfür dürfte neben dem Strompreis vor allem der ansteigende Rohölpreis sein.

1. Aufgabe

> **Situation**
>
> Die KAFAHA erhält einen Großauftrag aus den USA. Die Cermanics Corp. bestellt 3 000 Waschbecken und 12 000 Pakete Fliesen. Das Lager teilt auf Anfrage mit, dass für diesen Zusatzauftrag nicht genügend Rohstoffe im Lager vorhanden sind. Derzeit befinden sich 76,4 Tonnen Quarz im Lager.
>
> Als Sachbearbeiter im Einkauf sollen Sie den Materialbedarf bestimmen und geeignete Lieferanten auswählen.

1.1 Ermitteln Sie anhand der folgenden Darstellung der Rezeptur den Gesamtbedarf an Quarz.

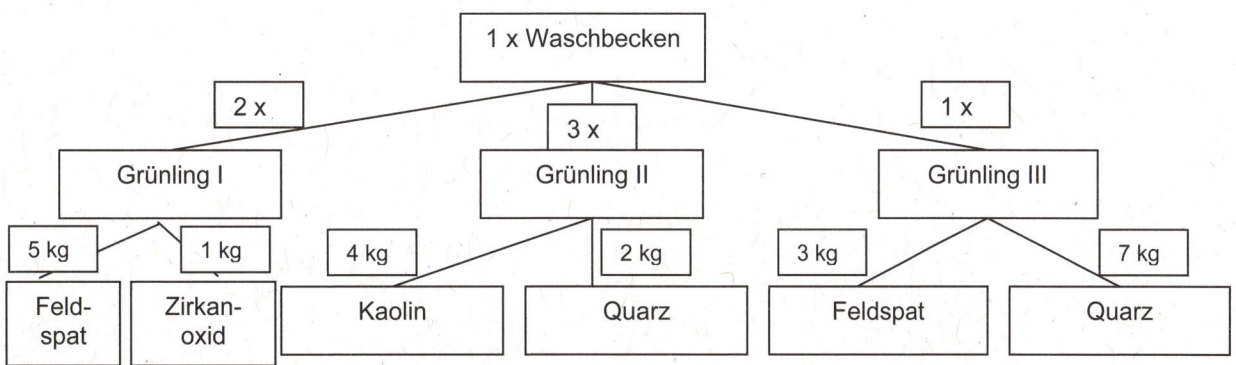

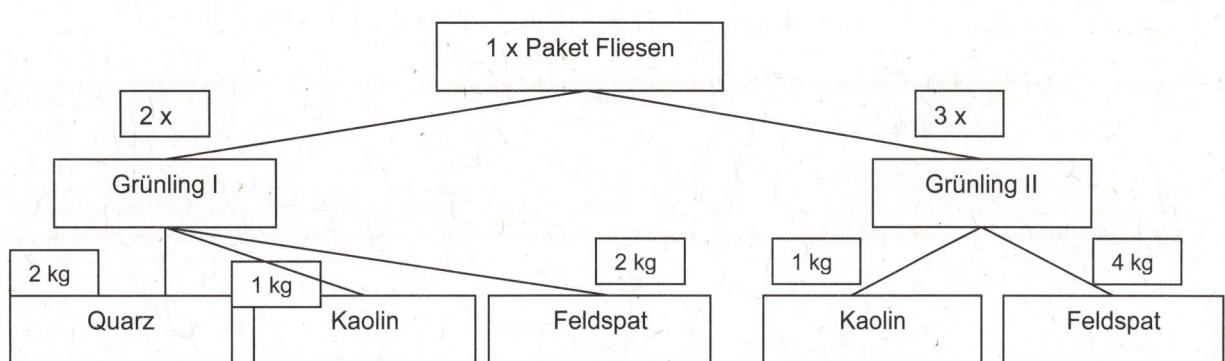

Beschaffung und Bevorratung

1.2 Zur Auswahl eines Quarzlieferanten stehen Ihnen folgende Informationen zur Verfügung:

Angebot 1

Mineralmühle Köln GmbH

Rheinstieg 233 · 50667 Köln
Tel.: 0221 959697-0
Fax: 0221 959697-009

Mineralmühle Köln GmbH · Rheinstieg 233 · 50667 Köln

KAFAHA AG
Kernbrook 12
20011 Hamburg

Ihr Zeichen, Ihre Nachricht vom	Unser Zeichen, unsere Nachricht vom	Tel.-Durchwahl, Name	Datum
ml 20..-08-02	jk	234	20..-08-05

Angebot – Quarz für Sanitär- und Geschirrkeramik

Sehr geehrte Damen und Herren,

vielen Dank für Ihre Anfrage.

Wir bieten Ihnen an:

Produkt	Kristallquarz, I. Qualität für Sanitär- und Geschirrkeramik
Preis pro Mengeneinheit	420,00 €/Tonne
Lieferbedingung	Frei Haus
Zahlungsbedingung	10 Tage 2 % Skonto, 30 Tage netto Kasse
Sonstige Bedingungen	Mindestbestellmenge 5 t, Höchstbestellmenge 100 t

Bitte beachten Sie, dass unser Angebot bis zum 01.09.20.. befristet ist.

Wir würden uns über Ihren Auftrag freuen.

Mit freundlichem Gruß

Mineralmühle Köln GmbH

i. A.

Jutta Kettelmann

Sitz und Registergericht:
HRB 79512
Amtsgericht Köln
USt.-Nr. 09/754/356781
USt.-Ident.-Nr. DE761234856

Geschäftsführer:
Claas Köpke
Miriam Feldheim

E-Mail:
info@mineralmuehlekoeln.de
Internet:
www.mineralmuehlekoeln.de

Bankverbindung:
Kölner Bank AG
IBAN DE22 3705 0112 0007 0022 50

Beschaffung und Bevorratung

Angebote 2 und 3

Angebote	Angebot [2] minerals AG	Angebot [3] Bauko GmbH
Preis laut Liste:	450,00 EUR/t	500,00 EUR/t
Rabatt:	10 % ab 10 Tonnen	5 % ab 20 Tonnen
Zahlungsbedingungen:	30 Tage netto Kasse	10 Tage 3 % Skonto, 60 Tage netto Kasse
Lieferungsbedingungen:	Ab Werk Mindestbestellmenge: 1 t Höchstbestellmenge: 200 t Lieferkosten: 0,9 EUR/100 kg	Ab Werk Mindestbestellmenge: 5 t Höchstbestellmenge: 500 t Lieferkosten 0,8 EUR/100 kg
Sonstige Bedingungen	Angebot befristet bis 01.10.	Keine Befristung

1.2.1 Errechnen Sie die erforderliche Beschaffungsmenge und ermitteln Sie hierfür den gesamten Bezugspreis bei allen drei Lieferanten. Gehen Sie dabei davon aus, dass Skonto jeweils von der KAFAHA ausgenutzt wird.

1.2.2 Prüfen Sie rechnerisch, ob sich die Skontoausnutzung beim Lieferanten Mineralmühle Köln (Angebot 1) auch dann noch lohnt, wenn die KAFAHA zur Begleichung der Rechnung einen Kontokorrentkredit beansprucht und die Bank hierfür 12 % Zinsen p. a. in Rechnung stellt.

1.3 Zusätzlich liegt Ihnen ein Angebot eines britischen Lieferers über einen Bezugspreis von 316,00 £ je Tonne vor.

Begründen Sie rechnerisch, ob Sie sich aus Kostengründen für diesen Lieferanten entscheiden, wenn ein Kurs von 1 € = 0,6648 £ zugrunde zu legen ist.

1.4 Geben Sie 3 Kriterien an, die neben dem Preis die Auswahl des geeigneten Lieferers beeinflussen.

1.5 Nach Prüfung aller Vergleichskriterien entscheiden Sie sich schließlich für das Angebot der Mineralmühle Köln und bestellen am 5. September zu den genannten Konditionen.

Ist durch Ihre Bestellung ein Kaufvertrag entstanden? Begründen Sie Ihre Auffassung.

2. Aufgabe

> **Situation**
>
> Der Vorstand hat entschieden, dass die Produktpalette der KAFAHA um den Bereich „Technische Keramik" ergänzt werden soll.
>
> Als Einkaufsmitarbeiter der KAFAHA werden Sie in diesem Zusammenhang damit beauftragt, eine Bedarfsanalyse für die weitere Beschaffungsplanung durchzuführen.

2.1 Erläutern Sie 2 Einflussfaktoren, die die Bedarfsmenge beeinflussen. Geben Sie gleichzeitig an, aus welchen Quellen Sie Informationen hierzu erhalten können.

2.2 Um die Lagerkosten zu senken, schlägt ein Kollege vor, dass die Bestellmengen zukünftig verringert werden sollten.

Beschaffung und Bevorratung

2.2.1 Führen Sie 3 Kostenarten an, die zu den Lagerkosten zählen.

2.2.2 Nennen Sie 2 Vorteile, die sich durch hohe Bestellmengen ergeben.

2.3 Um eine Kostenreduzierung im Beschaffungsbereich zu erreichen, wird eine ABC-Analyse durchgeführt. Ihnen liegen folgende Informationen vor:

Material-Nr.	Menge [kg]	Verrechnungs-preis [€/kg]	Gesamtwert [€]	Rang	Güter-Kategorie
1	200	460,00			
2	310	100,00			
3	900	30,00			
4	800	9,50			
5	3 500	0,20			
6	100	420,00			
7	400	30,00			
8	50	610,00			
9	2 000	0,10			
10	700	10,00			
Summen	8 960	–			

2.3.1 Sie nehmen an der Arbeitsgruppe „Beschaffungsplanung" teil. Es wird beschlossen, die Materialien wie folgt den Güterkategorien A, B, C zuzuordnen: Die Ränge 1 bis 5 bilden die Güterkategorie A, die Ränge 6 bis 8 die Güterkategorie B und die Ränge 9 und 10 die Güterkategorie C. Das Material mit dem höchsten Gesamtwert erhält dabei den Rang mit der Ziffer 1.

Führen Sie die Zuordnung der Materialien zu den Gruppen A, B und C durch und vervollständigen Sie die oben stehende Tabelle.

2.3.2 Bestimmen Sie den Mengen- und Wertanteil aller Materialien. Vervollständigen Sie die unten stehende Tabelle.

Güter-Kategorie	Mengenanteil		Wertanteil	
	%	kg	%	€
A				
B				
C				
Summen				

2.3.3 Sie bereiten eine Schulung der Lagermitarbeiter vor. Erläutern Sie kurz den Unterschied zwischen A- und C-Gütern.

Beschaffung und Bevorratung

2.4 Ergänzend lassen Sie sich im Computerprogramm anzeigen, inwieweit Schwankungen bei den Bedarfsmengen vorliegen. Die Materialien werden hierbei anhand der unterschiedlichen Verbrauchsverläufe in drei Kategorien (X, Y, Z) eingeteilt.

Es ergibt sich folgendes Bild:

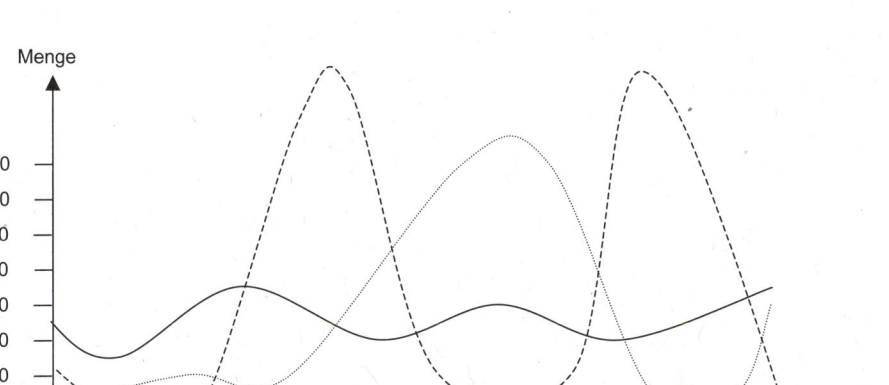

Stellen Sie dar, welche Konsequenzen sich für die Beschaffung ergeben, wenn ein Gut der A- und der X-Kategorie zuzuordnen ist.

3. Aufgabe

Situation

Die Kaesmann KG ist ein langjähriger und guter Kunde der KAFAHA. Aufgrund eines Planungsfehlers bei Kaesmann meldet sich am 27. September deren Mitarbeiterin Frau Cohrs und bittet um eine Vorverlegung des Liefertermins.

Daraufhin möchte der Mitarbeiter aus der Produktionssteuerung wissen, wann ein benötigter Rohstoff eintreffen wird. Als Sachbearbeiter im Beschaffungsbereich hatten Sie heute gerade den Kaufvertrag mit dem Rohstofflieferanten abgeschlossen.

3.1 Bevor Sie den Kollegen aus der Produktionssteuerung zurückrufen, erhalten Sie per E-Mail einen Hinweis des Lieferanten, dass sich die Lieferung um drei Arbeitstage verzögern wird. Aus dem IT-System erhalten Sie folgende Informationen:

Material-Nr.: 098764		Datum: 27.09.	
Material-Bezeichnung: Kaolin			
	Volle Arbeitstage (Mo-Fr)		
Plan-Bearbeitungszeit Einkauf	2		
Planlieferzeit	14		
Plan-Bearbeitungszeit Wareneingang	2		
Zeitpuffer (für Störungen, Probleme)	1		

Beschaffung und Bevorratung

KW	\multicolumn{7}{c}{SEPTEMBER}
	M	D	M	D	F	S	S
35				1	2	3	4
36	5	6	7	8	9	10	11
37	12	13	14	15	16	17	18
38	19	20	21	22	23	24	25
39	26	27	28	29	30		

\multicolumn{7}{c}{OKTOBER}	KW
M	D	M	D	F	S	S	
					1	2	39
3	4	5	6	7	8	9	40
10	11	12	13	14	15	16	41
17	18	19	20	21	22	23	42
24	25	26	27	28	29	30	43
31							44

grau unterlegt = gesetzlicher Feiertag

Bestimmen Sie mit Hilfe des abgebildeten Kalenderauszugs den neuen Termin, zu dem das Material frühestens für die Fertigung bereitgestellt werden kann.

3.2 Nach dem Eintreffen der Ware erhalten Sie die Rechnung des Lieferanten.

Führen Sie 4 Aspekte an, die Sie bei der Rechnungsprüfung berücksichtigen müssen.

4. Aufgabe

Situation

Bei der Übernahme einer Urlaubsvertretung im Einkauf der KAFAHA kommt es zu Schwierigkeiten bei der Beschaffung von Dichtungsmaterial. Da es in diesem Bereich schon häufiger Probleme gegeben hat, werden Sie als Einkaufssachbearbeiter beauftragt, die Beschaffung dieses Werkstoffes zu optimieren.

Die nächste Lieferung wird am 18. Oktober mit 240 Stück bestellt. Die Bestell- bzw. Liefermenge ist immer gleich.

4.1 Folgende Informationen liegen Ihnen für „Dichtungsmaterial" vor:

Datum	17.10.	18.10.	19.10.	20.10.	21.10.	24.10.	25.10.	26.10.	27.10.
Bruttobedarf	40	40	40	40	40	40	40	40	40
verfügbarer Lagerbestand	240								
Mindestbestand									
Bestellmenge									
Wareneingang									
Sicherheitstage	2								
Beschaffungszeit (Tage)	3								

Hinweis zur Beschaffungszeit: Der Tag der Bestellung wird nicht mitgerechnet. Die Ware wird jeweils frühmorgens angeliefert und erhöht sofort den Lagerbestand des entsprechenden Liefertages.

4.1.1 Vervollständigen Sie die obige Tabelle und erläutern Sie an welchem Tag die Ware eintreffen muss, ohne dass der Mindestbestand angegriffen wird.

4.1.2 Um die Probleme zu verringern, geben Sie einen Meldebestand in das IT-System ein.

Wie hoch ist der Meldebestand?

Beschaffung und Bevorratung

4.1.3 Zur Vereinfachung der Beschaffung soll das Dichtungsmaterial zukünftig in einem festen Bestellrhythmus bestellt werden.
Erläutern Sie in welchem Bestellrhythmus die Beschaffung erfolgen soll.

4.2 Trotz sorgfältiger Planung müssen Sie leider feststellen, dass die Lieferungen nicht pünktlich eintreffen.
Welche 2 möglichen Maßnahmen könnten Sie ergreifen, um zukünftig die Situation zu verbessern?

5. Aufgabe

> **Situation**
>
> Die KAFAHA hat immer wieder Probleme mit der Qualität und Verzögerungen bei Tonerde-Lieferungen, so dass die Produktion teilweise stockend verläuft. Deswegen wird erwogen, eine Tonerde-Grube zu erwerben.
>
> Als Einkaufsmitarbeiter der KAFAHA werden Sie beauftragt, eine Analyse durchzuführen, ob ein Eigenabbau oder ein Fremdbezug von Tonerde sinnvoll ist.
>
> Folgende Bedingungen für den Fremdbezug liegen vor:
>
> Fixkosten 20.000 €/Jahr; Listeneinkaufspreis 437,70 €/Tonne, Rabatt 5 %, Skonto 2 %, Bezugskosten 50 €/Tonne, gesamte Bedarfsmenge/Jahr 500 Tonnen
>
> Eigenabbau: Fixkosten/Jahr 300.000 €, variable Kosten je Tonne 100,00 €.

5.1 Prüfen Sie, ob unter Kostengesichtspunkten ein Fremdbezug oder ein Eigenabbau der Tonerde sinnvoll ist.

5.2 Ab welcher Verbrauchsmenge wäre unter Berücksichtigung aller angegebenen Daten ein Eigenabbau aus Kostengründen sinnvoll?

5.3 Stellen Sie anhand der vorliegenden Daten den Verlauf der Gesamtkosten bei Fremdbezug und Eigenabbau in Form eines Liniendiagramms grafisch dar. Beschriften Sie die Achsen und markieren Sie die kritische Menge.

Beschaffung und Bevorratung

6. Aufgabe

Situation

Der Bereich Controlling ist bei KAFAHA als Stabsstelle eingerichtet und direkt der Geschäftsleitung unterstellt worden. Hierdurch soll die Neutralität dieses Bereiches unterstützt werden.

In der wöchentlich stattfindenden Mitarbeiterbesprechung berichtet die Leiterin der Abteilung Controlling, Frau Lührs, über die allgemeine Kostenentwicklung. Das zuständige Vorstandsmitglied Herr Papol erfährt in einer dieser Besprechungen, dass es zu deutlichen Kostenerhöhungen im Lagerbereich gekommen ist. Als Grundlage für weitere Entscheidungen bittet Herr Papol Sie um eine Analyse der Situation im Lager.

Zur Vorbereitung dieser Analyse lassen Sie sich folgende noch unvollständige Lagerdatei für einen wichtigen Rohstoff der KAFAHA anzeigen:

KAFAHA — Lagerbestand

Gegenstand			Feld-Nr.			
Aluminiumoxid			15			
			Fach-Nr. 35		Lfd. Nr. 2	
			Stoffgruppe 8	Untergruppe 2	Waren-Nr. 104	Einheit kg

Mindestbestand	ausreichend für		Normal-Anforderungsmenge	
300	5 Tage		1200	

Datum	Material-/Entn.-schein	Zugang	Abgang	Bestand	Datum	Material-/Entn.-schein	Zugang	Abgang	Bestand
04. Jan	Übertrag (rechner.)			1143	29. Mai	Hop (4157)		580	
04. Jan	Inventur			1550	01. Jul	Hop (4862)		630	
27. Jan	Germering (512)		700		04. Jul	Hop (387)	1300		
01. Feb	Schmitz (908)		420		20. Jul	Hop (4991)		720	
05. Feb	Kars (457)	1200			30. Jul	Hop (578)		560	
26. Feb	Kars (1188)		650		08. Aug	Hop (567)	1200		
01. Mrz	Kars (1908)		680		24. Aug	Hop (980)		550	
19. Mrz	Kars (771)	1200			19. Sep	Hop (557 F)		500	
24. Mrz	Kars (2043)		550		02. Okt	Hop (124)	1200		
05. Apr	Kars (3125)		500		12. Okt	Hop (863 F)		750	
26. Apr	Kars (54B)	1200			03. Nov	Hop (1095 F)		560	
29. Apr	Kars (3465)		750		19. Nov	Peters (172)	1200		
13. Mai	Kars (3998)		620		08. Dez	Peters (2952 F)		640	
15. Mai	Mohn (1005)	1200			31. Dez	Endbestand			

Angef. Menge	1200	1200	1200	1200	1300	1200	1200	1200
am	01. Feb	08. Mrz	06. Apr	12. Mai	30. Jun	01. Aug	25. Sep	17. Nov
Anford.-Nr.	994	45	457	833	448	789	452	221
Ange-mahnt am		13. Mrz	10. Apr			05. Aug	30. Sep	
Lieferer	Kars	Kars	Kars	Hop	Hop	Hop	Hop	Peters

Weitere Informationen: Angenommener Marktzinssatz 5 %, Einstandspreis 51,87 € je 100 kg

6.1 Bestimmen Sie anhand der vorliegenden Informationen folgende Kennziffern für Aluminiumoxid:

    a) Durchschnittlicher Lagerbestand   (Rundung auf 2 Nachkommastellen)

    b) Umschlagshäufigkeit   (Rundung auf 2 Nachkommastellen)

    c) Durchschnittliche Lagerdauer   (Rundung auf 1 Nachkommastelle)

    d) Lagerzinssatz   (Rundung auf 2 Nachkommastellen)

    e) Lagerzinsen   (Rundung auf 2 Nachkommastellen)

6.2 Für eine verbrauchsorientierte Materialplanung bei Aluminiumoxid soll eine Bedarfsvorhersage vorgenommen werden.

Ermitteln Sie auf der Grundlage der Informationen aus der Lagerdatei eine Bedarfsvorhersage für den nächsten Monat, wenn die letzten vier Abgänge mit 15 %, 25 %, 30 % und 30 % gewichtet werden (die letzten Abgänge werden jeweils am höchsten Wert gewichtet).

Beschaffung und Bevorratung

6.3 In einer Brancheninformation des Bundesverbandes der Keramikindustrie finden Sie folgende Übersicht zu Durchschnittswerten aller Branchenunternehmen für Aluminiumoxid:

Kennziffer	Wert
Durchschnittlicher Lagerbestand	800 kg
Umschlagshäufigkeit	15
Durchschnittliche Lagerdauer	24 Tage

6.3.1 Vergleichen Sie die Werte der KAFAHA mit den Durchschnittswerten aller Branchenunternehmen und formulieren Sie die Ergebnisse in wenigen Sätzen für die nächste Vorstandssitzung.

6.3.2 Erläutern Sie, wie sich die Unterschiede beim durchschnittlichen Lagerbestand auf die wirtschaftliche Situation der KAFAHA ausgewirkt haben.

6.3.3 Entwickeln Sie 2 konkrete Vorschläge zur Verbesserung der Beschaffung und Lagerung des Aluminiumoxids.

7. Aufgabe

Situation

Bei der Herstellung asymmetrischer Porzellanteile kommt es immer wieder zu Ausschuss. Als zuständiger Sachbearbeiter im Einkaufsbereich „Investitionsgüter" liegt Ihnen folgender Mangelbericht der Abteilung Technik vor:

Mangelbericht

Auftragsnr.	92346AD09
Iventarnr.	0698654067946
Beschreibung	Maschine zur Herstellung asymmetrischer Porzellanteile inkl. Montage Typ Asymo 7
Lieferant	Metallbau Hannes GmbH, Wermelskirchen

Durch fehlerhafte Bauteile ist die Maschine sehr vibrationsempfindlich. Sowie eine andere Maschine anspringt, werden die Schwingungen übertragen und führen zu Abweichungen bei den Abmessungen der Porzellanteile, sodass die Qualitätsvorgaben nicht eingehalten werden.

Hermann Pofalka

Die Zusammenarbeit mit diesem Lieferanten ist bisher stets konstruktiv und positiv verlaufen. Alternative Lieferanten für die sehr speziellen Maschinen gibt es derzeit nicht.

7.1 Sie haben den Mangel in einem ersten Telefonat mit der Firma Hannes dem zuständigen Techniker geschildert. Aufgrund der Bedeutung der neuen asymmetrischen Porzellanteile werden Sie in einer Besprechung vom Einkaufsleiter gebeten, den Mangel zusätzlich in einer E-Mail anzuzeigen und um Bestätigung dieser E-Mail zu bitten. Reklamieren Sie diesen Mangel bei der Firma Hannes. Formulieren Sie dazu eine E-Mail. (E-Mail-Adresse: service@hannes.de)

7.2 Die Metallbau Hannes GmbH setzt sich sofort mit Ihnen in Verbindung. Gleich am nächsten Tag erscheint ein Monteur und versucht eine Reparatur der Maschine. Bei einem Testlauf wird festgestellt, dass das Problem weiterhin besteht. Auch ein zweiter Reparaturversuch bringt keine Lösung. Mittlerweile besteht die Gefahr, dass hierdurch die pünktliche Auslieferung der stark beworbenen Porzellanteile gefährdet ist.

Nach einer Prüfung der Rechtssituation sollen Sie in einem Telefongespräch das weitere Vorgehen mit der Metallbau Hannes GmbH besprechen.

Beschaffung und Bevorratung

7.2.1 Prüfen Sie die Rechtslage. Welche Rechte könnte die KAFAHA wahrnehmen?

7.2.2 Entscheiden Sie sich für eine Möglichkeit und begründen Sie Ihre Entscheidung unter Berücksichtigung der wirtschaftlichen Rahmenbedingungen.

7.2.3 Formulieren Sie 4 Gesprächsregeln für das Telefongespräch, das Sie mit der Metallbau Hannes GmbH führen wollen.

8. Aufgabe

Situation

In der Abteilung Procurement der KAFAHA ergab sich vor einer Sitzung das folgende Gespräch zwischen Ihnen als Sachbearbeiter und der Bereichsleiterin:

Sachbearbeiter: Vorhin habe ich bei der Terminkontrolle festgestellt, dass 5 Tonnen Feldspat, die wir für die Produktion dringend benötigen, noch nicht eingetroffen sind.

Bereichsleiterin: Wann sollte die Lieferung denn eintreffen?

Sachbearbeiter: Die Firma Krems aus Bad Orbis hat in der Auftragsbestätigung den 3. Juli als fixen Liefertermin angegeben. Heute haben wir aber bereits den 5. Juli.

Bereichsleiterin: Ja, das ist ja wirklich seltsam. Rufen Sie doch bitte mal bei Krems an und fragen Sie, was der Grund für die Verspätung ist.

Sie verlassen das Büro der Bereichsleiterin, um dieses Telefongespräch zu führen, und kommen nach kurzer Zeit zurück.

Bereichsleiterin: Na, was hat das Telefongespräch ergeben?

Sachbearbeiter: Ich habe mit dem Verkaufsleiter gesprochen und die Lieferung angemahnt. Er sagte, es täte ihm sehr leid, dass die Lieferung noch nicht erfolgt sei. Sie hätten unerwartet hohe Auftragseingänge gehabt und deshalb momentan leichte Lieferschwierigkeiten. Die Lieferung würde jetzt aber so schnell wie möglich erfolgen.

Bereichsleiterin: Die sind ja witzig. „So schnell wie möglich". – Das kann ja auch sonst wann bedeuten! Brauchen wir das Feldspat denn dringend?

Sachbearbeiter: Ja, wir müssen eine größere Menge für einen Exportauftrag produzieren, mit dem Kunden haben wir einen festen Liefertermin vereinbart.

Bereichsleiterin: Und ein anderer Lieferant?

Sachbearbeiter: Es käme die Firma Bodmann aus Hannover infrage. Der Einstandspreis wäre aber um 0,10 € pro kg höher.

Bereichsleiterin: Dann klären Sie bitte in Ihrer Abteilung welche rechtlichen Möglichkeiten wir haben. Da in einer Stunde ja ohnehin die Abteilungsbesprechung stattfindet, können Sie mir dann Lösungsvorschläge unterbreiten.

Beschaffung und Bevorratung

8.1 Ihnen liegen folgende Angaben zum Bestellvorgang vor:

Am 11.01. erhielten Sie von der Krems GmbH den neuen Prospekt für Grundstoffe.

Am 26.04. schickten Sie eine Anfrage an die Krems GmbH bezüglich des Materials.

Am 04.05. erhielten Sie das schriftliche Angebot, das bis zum 31.05. befristet ist.

Am 13.06. schickten Sie die folgende Bestellung ab:

KAFAHA
Keramik-Fabrik Hamburg AG

Kernbrook 12 | Postfach 31 11 | 20011 Hamburg

KAFAHA AG · Postfach 31 11 · 20011 Hamburg
Krems GmbH
Paul-Sorge-Str. 45
69769 Bad Orbis

Ihr Zeichen:
Ihre Nachricht vom: 20..-05-04
Unser Zeichen: fm
Unsere Nachricht vom:

Name: Frank Mutig
Telefon: 040 17000-333
Fax:
E-Mail: f.mutig@kafaha.de

Datum: 20..-06-13

Bestellung – Auftrag Nr. AF15437

Sehr geehrte Damen und Herren,

vielen Dank für Ihr Angebot vom 4. Mai d. J.

Hiermit bestellen wir folgende Positionen:

Artikel	Feldspat – mittlere Qualität
Preis	1,30 €/kg
Menge	5 Tonnen
Liefertermin	3. Juli 20.. fix
Lieferbedingungen	Frei Haus
Zahlungsbedingungen	10 Tage 3 %, 30 Tage netto

Mit freundlichen Grüßen

Keramik-Fabrik Hamburg AG

i.A.

Frank Mutig

Sitz und Registergericht:
HRB 79512
Amtsgericht Hamburg

USt.-Nr. 22/460/40047
USt.-IdNr. DE896735679

Geschäftsführer:
Jürgen Papol (Vorsitzender)
Dr. Wiebke Kernmann
Josef de Loy

E-Mail:
info@kafaha.de
Internet:
www.kafaha.de

Bankverbindung:
Hamburgbank AG
IBAN DE83 2007 5001 0000 2736 75

Beschaffung und Bevorratung

Am 17.06. bestätigte Ihnen die Krems GmbH den Auftrag über das Material zu den in Ihrer Bestellung aufgeführten Konditionen.

Am 05.07. erhielten Sie einen Anruf der Krems GmbH, in dem Ihnen mitgeteilt wurde, dass der Auftrag bisher nicht ausgeführt werden konnte. Die Lieferung des Materials könne erst am 23.07. erfolgen.

Erläutern Sie, an welchem Tag der Kaufvertrag mit der Krems GmbH zustande gekommen ist.

8.2 Geben Sie 3 wirtschaftliche Konsequenzen an, die sich aus der Lieferungsverzögerung für die KAFAHA ergeben können.

8.3 Prüfen Sie, ob in dem geschilderten Fall ein Lieferungsverzug gegeben ist.

8.4 Prüfen Sie anschließend die Käuferrechte der KAFAHA für den Fall, dass Lieferverzug vorliegt.

Schlagen Sie eine Lösung vor und begründen Sie diese unter betriebswirtschaftlichen Gesichtspunkten.

Berücksichtigen Sie bei Ihrem Vorschlag folgende Aspekte:

- Die Produktion für diesen Auftrag muss spätestens am 12. Juli beginnen, damit pünktlich geliefert werden kann.
- Die Firma Bodmann könnte das Feldspat innerhalb von 3 Tagen zu einem um 0,10 € je kg höheren Preis liefern.
- Die Firma Krems ist ein langjähriger und bisher zuverlässiger Lieferant, dessen Feldspatlieferungen zu sehr wettbewerbsfähigen Preisen bei guter Qualität erfolgten.

8.5 Formulieren Sie einen Brief an die Firma Krems, in dem Sie dem Unternehmen Ihre Entscheidung aus den Punkten 8.3 und 8.4. mitteilen. (Bei der Formulierung des Briefes sind die Regeln von DIN 5008 zu beachten.)

8.6 Nach einer Einigung mit der Firma Krems trifft am 8. Juli die Lieferung in der Abteilung Wareneingang ein. Anhand welcher 2 Unterlagen können Sie prüfen, ob das Material in der richtigen Menge geliefert worden ist?

8.7 Das angelieferte Material muss am 8. Juli in der Lagerdatei erfasst werden. Folgende Informationen liegen Ihnen dazu **vor** der Erfassung und Einlagerung vor:

Material Nr.	66659789
Bezeichnung	Feldspat
Bestände am	08.07.20..
Mengeneinheit	kg
Im Hauptlager	2 250 kg
Im Lager Werk 1	770 kg
Reservierung für Auftrag Nr.:	P00237
Bereitstellung am	09.07.20..
Menge	4 200 kg

8.7.1 Im Rahmen der permanenten Inventur stellt ein Mitarbeiter am 8. Juli vor der Erfassung und Einlagerung des gelieferten Materials einen tatsächlichen Bestand von 2 900 kg fest.

Führen Sie 4 Gründe an, wodurch die Abweichung zwischen Ist- und Sollbestand zustande gekommen sein kann.

8.7.2 Das fehlende Material ist nicht mehr auffindbar. Berechnen Sie den frei verfügbaren Istbestand am 8. Juli **nach** Erfassung der neuen Lieferung.

Beschaffung und Bevorratung

9. Aufgabe

Situation

Im Fliesenmarkt besteht ein harter Wettbewerb. Die Kunden der KAFAHA fordern immer deutlichere Preisnachlässe.

Die Unternehmensleitung ist daher gezwungen, alle Betriebsbereiche auf Möglichkeiten der Kostenoptimierung hin zu untersuchen. Als Einkaufssachbearbeiter sollen Sie prüfen, ob die Kosten für Brennstoffe zum Betreiben der Brennöfen reduziert werden können.

9.1 Folgende Informationen zu Brennstoffen erhalten Sie aus der Abteilung Rechnungswesen:

Jahresbedarf (Liter)   1.200.000
Bestellkosten pro Bestellvorgang (€)   150,00
Lagerkosten (€/Liter)   9,00

Vervollständigen Sie die unten stehende Gesamtkostentabelle.

Anzahl der Bestellungen pro Jahr	Bestellmenge (Liter)	Bestellkosten (€)	Durchschnittl. Lagerbestand (Liter)	Lagerkosten (€)	Gesamtkosten (€)
100	12.000	15.000	6.000	54.000	69.000
120	10.000	18.000	5.000	45.000	63.000
160	7.500	24.000	3.750	33.750	57.750
200	6.000	30.000	3.000	27.000	57.000
240	5.000	36.000	2.500	22.500	58.500
300	4.000	45.000	2.000	18.000	63.000
400	3.000	60.000	1.500	13.500	73.500

9.2 Wie hoch ist die optimale Bestellmenge?

Die optimale Bestellmenge beträgt 6.000 Liter (bei 200 Bestellungen pro Jahr).

9.3 Stellen Sie die Entwicklung der Bestell-, Lager- und Gesamtkosten in einer Grafik dar. Kennzeichnen Sie die optimale Bestellmenge.

Beschaffung und Bevorratung

9.4 Beschreiben Sie den Verlauf der Bestell- und Lagerkosten bei zunehmender Bestellmenge.

9.5 Geben Sie in der nachstehenden Tabelle die kopierbaren Formeln an, die Sie im Tabellenkalkulationsprogramm in die Tabellenzellen der Zeile 8 eingeben müssen.

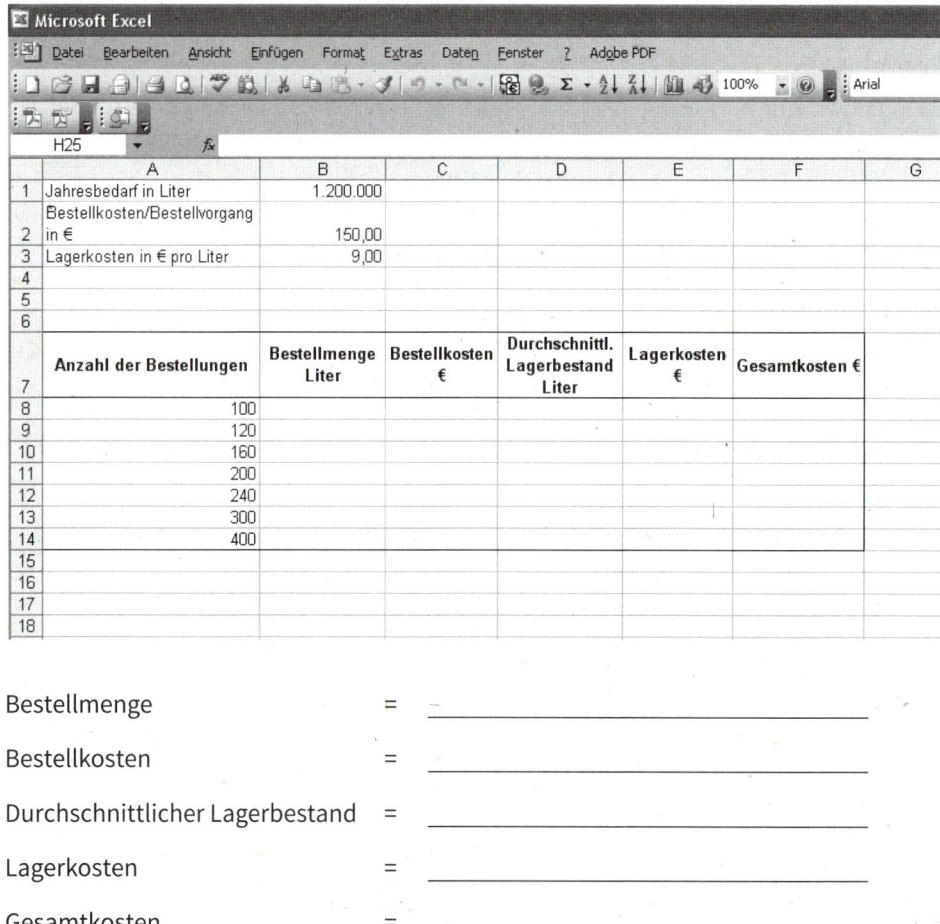

Bestellmenge = _____

Bestellkosten = _____

Durchschnittlicher Lagerbestand = _____

Lagerkosten = _____

Gesamtkosten = _____

10. Aufgabe

Situation

In den vergangenen Jahren ist die Anzahl der erfolglosen Reklamationen im Einkaufsbereich um 30 % gestiegen. Hierdurch sind der KAFAHA erhebliche Kosten entstanden. Die Einkaufsleitung möchte daher von Ihnen als Sachbearbeiter im Einkauf wissen, wie es zu diesem Anstieg gekommen ist und gleichzeitig eine Rationalisierung der Arbeitsprozesse durch eine stärkere Computerunterstützung erreichen.

Sie sind Mitglied einer Arbeitsgruppe, die diese Arbeitsprozesse in der Warenannahme klären und Verbesserungsvorschläge erarbeiten soll.

10.1 In einer Arbeitsanweisung für die Warenannahme finden Sie den auf der nächsten Seite abgebildeten Ablaufplan.

Prüfen Sie den Ablaufplan daraufhin, ob alle notwendigen Arbeiten der Warenannahme enthalten sind.

Erläutern Sie ggf. die Arbeitsgänge, die im Ablaufplan fehlen.

Beschaffung und Bevorratung

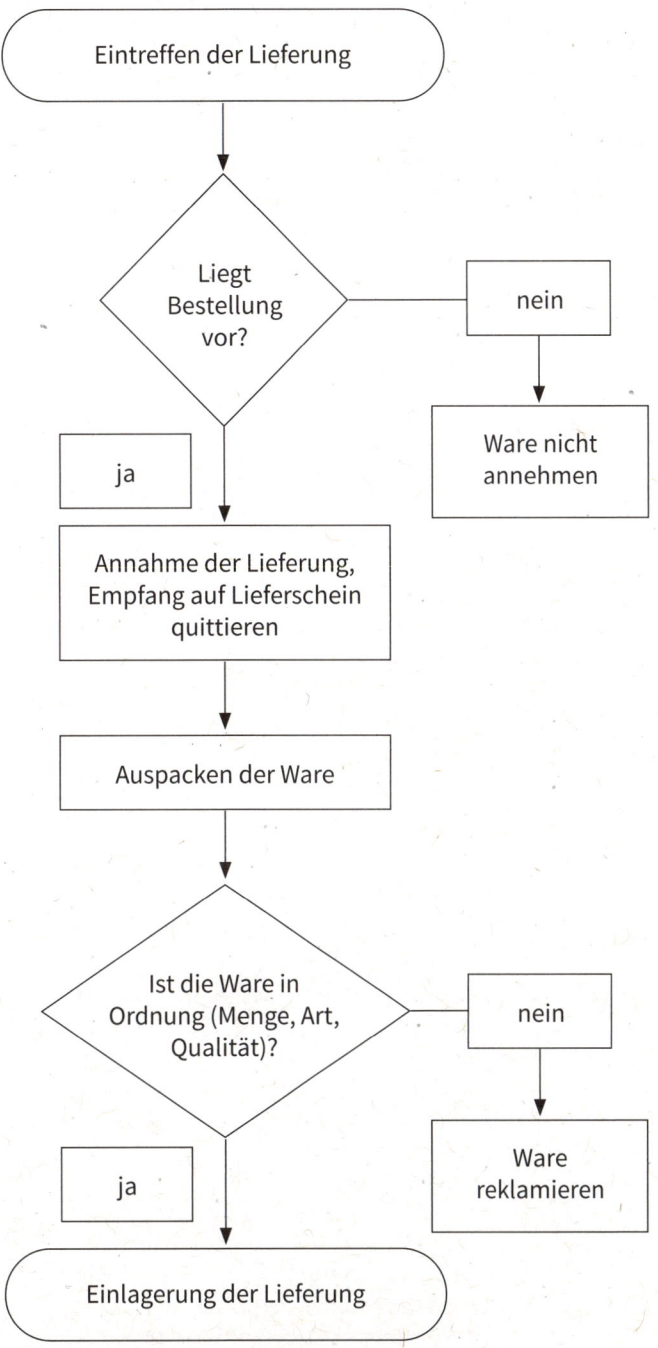

10.2 Durch den Ausfall von Mitarbeitern kommt es immer wieder zu Verzögerungen bei der Warenannahme. Erläutern Sie 2 Nachteile, die sich für die KAFAHA hieraus ergeben können.

10.3 Für die Warenannahme soll das bisherige Wareneingangsformular durch ein elektronisches Formular im IT-System ersetzt werden, wodurch ein sofortiger Zugang aller Mitarbeiter zu den Informationen ermöglicht wird.

10.3.1 Erläutern Sie, welche anderen Abteilungen an Informationen aus der Warenannahme interessiert sind. Führen Sie jeweils an, wofür diese Bereiche die Informationen benötigen.

10.3.2 Erläutern Sie einen Vorteil, der sich für die KAFAHA aus der Umsetzung des Formulars in die elektronische Form ergibt.

Beschaffung und Bevorratung

11. Aufgabe

Situation

Die Unternehmensleitung möchte strategisch den Bereich Haushaltsporzellan (u. a. Geschirr) so ausbauen, dass die Kunden die KAFAHA als Anbieter für den Bereich „schöner gedeckter Tisch" wahrnehmen.

Im ersten Schritt sollen hierfür Bestecke als Handelswaren ins Sortiment der KAFAHA aufgenommen werden. Für die anstehenden Einkaufsentscheidungen sollen Sie als Sachbearbeiter im Einkauf mögliche Lieferanten ermitteln.

11.1 Führen Sie 2 Vorteile an, die sich für die KAFAHA durch die Aufnahme von Handelswaren ergeben können.

11.2 Bestimmen Sie die notwendigen Arbeitsschritte, um die neuen Bestecke zu beschaffen.
Bringen Sie 5 Teilschritte in eine schlüssige zeitliche Reihenfolge.

11.3 Führen Sie 4 Informationsquellen an, um mögliche Lieferanten für Bestecke zu ermitteln.

11.4 Im Rahmen einer Internetrecherche haben Sie nach Eingabe eines Suchbegriffes mehrere Hundert Links aufgelistet erhalten.

Geben Sie den nächsten sinnvollen Schritt bei Ihrer Internetrecherche an.

U-FORM LERNKARTEN

Lernen, wo und wann du willst!

Kennst du schon die u-form Lernkarten? Damit ist mobiles Lernen ganz unkompliziert! **Einfach mitnehmen und lernen, wo du willst.**

Die Lernkarten sind für viele verschiedene Ausbildungsberufe und kaufmännische Themen erhältlich – **in Papierform oder als App!**

Hier unsere persönliche Auswahl speziell für deinen Ausbildungsberuf: **Lernkarten Industriekaufmann/Industriekauffrau Abschlussprüfung Geschäftsprozesse**
(Auszug aus Lernkarten Best.-Nr. 2205)

Schritt für Schritt zum Erfolg mit der wissenschaftlich erprobten Lernform

Überall und jederzeit lernen mit allen gängigen Endgeräten

Motivation mit dabei durch Levelsystem, Lernfortschritt und Erfolge

GP – Marketing und Absatz — 5

Welche Gründe sprechen für die Erweiterung eines bestehenden Produktionsprogrammes?

GP – Marketing und Absatz — 98

Unterscheiden Sie die Begriffe
- Gewährleistung
- Garantie
- Kulanz

GP – Beschaffung und Bevorratung — 105

Welche Vor- und Nachteile sind mit dem Abschluss von Rahmenverträgen mit wichtigen Lieferanten verbunden?

GP – Beschaffung und Bevorratung — 108

Beschreiben Sie die gesetzlichen Regelungen des Lieferungsverzuges (Nicht-Rechtzeitig-Lieferung).

GP – Personal — 176

Erläutern Sie den Begriff „Outsourcing".

GP – Leistungserstellung — 244

Bei welchen Fertigungen ist es sinnvoll, eine fertigungssynchrone Beschaffung durchzuführen?

UNSER KOMPLETTES ANGEBOT FÜR DEINE PRÜFUNG FINDEST DU IM ONLINE-SHOP: WWW.U-FORM.DE

Antwort

Vorteile:
- Preisvorteile durch Mengenrabatte und Boni
- Verminderung der Beschaffungskosten durch Reduzierung der Vertragsverhandlungen
- Konstante Qualität

Nachteile:
- Bindung erschwert die Reaktion auf Marktveränderungen
- Langfristige Preisbindungen trotz sinkender Marktpreise (Ausstiegs-/Preisgleitklauseln vereinbaren)

Antwort

- **Gewährleistung** (Mängelhaftung) ist im BGB geregelt. Der Verkäufer muss dafür einstehen, wenn er eine mangelhafte Leistung erbringt. Im einseitigen Handelskauf (Verbrauchergeschäft) ist eine Gewährleistung von 2 Jahren gesetzlich festgelegt.
- **Garantie** ist eine freiwillig übernommene vertragliche Verpflichtung, die Kosten für die Beseitigung aller innerhalb einer bestimmten Frist auftretenden Mängel entweder ganz oder zumindest teilweise zu übernehmen.
- **Kulanz** ist die freiwillige Übernahme der Kosten für die Beseitigung von Mängeln durch den Verkäufer.

Antwort

Unter Outsourcing versteht man das „Auslagern" bestimmter Unternehmensbereiche (z. B. Datenverarbeitung, Inkasso von Forderungen, Kantine). Sie werden an externe Partner vergeben oder von früher „eigenen" Leuten nun rechtlich selbstständig weitergeführt. Ziel ist in erster Linie eine Kostenreduzierung.

Besonders bei Großserien- und Massenfertigung, da sich Liefertermine und -mengen besonders gut planen lassen, wie z. B. in der Automobilindustrie.

Antwort

- Risikostreuung durch Schaffung „zweiter Beine"
- Evtl. bessere Kapazitätsauslastung
- Evtl. bessere Fixkostendeckung
- Sortimentsabrundung
- Know-how-Nutzung bei ähnlichen Produkten

Lieferungsverzug liegt vor, wenn der Verkäufer schuldhaft nicht oder nicht rechtzeitig liefert, die Lieferung aber noch möglich ist.

Voraussetzung sind in der Regel Nichtlieferung trotz Fälligkeit, Mahnung (es sei denn der Lieferzeitpunkt ist kalendarisch bestimmbar) und Verschulden.

Rechte des Käufers sind insbesondere Lieferung, Schadenersatz statt Leistung und Rücktritt vom Vertrag. Die Geltendmachung der Rechte ist teilweise an weitere Voraussetzungen geknüpft.

Beim Handelskauf nach HGB gibt es ergänzende Vorschriften.

Beschaffung und Bevorratung

12. Aufgabe

Situation

Als Mitarbeiter der Abteilung Materialwirtschaft sind Sie in der KAFAHA unter anderem für den Einkauf von Bestecken (= Handelswaren) zuständig. Das Lagerkonto hierfür stellt sich wie folgt dar:

KAFAHA — Lagerbestand

Gegenstand						
Handelsware Besteck MERAN			Feld-Nr.	10		
			Fach-Nr.	12	Lfd. Nr.	3
			Stoffgruppe	Untergruppe	Waren-Nr.	Einheit
			10	1	178	Satz

Mindestbestand	Meldebestand	Höchstbestand
80	280	400

Datum	Beleg	Zugang	Abgang	Bestand
26. Feb	Übertrag (rechner.)			240
29. Feb	Semring (512)		40	200
01. Mrz	Kollmar (908)		40	160
02. Mrz	Meltin (457)		40	120
03. Mrz	Meltin (1188)		40	80
04. Mrz	Meltin (1908)	320		400
07. Mrz	Meltin (771)		80	320
08. Mrz	Meltin (2043)		40	280
09. Mrz	Meltin (3125)		40	240

Prozessablauf beim Einkauf: Sobald der Meldebestand erreicht ist, gibt der Disponent aus dem Fertigwarenlager eine Bestellanforderung über das Besteck per E-Mail an den Einkauf weiter. Der Einkauf erstellt Anfragen und sendet sie per E-Mail an mehrere potenzielle Lieferanten. Die eintreffenden Angebote werden verglichen, die Bestellmenge wird bestimmt und der geeignetste Lieferant wird ausgewählt. Schließlich wird die Bestellung durch den Kostenstellenleiter freigegeben und per Brief oder E-Mail versendet.

Die Nachfrage nach Bestecken hat sich in den letzten Monaten aufgrund des neuen Trends zum „Cocooning" (Rückzug ins eigene Heim) deutlich verstärkt, wobei die Preise gestiegen sind.

12.1 Sie sollen Bestecke nachbestellen. Anhand des Prozessablaufes hat ein Kollege ein Vorgangskettendiagramm erstellt.

Prüfen Sie, an welcher Stelle dem Kollegen in dem Diagramm ein Fehler unterlaufen ist. Korrigieren Sie diese Stelle direkt im Diagramm.

Beschaffung und Bevorratung

Vorgangskettendiagramm:

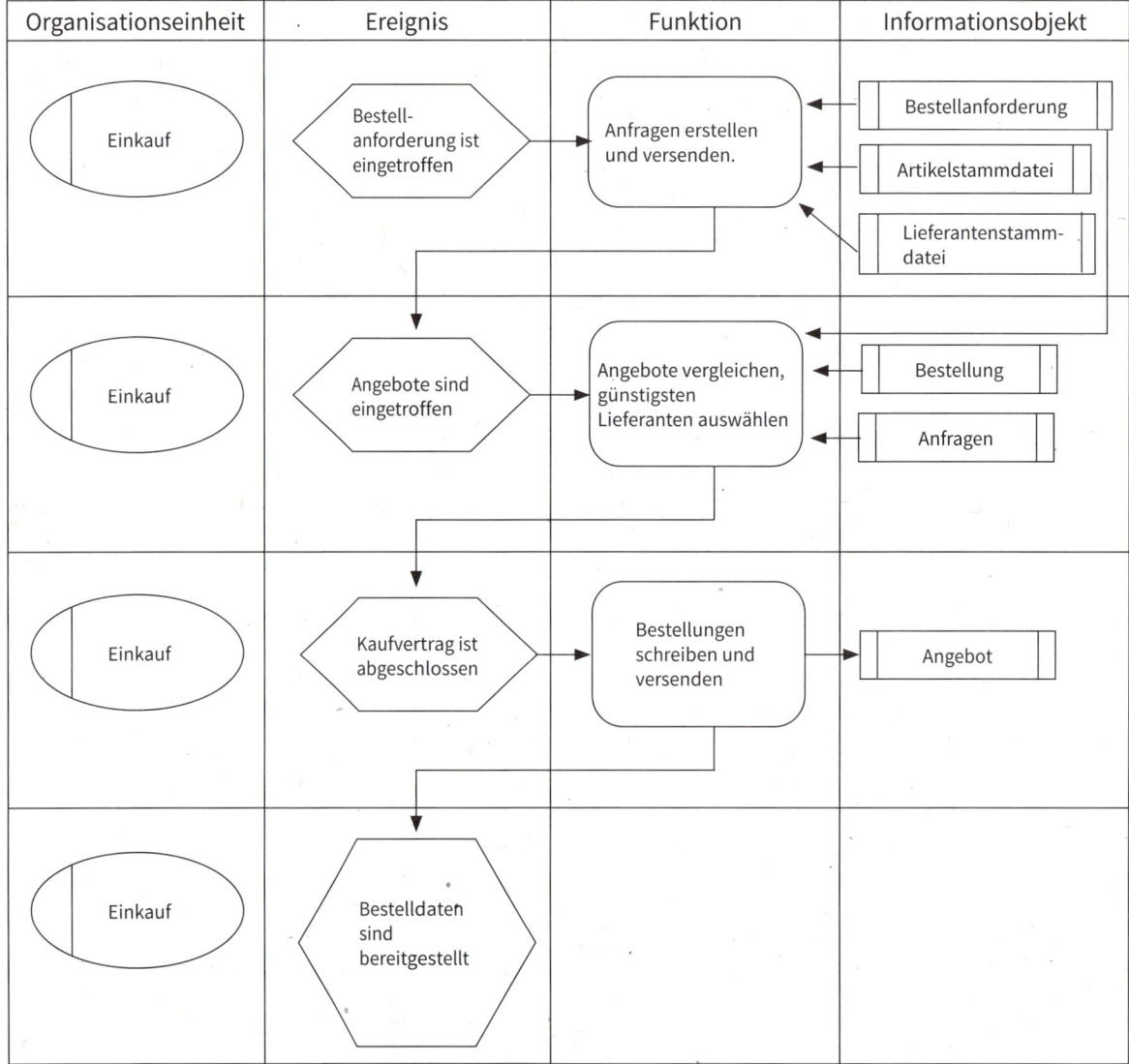

12.2 Ermitteln Sie mit Hilfe des Lagerkontos den Tag, an dem die letzte Bestellanforderung hätte erfolgen müssen.

12.3 Ermitteln Sie die Bestellmenge. Gehen Sie von dem unter 12.2 ermittelten Tag aus und berücksichtigen Sie, dass im Durchschnitt 40 Bestecksätze pro Tag verkauft werden, die Beschaffungszeit 5 Arbeitstage (Montag bis Freitag) beträgt und das Lager stets voll aufzufüllen ist.

12.4 Bestellen Sie per E-Mail die unter 12.3 ermittelte Menge des Bestecksatzes „Meran" bei der Solinger Bestecksmanufaktur Zöppgen GmbH.

Der Bezugspreis pro Bestecksatz beträgt 27,80 €, alle weiteren Bedingungen sind aufgrund der langjährigen Geschäftsbeziehung bereits bekannt. Teilen Sie gleichzeitig mit, dass sich der Bedarf bei diesem Bestecksatz aufgrund einer Werbekampagne zukünftig um 50 % gegenüber dem Vorjahr erhöhen wird und Sie daher ein neues Angebot mit einem Preisnachlass erwarten.
E-Mail-Adresse: vertrieb@zoeppgen.de

Beschaffung und Bevorratung

12.5 Es soll geprüft werden, ob der Mindestbestand richtig dimensioniert ist.

12.5.1 Geben Sie 3 Aspekte an, die bei der Überprüfung zu beachten sind.

12.5.2 Auf wie viel Bestecksätze müssen Sie bei unverändertem Mindestbestand den neuen Meldebestand setzen, wenn Sie mit einer Verdoppelung des durchschnittlichen Abverkaufs des Bestecks auf 80 Sätze pro Tag rechnen?

Notizen

03 Personalwesen

Notizen

Personalwesen

1. Aufgabe

Situation

Durch die weiterhin starke Auslandsnachfrage plant die KAFAHA für das nächste Geschäftsjahr eine Kapazitätserweiterung.

Die Abteilungen melden Bedarf für folgende Arbeitskräfte: 1 Entwicklungsingenieur; 2 Automateneinrichter zur Programmierung von Fertigungsanlagen; 8 ungelernte Hilfskräfte; 1 kaufmännischer Angestellter.

Als Sachbearbeiter im Personalbereich sollen Sie die Personalplanung und -beschaffung durchführen.

1.1 Geben Sie 4 weitere Faktoren an, die Sie neben der Kapazitätserweiterung bei der Bestimmung des zukünftigen quantitativen Personalbedarfs der KAFAHA berücksichtigen müssen.

1.2 Sie melden alle offenen Stellen der Bundesagentur für Arbeit. Der Ingenieur und die beiden Automateneinrichter werden zusätzlich mit Hilfe einer Stellenanzeige gesucht.

1.2.1 Begründen Sie, weshalb für die gesuchten Arbeitnehmer unterschiedliche Beschaffungswege beschritten werden.

1.2.2 Bisher wurde festgestellt, dass die Anzahl der eingegangenen Bewerbungen relativ gering ist.

Geben Sie 2 weitere Maßnahmen an, mit denen Sie die Anzahl der Bewerbungen erhöhen können.

1.2.3 Führen Sie 2 Gründe an, die für eine Besetzung offener Stellen mit Mitarbeitern aus der KAFAHA sprechen.

1.2.4 Welcher Aspekt spricht gegen eine interne Stellenbesetzung?

1.3 Da es bisher nicht gelungen ist, die Stelle intern zu besetzen, wollen Sie in einer überregionalen Tageszeitung eine Stellenanzeige schalten.

Führen Sie 5 Punkte an, die – zusätzlich zum Firmennamen sowie den Kontaktdaten – in der Stellenanzeige enthalten sein sollten.

1.4 Führen Sie 2 Instrumente der Personalbeschaffung an, mit denen Bewerber der KAFAHA ausgewählt werden können.

1.5 Die Personalleitung möchte verstärkt das Internet nutzen, um Bewerber grundlegend zu informieren und auf diese Weise eine größere Zahl aussagefähiger Bewerbungen zu erhalten.

Geben Sie für die Website der KAFAHA an, welche 3 Unterlagen Sie von den Bewerbern erwarten.

1.6 Um die Auswahl der Bewerber systematisch durchzuführen, sollen Sie ein Punktbewertungssystem entwickeln.

1.6.1 Legen Sie 4 wesentliche Arbeitsschritte für die Entwicklung und den Einsatz eines Punktbewertungssystems fest.

1.6.2 Für die Stelle des Entwicklungsingenieurs sind bisher 6 Bewerbungen in der Personalabteilung der KAFAHA eingegangen. Zur Vorbereitung der Auswahlentscheidung entwickeln Sie einen Kriterienkatalog, anhand dessen die Personalauswahl erfolgen soll.

Geben Sie 4 Kriterien an, die Sie bei der Auswahl des neuen Mitarbeiters berücksichtigen müssen.

Personalwesen

1.6.3 Nachdem mit zwei Bewerbern Vorstellungsgespräche durchgeführt wurden, soll eine Entscheidung anhand des neuen Punktbewertungssystems getroffen werden.

Vervollständigen Sie die nachstehende Tabelle und wählen Sie einen Bewerber aus.

		\multicolumn{2}{c}{K. Lewandowski}	\multicolumn{2}{c}{T. Jensen}
Lfd. Nr. des Kriteriums	Gewichtung der Kriterien in %	Punkte	Gewichtete Bewertung	Punkte	Gewichtete Bewertung
1	20	5		6	
2	15	8		7	
3	10	2		3	
4	10	4		2	
5	5	1		3	
6	20	8		4	
7	10	6		5	
8	10	6		8	
Summe	100				

Punktebewertungstabelle

1.7 Die neuen Hilfskräfte sollen erstmals im Akkordlohn, die Automateneinrichter – wie bisher – im Zeitlohn entlohnt werden.

1.7.1 Sie prüfen, ob ein Akkord an den vorgesehenen Arbeitsplätzen möglich ist.
Erläutern Sie, welche Voraussetzungen für eine Entlohnung im Akkord gegeben sein müssen.

1.7.2 Einer personalwirtschaftlichen Fachzeitschrift entnehmen Sie, dass die praktische Bedeutung von Akkordlohnsystemen in Deutschland abnimmt. Eine Kollegin bestätigt diese Tendenz auch für die KAFAHA.
Erläutern Sie mögliche Gründe, warum für die KAFAHA Akkordlohnsysteme an Bedeutung verlieren.

1.7.3 Ein Kollege schlägt vor, dass zukünftig auch die Automateneinrichter Akkordlohn erhalten sollten.
Welche Gründe sprechen bei Automateneinrichtern gegen diese Entlohnungsform?

1.7.4 Der Arbeitswert der Hilfskräftestellen wird durch analytische Arbeitsbewertung ermittelt.
Welche Anforderungsarten müssen Sie dabei berücksichtigen?

Personalwesen

1.8 Nach der Einstellung und Einarbeitung der neuen Hilfskräfte werden Geschirrteile im Gruppenakkord verpackt. Die Mitarbeiter Kertig, Mirkow und Herrmanns sind dabei zu einer Gruppe zusammengefasst worden und erledigen die Arbeit gemeinsam.

Die Geschirrteile werden zunächst mit einer Schutzfolie versehen und einzeln in Kartons mit Füllmaterial aus Schaumstoff verpackt. Es werden je 36 Kartons auf Paletten gestapelt und befestigt.

Für jede Palette erhält die Gruppe 40 €. Im Monat Juni wurden 141 Paletten für den Transport verladen.

Das Aufteilungsverhältnis für den Akkordlohn:
2,5 (Kertig) : 2,8 (Mirkow) : 2,7 (Herrmanns)

Berechnen Sie den Bruttolohn für jeden Mitarbeiter im Monat Juni.

2. Aufgabe

Situation

Als Mitarbeiter in der Personalabteilung der KAFAHA registrieren Sie seit längerer Zeit eine zunehmende Fluktuation in der Versandabteilung. Nachdem die Kündigung des Angestellten Benedikt Kossmann eingegangen ist, müssen Sie sich ausführlicher mit dem Problem beschäftigen.

Das Beschäftigungsverhältnis der KAFAHA mit Herrn Kossmann besteht seit dem 1. Juni 2010. Besondere Vereinbarungen zur Kündigung bestehen nicht.

Herr Kossmann ist gesetzlich krankenversichert und bezieht ein beitragspflichtiges Bruttoentgelt in Höhe von 3.000 € pro Monat. Er ist deutscher Staatsangehöriger.

Ihnen liegt folgendes Schreiben von Herrn Kossmann vor:

Hamburg, 10. Februar 2025

Kündigung

KAFAHA
Eingegangen am 10.02.25

Sehr geehrte Damen und Herren,

ich kündige zum nächstmöglichen Termin mein Arbeitsverhältnis und bitte um die Ausstellung eines qualifizierten Arbeitszeugnisses.

Durch das autoritäre Verhalten meines Abteilungsleiters, Herrn Sandor, ist eine weitere Zusammenarbeit für mich nicht mehr möglich. Daher habe ich mich, wie einige meiner Kollegen vor mir, zu diesem Schritt entschieden.

Mit freundlichen Grüßen
Benedikt Kossmann
Benedikt Kossmann

Personalwesen

2.1 Stellen Sie anhand des Kalenderauszugs fest, an welchem Tag das Arbeitsverhältnis von Herrn Kossmann unter Einhaltung der gesetzlichen Bedingungen endet.

KW		JANUAR								FEBRUAR					KW
	M	D	M	D	F	S	S	M	D	M	D	F	S	S	
1			1	2	3	4	5					1	2		5
2	6	7	8	9	10	11	12	3	4	5	6	7	8	9	6
3	13	14	15	16	17	18	19	10	11	12	13	14	15	16	7
4	20	21	22	23	24	25	26	17	18	19	20	21	22	23	8
5	27	28	29	30	31			24	25	26	27	28			9

KW		MÄRZ								APRIL					KW
	M	D	M	D	F	S	S	M	D	M	D	F	S	S	
9						1	2		1	2	3	4	5	6	14
10	3	4	5	6	7	8	9	7	8	9	10	11	12	13	15
11	10	11	12	13	14	15	16	14	15	16	17	18	19	20	16
12	17	18	19	20	21	22	23	21	22	23	24	25	26	27	17
13	24	25	26	27	28	29	30	28	29	30					18
14	31														

KW		MAI								JUNI					KW
	M	D	M	D	F	S	S	M	D	M	D	F	S	S	
18				1	2	3	4							1	22
19	5	6	7	8	9	10	11	2	3	4	5	6	7	8	23
20	12	13	14	15	16	17	18	9	10	11	12	13	14	15	24
21	19	20	21	22	23	24	25	16	17	18	19	20	21	22	25
22	26	27	28	29	30	31		23	24	25	26	27	28	29	26
								30							27

2.2 Geben Sie 2 Arbeitspapiere an, die nach Beendigung des Arbeitsverhältnisses Herrn Kossmann ausgehändigt werden.

2.3 Herrn Kossmanns Kündigung gab letztlich den Ausschlag für Sie, Herrn Sandor auf dessen autoritären Führungsstil anzusprechen. Zur Vorbereitung des schwierigen Gesprächs notieren Sie sich Vor- und Nachteile, die mit diesem Führungsstil verbunden sind.

2.3.1 Wodurch ist der autoritäre Führungsstil gekennzeichnet? Geben Sie eine kurze Erläuterung.

2.3.2 Erläutern Sie je einen Vor- und einen Nachteil dieses Führungsstils.

2.4 Da Herr Kossmann das Unternehmen verlässt, haben Sie für die Zeiten der Beschäftigung im Jahr 2025 die Meldung zur Sozialversicherung abzugeben. Vervollständigen Sie den abgebildeten Formularteil mithilfe der vorliegenden Ziffern-Angaben, siehe nächste Seite. (Quelle: Deutsche Rentenversicherung)

Fortsetzung nächste Seite

Personalwesen

Grund der Abgabe in den Meldungen nach der DEÜV

Anmeldungen
10 Anmeldung wegen Beginn einer Beschäftigung
11 Anmeldung wegen Krankenkassenwechsel
12 Anmeldung wegen Beitragsgruppenwechsel
13 Anmeldung wegen sonstiger Gründe

Abmeldungen
30 Abmeldung wegen Ende einer Beschäftigung
31 Abmeldung wegen Krankenkassenwechsel
32 Abmeldung wegen Beitragsgruppenwechsel
33 Abmeldung wegen sonstiger Gründe/Änderungen im Beschäftigungsverhältnis
34 Abmeldung wegen Ende einer sozialversicherungsrechtlichen Beschäftigung nach einer Unterbrechung von länger als einem Monat
35 Abmeldung wegen Arbeitskampf von länger als einem Monat
36 Abmeldung wegen Wechsel des Entgeltabrechnungssystems (optional)
40 Gleichzeitige An- und Abmeldung wegen Ende der Beschäftigung
49 Abmeldung wegen Tod

Jahresmeldung/Unterbrechungsmeldungen/sonstige Entgeltmeldungen
50 Jahresmeldung
51 Unterbrechungsmeldung wegen Bezug von bzw. Anspruch auf Entgeltersatzleistungen
52 Unterbrechungsmeldung wegen Elternzeit
53 Unterbrechungsmeldung wegen gesetzlicher Dienstpflicht
54 Meldung eines einmalig gezahlten Arbeitsentgelts (Sondermeldung)
55 Meldung von nicht vereinbarungsgemäß verwendetem Wertguthaben (Störfall)
56 Meldung des Unterschiedsbetrags bei Entgeltersatzleistungen während Altersteilzeitarbeit

Personengruppen in den Meldungen nach der DEÜV

101 Sozialversicherungspflichtig Beschäftigte ohne besondere Merkmale
102 Auszubildende
103 Beschäftigte in Altersteilzeit
104 Hausgewerbetreibende
105 Praktikanten
106 Werkstudenten
107 Behinderte Menschen in anerkannten Werkstätten oder gleichartigen Einrichtungen
108 Bezieher von Vorruhestandsgeld
109 Geringfügig entlohnte Beschäftigte nach § 8 Abs. 1 Nr. 1 SGB IV
110 Kurzfristig Beschäftigte nach § 8 Abs.1 Nr. 2 SGB IV

Beitragsgruppen in den Meldungen nach der DEÜV

Krankenversicherung (KV)
0 kein Beitrag
1 allgemeiner Beitrag
2 erhöhter Beitrag (zulässig nur für Meldezeiträume bis 31.12.2008)
3 Ermäßigter Beitrag
4 Beitrag zur landwirtschaftlichen Krankenversicherung
5 Arbeitgeberbeitrag zur landwirtschaftlichen Krankenversicherung
6 Pauschalbeitrag für geringfügig Beschäftigte

Rentenversicherung (RV)
0 kein Beitrag
1 voller Beitrag
3 halber Beitrag
5 Pauschalbeitrag für geringfügig Beschäftigte

Arbeitslosenversicherung (ALV)
0 kein Beitrag
1 voller Beitrag
2 halber Beitrag

Pflegeversicherung (PV)
0 kein Beitrag
1 voller Beitrag
2 halber Beitrag

Häufige Staatsangehörigkeiten
deutsch 000
luxemburgisch 143
amerikanisch 368
marokkanisch 252
äthiopisch 225
niederländisch 148
belgisch 124
britisch 168
österreichisch 151
dänisch 126
spanisch 161

Personalwesen

3. Aufgabe

Situation

Der KAFAHA-Mitarbeiter Herr Kehl ist zum wiederholten Male nicht pünktlich am Arbeitsplatz erschienen. Als Mitarbeiter der Personalabteilung erhalten Sie am 17.02.2025 den Anruf des zuständigen Abteilungsleiters Herrn Ricke, der Ihnen mitteilt, dass Herr Kehl an diesem Tag zwei Stunden zu spät zur Arbeit erschienen sei. Herr Ricke schätzt das Verhalten von Herrn Kehl als „nicht mehr akzeptabel" ein. Daraufhin sehen Sie sich die Personalakte von Herrn Kehl an:

Auszug aus Personalakte

Personal-Nr.: 17298346
Name: Kehl
Vorname: Heiko
Eintrittsdatum: 01.01.2011

Eintragungen:

03.02. d. J.: Verspätetes Erscheinen am Arbeitsplatz (30 Minuten):
Mündliche Ermahnung durch Abteilungsleiter Herrn Ricke – keine Entschuldigung seitens Herrn Kehl.

10.02. d. J.: Verspätetes Erscheinen am Arbeitsplatz (60 Minuten):
Mündliche Ermahnung durch Abteilungsleiter Herrn Ricke mit Aufzeigung der betrieblichen Probleme, die durch die Verspätung entstehen sowie der arbeitsrechtlichen Konsequenzen, die sich für Herrn Kehl ergeben können. Herr Kehl bietet keine Erklärung für dieses Verhalten, sondern zeigt sich uneinsichtig: Er erklärt, dass ihm die Arbeit sowieso keinen Spaß mehr mache.

3.1 Formulieren Sie eine höfliche, aber bestimmte Abmahnung an Herrn Kehl.

Hinweise zur Erstellung des Schreibens:

Es wird ein Formular Geschäftsbrief nach DIN 5008 verwendet.
Beachten Sie die Regeln der DIN 5008.

Name und Anschrift von Herrn Kehl:

Heiko Kehl
Dietrich-Bonhoeffer-Str. 11
20175 Hamburg

3.2 Herr Kehl kommt am 24.02. erneut – diesmal 3 Stunden – zu spät zur Arbeit. In einem Gespräch zwischen Personalleitung, Betriebsrat und dem Abteilungsleiter wird beschlossen, Herrn Kehl die Kündigung auszusprechen.

Prüfen Sie anhand des nebenstehenden Gesetzestextes sowie der vorliegenden Unterlagen, welche Kündigungsfrist einzuhalten ist.

Personalwesen

> **Auszug aus BGB**
>
> **§ 622 Kündigungsfristen bei Arbeitsverhältnissen**
>
> (1) Das Arbeitsverhältnis eines Arbeiters oder eines Angestellten (Arbeitnehmers) kann mit einer Frist von vier Wochen zum Fünfzehnten oder zum Ende eines Kalendermonats gekündigt werden.
>
> (2) Für eine Kündigung durch den Arbeitgeber beträgt die Kündigungsfrist, wenn das Arbeitsverhältnis in dem Betrieb oder Unternehmen
>
> 1. zwei Jahre bestanden hat, einen Monat zum Ende eines Kalendermonats,
> 2. fünf Jahre bestanden hat, zwei Monate zum Ende eines Kalendermonats,
> 3. acht Jahre bestanden hat, drei Monate zum Ende eines Kalendermonats,
> 4. zehn Jahre bestanden hat, vier Monate zum Ende eines Kalendermonats,
> 5. zwölf Jahre bestanden hat, fünf Monate zum Ende eines Kalendermonats,
> 6. 15 Jahre bestanden hat, sechs Monate zum Ende eines Kalendermonats,
> 7. 20 Jahre bestanden hat, sieben Monate zum Ende eines Kalendermonats.
>
> (3) Während einer vereinbarten Probezeit, längstens für die Dauer von sechs Monaten, kann das Arbeitsverhältnis mit einer Frist von zwei Wochen gekündigt werden.
>
> **§ 623 Schriftform der Kündigung**
>
> Die Beendigung von Arbeitsverhältnissen durch Kündigung oder Auflösungsvertrag bedürfen zu ihrer Wirksamkeit der Schriftform; die elektronische Form ist ausgeschlossen.

3.3 Ein Kollege schlägt vor, Herrn Kehl die Kündigung als E-Mail zukommen zu lassen, da über eine so genannte Lesebestätigung der Zugang der Kündigung sichergestellt werden könne.

Begründen Sie, warum dieser Vorschlag nicht geeignet ist.

3.4 In diesem Zusammenhang fordern Sie den Abteilungsleiter Herrn Ricke auf, einen Entwurf für ein qualifiziertes Arbeitszeugnis zu formulieren.

Nennen Sie die wichtigsten Punkte, die in diesem Zeugnis enthalten sein müssen.

3.5 Durch das Ausscheiden von Herrn Kehl wird ein neuer Mitarbeiter benötigt.

Führen Sie 2 Möglichkeiten an, wie Sie einen neuen Mitarbeiter beschaffen können.

3.6 Bei einer Analyse der Fluktuation im Betrieb erstellen Sie für die Abteilung von Herrn Ricke eine Personalstatistik. Am 1. April 20.. hatte Herr Ricke die Abteilung übernommen.

3.6.1 Welches Problem in der Abteilung von Herrn Ricke wird aus folgender Personalstatistik deutlich?

Monat	Jan.	Febr.	März	April	Mai	Juni	Juli	Aug.	Sept.	Okt.	Nov.	Dez.
Mitarbeiter	128	127	127	126	124	121	116	119	115	119	122	123
Abgänge	0	1	2	3	5	8	5	4	2	7	8	5
Zugänge	1	1	1	1	2	3	8	0	6	10	9	10

3.6.2 Entwickeln Sie 2 konkrete Vorschläge, wie dieses Problem verringert oder beseitigt werden könnte.

Personalwesen

4. Aufgabe

Situation

Als Mitarbeiter der Personalabteilung der KAFAHA sind Sie mit der Personalplanung betraut worden.
Um sich einen Überblick zu verschaffen, erstellen Sie eine Mind-Map, in der Sie die externen und internen Einflussfaktoren für den Personalbedarf aufführen.

Vorgabe der Unternehmensleitung ist ein Personalabbau von 5 %, der für alle Unternehmensbereiche gelten soll.

4.1 Ergänzen Sie die Mind-Map indem Sie je 2 Einflussfaktoren, die bei der Personalplanung berücksichtigt werden müssen, auf den Ästen notieren.

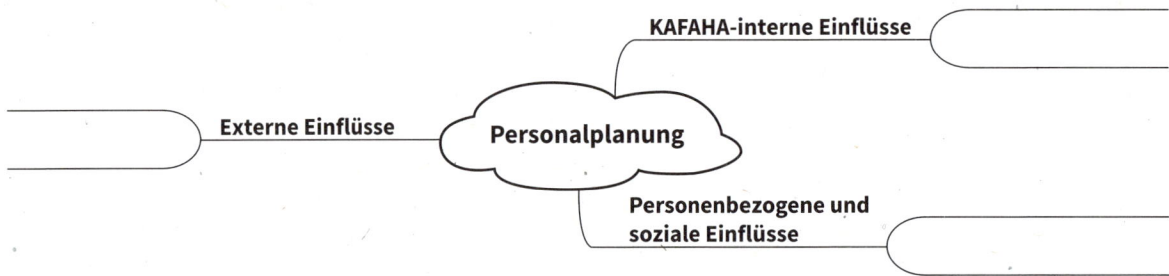

4.2 Zur weiteren Planung des Personaleinsatzes liegt Ihnen folgender Auszug aus der Personalstatistik zum Personalbereich „Glasierung" vor:

		absolut
Bestand zum 01.01.		60
− **bereits feststehende Abgänge im lfd. Kalenderjahr, davon:**		
Kündigung durch Arbeitnehmer	2	
Elternzeit	1	
Versetzung in eine andere Abteilung	5	
Kündigung durch Arbeitgeber	3	
+ **bereits feststehende Zugänge im lfd. Kalenderjahr, davon:**		
Übernahme aus Berufsbildungsverhältnissen	5	
Einstellungen	2	
Rückkehr aus Elternzeit	2	
= **Bestand zum 31.12.**		

Prüfen Sie, ob die Vorgabe der Unternehmensleitung eingehalten wurde und ob personalwirtschaftliche Maßnahmen erforderlich sind.

Personalwesen

4.3 Da die Mitarbeiterzahl in allen Bereichen reduziert werden soll, wird die Einschaltung eines „Outplacement-Beraters" erwogen.

Welche Vorteile können sich aus der Sicht der KAFAHA durch die Einschaltung eines Outplacement-Beraters ergeben?

4.4 Im Zuge des notwendigen Personalabbaus mussten verschiedene Unternehmensbereiche neu organisiert werden. Betriebsrat und Unternehmensleitung stimmen sich derzeit ab, ob Schichtarbeit eingeführt werden soll.

Geben Sie je 2 Vor- und 2 Nachteile für die Einführung von Schichtarbeit aus Sicht der Geschäftsführung an.

5. Aufgabe

Situation

Nach einer Vielzahl von Krankmeldungen bittet Sie die Personalleitung eine Analyse des Krankenstandes vorzunehmen.

Nach einer Internetrecherche haben Sie folgende Informationen zusammengestellt:

- Der Arbeitsausfall aufgrund von Erkrankungen beträgt in Durchschnitt aller Branchen 7,5 % der geleisteten Arbeitstage.
- In der Keramikindustrie fehlen die Mitarbeiter durchschnittlich an 16,3 Tagen pro Jahr.
- Es sind 260 Arbeitstage vorhanden, in denen 30 Tage Erholungsurlaub enthalten sind.

Die Auswertung von Daten zur Personalverwaltung ergibt folgende Fakten:

- Bei der KAFAHA fallen 30,8 Tage pro Jahr und Beschäftigten krankheitsbedingt aus.
- Da teilweise am Samstag produziert wird, stehen 285 Arbeitstage zur Verfügung, wobei der durchschnittliche Urlaubsanspruch 28 Tage (Montag – Freitag) beträgt. Diese Urlaubstage sind in den 285 Tagen enthalten.

5.1 Bestimmen Sie den prozentualen Anteil der ausgefallenen Arbeitstage bei der KAFAHA.

5.2 Die Personalleitung bittet Sie um eine kurze Zusammenfassung Ihrer Erkenntnisse zum Thema „Krankenstand bei der KAFAHA".

Erstellen Sie unter Berücksichtigung Ihres Ergebnisses aus 5.1 eine kurze Zusammenfassung der Situation und ziehen Sie ein Fazit.

5.3 Die verstärkt auftretenden Beschwerden von Mitarbeitern über „starke Ermüdung" und „Unterforderung" werden auf die Tagesordnung einer internen Besprechung im Personalbereich gesetzt.

Geben Sie 3 Möglichkeiten an, wie Verbesserungen durch eine Humanisierung der Arbeit erreicht werden können.

Personalwesen

5.4 In der Lagerhalle für Quarzsäcke fallen einige Mitarbeiter immer wieder aufgrund starken Hustens für mehrere Tage aus. Der Sicherheitsbeauftragte der KAFAHA vermutet eine zu starke Belastung mit Quarzstaub. Die durchgeführte Messung bestätigt schließlich diesen Verdacht.

Welche 2 Sicherheitsmaßnahmen könnten Abhilfe schaffen?

5.5 Verschiedene Abteilungsleiter berichten, dass sich aufgrund starker Rationalisierung und Angst vor dem Verlust des Arbeitsplatzes verstärkt soziale Konflikte am Arbeitsplatz ergeben haben.

Erläutern Sie 2 Maßnahmen, mit denen die KAFAHA diese Konflikte abbauen könnte.

6. Aufgabe

Situation

Als Mitarbeiter der Personalabteilung wirken Sie bei der Einstellung eines neuen Mitarbeiters für den Einkauf mit. Sie haben in diesem Zusammenhang die nachstehende Stellenanzeige aufgegeben:

KAFAHA – Kompetenz in Keramik

Zum 1. September suchen wir

**einen Assistenten
für die Einkaufsabteilung (m/w/d)**

zur Verstärkung unseres Teams. Sie verfügen über eine abgeschlossene kaufmännische Ausbildung oder ein wirtschaftswissenschaftliches Studium und bringen mindestens 3 Jahre Berufserfahrung, möglichst in einem Keramikunternehmen, mit. Der sichere Umgang mit MS-Office wird vorausgesetzt.

Wir erwarten von Ihnen neben analytischem Denken starke Einsatzbereitschaft, Teamfähigkeit, Flexibilität, Organisationstalent und ein hohes Maß an Belastbarkeit sowie gute Englischkenntnisse.

Ihre Bewerbung richten Sie bis zum 20. April 20.. an:
Keramik-Fabrik Hamburg AG, Frau Kelp, Kernbrook 12, 20011 Hamburg,
Tel.: 040 1700-2520, E-Mail: kelp@kafaha.de

Auf diese Stellenanzeige in der Tageszeitung ist eine Vielzahl von Bewerbungen eingegangen.

Nach einer ersten Sichtung haben Sie zwei Bewerber in die engere Wahl gezogen:

Herr Martin Pern: Lebenslauf (siehe folgende Seite)
Weitere Bewerbungsunterlagen (nicht abgebildet):
Bewerbungsschreiben vom 04.04.20..
Zeugnis der Teltix GmbH, Darmstadt

Frau Tanja Kleppmann: Lebenslauf (siehe übernächste Seite)
Weitere Bewerbungsunterlagen (nicht abgebildet):
Bewerbungsschreiben vom 07.04.20..
Zeugnis der Alkondi Ltd., Hamburg

6.1 Sie sollen sich für einen der beiden Bewerber entscheiden.

Führen Sie 3 Gründe an, warum Sie einen der beiden Bewerber für weniger geeignet halten.

Personalwesen

Lebenslauf

Name:	Martin Pern
Anschrift:	Herzogweg 2, 64240 Darmstadt
Telefon:	06151 371389
E-Mail:	martin.pern@webbo.de

Geburtstag, -ort:	22. August 1983, Mannheim
Familienstand:	ledig

Schulbildung:	Wirtschaftsgymnasium: Abitur (Abschlussnote: 2,8)
Berufsausbildung:	2 Jahre Kaufmännische Ausbildung bei Pardmann AG, Hamburg Abschlussprüfung: Industriekaufmann (Note: Gut)
Studium:	2004 – 2009 Studium der Betriebswirtschaftslehre an der Universität Göttingen und an der UCLA (Los Angeles)
	Abschluss: Diplom-Kaufmann, Durchschnittsnote: 2,9 Studienschwerpunkte: Beschaffung, Logistik, Controlling

Berufstätigkeit:

01.2009 – 12.2011	Einkaufs-Sachbearbeiter bei Pardmann AG, Mannheim (Arzneimittelhersteller)
01.2012 – 06.2013	Einkaufs-Sachbearbeiter bei Ahlborn KG, Frankfurt (Metallbau)
11.2013 – 03.2014	Projektassistent Supply Chain Management bei FlowLine AG, Frankfurt (Hersteller technischer Keramik)
10.2014 – 05.2015	Einkaufs-Sachbearbeiter bei Rahs e. K., Hanau (Computer-Händler)
Seit 06.2015	Einkaufs-Sachbearbeiter bei Teltix GmbH, Darmstadt (Metallbau)

Besondere Kenntnisse:	Englisch perfekt in Wort und Schrift, sehr gute EDV-Anwenderkenntnisse
Hobbys:	Snowboard, Tauchen, Paragliding
Frühest mögliches Eintrittsdatum:	01.08.20..

Darmstadt, 4. April 20..

Martin Pern

Personalwesen

Lebenslauf

Name:	Kleppmann, Tanja
Anschrift:	Ifflandstr. 10, 22088 Hamburg
Tel.:	040 22504023
E-Mail:	kleppma@freemo.de

Geburtstag, -ort:	16. Mai 1975, Pinneberg
Familienstand:	verheiratet, eine Tochter

Schulbildung:	Gymnasium in Hamburg, Abschluss: Abitur mit Note 2,9
Berufsausbildung:	3 Jahre zur Groß- und Außenhandelskauffrau bei Hermann Gerbers GmbH, Pinneberg (Note: Gut)
Studium:	1998 – 2003 Studium der Wirtschaftswissenschaften an den Universitäten Hannover und Paris
	Abschluss: Diplom-Ökonom, Durchschnittsnote: 1,7 Studienschwerpunkte: Marketing, Wirtschaftspolitik

Berufstätigkeit:

01.2004 – 12.2004	Einkaufs-Sachbearbeiterin Hermann Gerbers GmbH, Pinneberg (Getreidegroßhandel)
01.2005 – 12.2009	Marketingassistentin Lehmann Feinkeramik GmbH, Leipzig (Keramikhersteller)
Seit 01.2010	Marktforschung Alkondi Ltd., Hamburg (Marktforschungsinstitut)

Besondere Kenntnisse:	Verhandlungssicheres Französisch und Englisch, SAP ERP Kenntnisse, gute MS-Office-Kenntnisse
Hobbys:	Literatur, Reisen, Schwimmen
Frühest mögliches Eintrittsdatum:	01.08.20..

Hamburg, 7. April 20..

Tanja Kleppmann

Personalwesen

6.2 Nachdem Sie sich für einen Bewerber entschieden haben, formulieren Sie ein Schreiben, das Sie selbst unterzeichnen, in dem Sie dem von Ihnen abgelehnten Bewerber ohne Angabe von Gründen absagen (Beachtung der DIN 5008).

6.3 Über den anderen, nicht abgelehnten Bewerber möchten Sie sich weitergehend informieren.

Welche zusätzlichen konkreten Unterlagen sollten Sie noch von diesem Bewerber anfordern, damit sich der Einkauf ein genaueres Bild von ihm bzw. ihr machen kann?

Führen Sie 4 Unterlagen an.

6.4 Nennen Sie 3 Unterlagen, die Sie von dem ausgewählten Bewerber zu einer ordnungsgemäßen Personalverwaltung benötigen.

6.5 Die personenbezogenen Daten des ausgewählten Bewerbers wurden elektronisch gespeichert.

Geben Sie 3 Pflichten an, die Sie im Zusammenhang mit dem Bundesdatenschutzgesetz und der Datenschutz-Grundverordnung haben.

6.6 Geben Sie 4 Informationen an, die der ausgewählte Bewerber am 1. Arbeitstag erhalten sollte.

6.7 Nennen Sie 3 Maßnahmen, mit denen Sie den Arbeitsbeginn für einen neuen Mitarbeiter in der KAFAHA erleichtern.

7. Aufgabe

> **Situation**
>
> Als Mitarbeiter der Personalabteilung der KAFAHA sind Sie die für die Auswahl und Einstellung der kaufmännischen Mitarbeiter zuständig.
>
> Der kaufmännische Leiter Herr Bernd benötigt einen Assistenten bzw. eine Assistentin. Für diese Position sollen Sie die Bewerber mit Hilfe eines Assessment-Centers auswählen.

7.1

7.1.1 Erläutern Sie den Begriff „Assessment-Center". Was ist ein Assessment-Center und wozu dient es?

7.1.2 Sie sind mit der Analyse der eingegangenen Bewerbungen und der Vorbereitung des Assessment-Centers beauftragt.

Führen Sie 5 Arbeitsschritte in einer schlüssigen Reihenfolge an, die bei der Vorbereitung der Personalauswahl und des Assessment-Centers durchgeführt werden müssen.

7.2 Erläutern Sie 4 Vorteile, die sich für die KAFAHA aus einem Assessment-Center ergeben.

7.3 Eine Bewerberin, Frau Merten, wurde mit Hilfe eines Assessment-Centers aus fünfzehn Bewerbern ausgewählt und soll zum 1. Juli eingestellt werden.

Als Assistentin des kaufmännischen Leiters hat Frau Merten eine Stabsstelle inne.

Im Arbeitsvertrag wurden sechs Monate Probezeit sowie ein Grundgehalt von 3.200 € (brutto) vereinbart.

Erläutern Sie 2 Gründe, warum die Vereinbarung einer Probezeit mit Frau Merten für die KAFAHA sinnvoll ist.

Personalwesen

7.4 Nach der Einstellung von Frau Merten soll das Organigramm der KAFAHA aktualisiert werden.

Ergänzen und beschriften Sie in dem unten stehenden Organigramm die Stelle von Frau Merten.

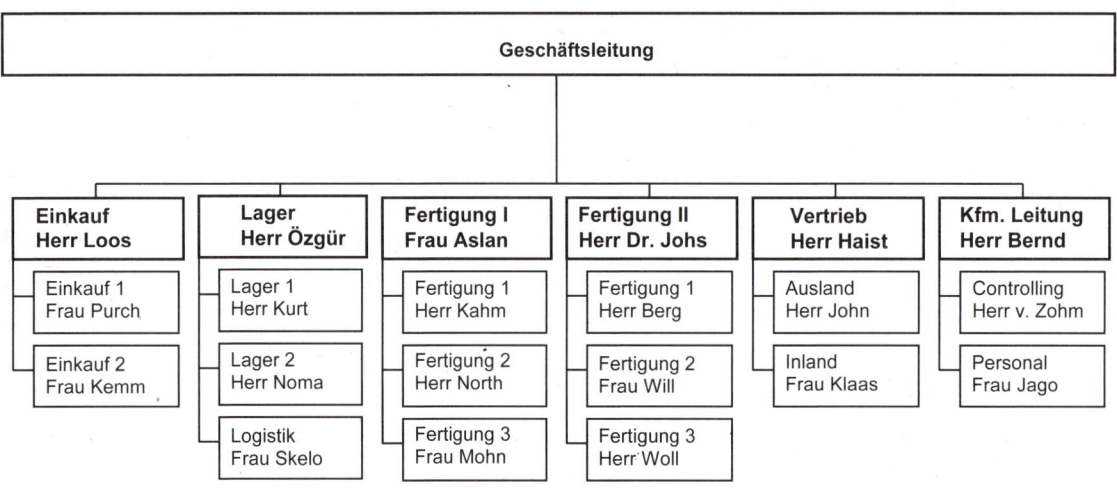

7.5 Frau Merten soll Ansatzpunkte für die Neugestaltung von Arbeitsabläufen in der KAFAHA entwickeln. Schon im ersten Monat hat Frau Merten Checklisten für die Personalverwaltung entworfen. In diesem Zusammenhang erhält Herr von Zohm folgende E-Mail:

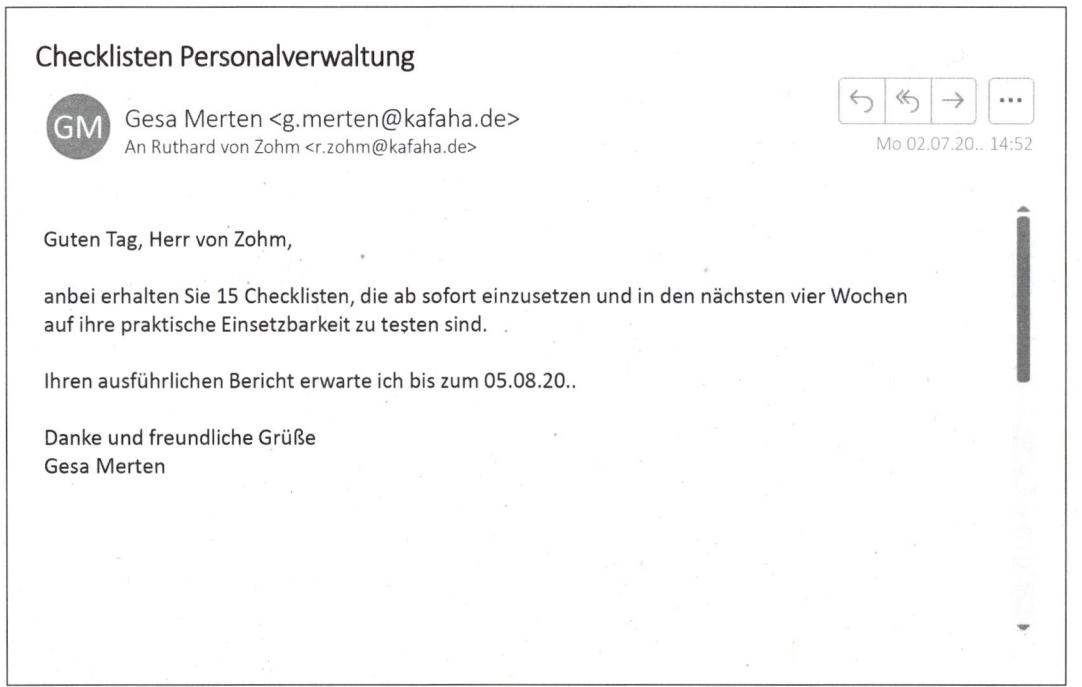

Prüfen und begründen Sie, ob Frau Merten befugt ist, Herrn von Zohm Anweisungen zu erteilen.

Personalwesen

7.6 Am 31. Juli bittet Sie Frau Merten um ein Gespräch wegen ihrer Gehaltsabrechnung.

Sie haben sich die nachstehenden Daten aus der Personalstammdatei ausgedruckt, die für die Abrechnung zu berücksichtigen waren:

NAME	Merten
Vorname	Gesa
Straße	Germtwiete 17
PLZ, Ort	20100 Hamburg
Bundesland	Hamburg
Familienstand	verheiratet
Steuerklasse	III
Kinderfreibeträge	1,0
Kirchensteuer	9 %
VWL	40 € (werden vom AN allein gezahlt)
Krankenkasse	BKK XY-Fabrik Hamburg
Beitragssatz allgemein	14,6 %
Zusatzbeitragssatz	1,6 %
Pflegeversicherung	3,4 % (kein Kinderlosenzuschlag)
Rentenversicherung	18,6 %
Arbeitslosenversicherung	2,6 %

Frau Mertens legt Ihnen nun die auf der nächsten Seite abgedruckte Gehaltsabrechnung vor, die Sie von der KAFAHA erhalten hat. Sie reklamiert, dass ihre eigenen Berechnungen nicht mit dieser Gehaltsabrechnung für Juli übereinstimmen.

> **Hinweis:**
>
> In Ihrer Abschlussprüfung müssen Sie keine komplette Gehaltsabrechnung durchführen. Berechnungen einzelner Größen wie etwa SV-Beiträge sind jedoch möglich.
>
> Die Sozialversicherungsgrößen ändern sich in der Regel jährlich. Informieren Sie sich rechtzeitig über die aktuellen Werte zum Zeitpunkt Ihrer Prüfung.
>
> Informationen und Beispielrechnungen zu den Sozialversicherungswerten 2025 finden Sie unter folgendem Link: **www.u-form.de/addons/SV-2025.pdf**

Personalwesen

7.6 Ein Blick in das Personalinformationssystem bestätigt Ihnen, dass folgende Daten tatsächlich irrtümlich zugrunde gelegt wurden:

Pers.-Nr.: 351226002	
NAME	**Gesa Merten**
Monat	Juli 20..
Abrechnung	Monatlich
Weitere Bezüge	0,00
Steuerklasse	III
Kinderfreibeträge	1,0
Kirchensteuer	9 %
Jährlicher Freibetrag	0
Krankenversicherung	
Name der Kasse	BKK XY-Fabrik
Beitragssatz allgemein (Grundbeitragssatz) Zusatzbeitragssatz	16,2 % 1,6 %
Pflegeversicherung	Ja
Rentenversicherung	Ja
Beitr. zur Arbeitsförderung (Arbeitslosenvers.)	Ja
Bundesland	Hamburg
Bruttogehalt	3.200,00 €
Einmalbezüge	-
VWL AG-Zuschuss	-
Dienstwagen	-
Sonstige	-
SUMME Bezüge	3.200,00 €
Lohnsteuer	123,16 €
Soli-Zuschlag	0,00 €
Kirchensteuer	0,00 €
Krankenversicherung	284,80 €
Pflegeversicherung	54,40 €
Rentenversicherung	297,60 €
Arbeitslosenversicherung (Arbeitsförderung)	41,60 €
VWL	40,00 €
SUMME Abzüge	841,56 €
Auszahlung	2.358,44 €

Personalwesen

7.6.1 Überprüfen Sie die Gehaltsabrechnung. Erläutern Sie Frau Merten, an welcher Stelle ein sachlicher Fehler bei der Übernahme der zu berücksichtigenden Daten vorliegt, der letztlich zum Ausweis eines falschen Auszahlungsbetrages geführt hat.

7.6.2 Erstellen Sie eine korrigierte Gehaltsabrechnung.

8. Aufgabe

Situation

Zukünftig soll in der KAFAHA eine Personalbeurteilung durchgeführt werden.

Als Mitarbeiter des Projektteams der Personalabteilung der KAFAHA haben Sie die Aufgabe, die Einführung der Personalbeurteilung vorzubereiten.

8.1 Erläutern Sie, welchem Hauptzweck eine Personalbeurteilung dient.

8.2 Als Mitglied des Projektteams bestimmen Sie die einzelnen Arbeitsschritte.

Nennen Sie 5 Teilschritte, die nach der Entscheidung zur Durchführung einer Mitarbeiterbeurteilung bis zur Formulierung eines Gesamtergebnisses erforderlich sind.

8.3 Formulieren Sie zur Vorbereitung des nächsten Arbeitstreffens 3 personalwirtschaftliche Fragen, die mit Hilfe einer Personalbeurteilung geklärt werden sollen.

8.4 In der nächsten Arbeitssitzung soll zusätzlich geklärt werden, anhand welcher Merkmale die Mitarbeiter beurteilt werden sollen.

Schlagen Sie 5 Merkmale vor, die durch einen Beurteilungsbogen eingeschätzt werden sollen.

8.5 Nach dem Abschluss der Personalbeurteilungen ergab sich, dass ein Mitarbeiter aus der Buchhaltung, Herr Rösler, in allen Bereichen schlecht beurteilt wurde.

Schlagen Sie eine Maßnahme vor, um die Situation zu verbessern.

Personalwesen

9. Aufgabe

Situation

Als Sachbearbeiter im Personalbereich sind Sie für die ganzheitliche Betreuung der gewerblich-technischen Mitarbeiter in der Produktion verantwortlich.

An Ihrem heutigen Arbeitstag sind für Ihren Mitarbeiterkreis eine Reihe unterschiedlicher Aufgaben zu erledigen:

bis 09:00 Uhr	Neue Entgeltabrechnung für Herrn Klinckhardt anfertigen
09:00 – 10:00 Uhr	Einarbeitung der neuen Tarifergebnisse in Lohntabelle
10:00 – 12:00 Uhr	Teilnahme an der Arbeitsgruppe „Entlohnungssysteme"
ab 13:00 Uhr	Erstellung des Arbeitsvertrages mit Herrn Hoffmann, Auswertung der Ergebnisse der Arbeitswertstudie für die Bemalungs-Werkstatt

9.1 Der Akkordarbeiter Herr Klinckhardt ist in Lohngruppe 7 eingestuft worden und hat im vergangenen Monat folgende Mengen hergestellt:

Produktart	Hergestellte Menge [Stück]	Vorgabezeit [Min.]
1	295	3,5
2	270	4,5
3	430	4
4	940	6

9.1.1 Bei den Lohntarifverhandlungen für das kommende Jahr wurde eine Erhöhung des bisherigen Ecklohns (17,69 €/h) um 4 % vereinbart.

9.1.1.1 Vor der Berechnung des Monatslohnes müssen Sie zunächst durch die Vereinbarungen eine Neuberechnung der Lohntabelle vornehmen.

Vervollständigen Sie die unten stehende Lohntabelle. Runden Sie den Ecklohn auf zwei Nachkommastellen.

Lohngruppe	1*	2	3	4	5	6	7	8	9	10
Schlüssel [in %]	–	75	80	85	90	95	100	105	110	115
Lohn [€/h]	–									

* Lohngruppe 1 wurde gestrichen.

9.1.1.2 Berechnen Sie den Brutto-Monatsverdienst von Herrn Klinckhardt (runden Sie den Minutenfaktor auf vier Nachkommastellen).

Personalwesen

9.2 Immer wieder wird in der Arbeitsgruppe über eine Umstellung des Entlohnungssystems diskutiert. Ein Vorschlag besteht darin, den Akkordlohn abzuschaffen und eine Umstellung auf einen Zeitlohn durchzuführen.

Geben Sie je 2 Argumente an, die aus Sicht der KAFAHA für („Pro") bzw. gegen („Contra") diese Umstellung sprechen.

9.3 Im kommenden Monat wird Herr Hoffmann als Hilfsarbeiter ohne Berufsausbildung neu eingestellt werden. Herr Hoffmann hat für das zukünftige Arbeitsgebiet drei Spezialkurse absolviert und verfügt über langjährige praktische Erfahrungen.

Zur Vorbereitung des Arbeitsvertrages sowie der Lohnabrechnung klären Sie, in welche Lohngruppe Herr Hoffmann eingruppiert werden muss.

9.3.1 Geben Sie an, in welche Lohngruppe Herr Hoffmann laut Rahmentarifvertrag eingruppiert werden muss und welchen Stundenlohn Sie im Arbeitsvertrag angeben müssen (s. Auszug aus Rahmentarifvertrag auf der nächsten Seite). Begründen Sie Ihre Entscheidung.

9.3.2 Herr Hoffmann soll in der Werkstatt „Geschirr-Bemalung" mit 5 Arbeitsplätzen eingesetzt werden. In dieser Werkstatt soll zukünftig eine analytische Arbeitsbewertung durchgeführt werden. Bei der ersten Vor-Untersuchung wurden folgende Arbeitswerte ermittelt:

Arbeitsplatz	Arbeitswert
A	18
B	12
C	15
D	20
E	24

Der maximale Lohn in dieser Abteilung soll 20,24 €/h betragen.
Der minimale Lohn in dieser Abteilung beträgt 14,72 €/h.

Berechnen Sie den Stundenlohn für die Arbeitsplätze A bis E.

Personalwesen

zu 9.3.1

Auszug aus Rahmentarifvertrag

Lohngruppe 1
Arbeiten, die nach kurzer Unterweisung und Einarbeitungszeit ausgeführt werden.

Lohngruppe 2
Arbeiten, die nach nicht nur kurzer Einarbeitungszeit und eingehender Unterweisung ausgeführt werden und über die Anforderungen der Lohngruppe I hinausgehen.

Lohngruppe 3
Arbeiten, die neben einer Einarbeitung Kenntnisse und Fertigkeiten mit einer gewissen Erfahrung voraussetzen.

Lohngruppe 4
Arbeiten, die Kenntnisse und Fertigkeiten mit weitergehender Erfahrung voraussetzen, die über die Anforderungen der vorhergehenden Lohngruppen hinausgehen.

Lohngruppe 5
Arbeiten, die umfassende Kenntnisse und Fertigkeiten voraussetzen und die durch eine besondere Ausbildung sowie eine entsprechende langjährige Erfahrung erreicht werden.

Lohngruppe 6
Arbeiten, die ein Spezialkönnen voraussetzen, das durch eine abgeschlossene zweijährige Ausbildung erreicht wird.

Lohngruppe 7
Facharbeiten, die ein Können voraussetzen, das durch eine fachentsprechende, ordnungsgemäß abgeschlossene Ausbildung erreicht wird.

Lohngruppe 8
Schwierige Facharbeiten, die – neben einer fachentsprechenden und ordnungsgemäß abgeschlossenen Ausbildung – besondere Fertigkeiten und langjährige Erfahrung voraussetzen.

Lohngruppe 9
Besonders schwierige oder hochwertige Facharbeiten, die – neben einer fachentsprechenden und ordnungsgemäß abgeschlossenen Ausbildung – hohe Anforderungen an das fachliche Können und Wissen stellen sowie hohes Verantwortungsbewußtsein und große Selbstständigkeit voraussetzen.

Lohngruppe 10
Hochwertigste Facharbeiten, die – neben einer fachentsprechenden und ordnungsgemäß abgeschlossenen Ausbildung – überragendes Können, Dispositionsvermögen, völlige Selbstständigkeit, umfassendes Verantwortungsbewußtsein und entsprechende theoretische Kenntnisse voraussetzen.

Personalwesen

10. Aufgabe

Situation

Als Sachbearbeiter/in im Personalbereich sind Sie für den Bereich Entgeltabrechnung verantwortlich.

Durch die Aufnahme neuer Tochterunternehmen müssen Sie künftig ca. 50 % mehr Entgeltabrechnungen erstellen.

10.1 Für den Bereich „Entgeltabrechnung" soll ein zusätzlicher Mitarbeiter eingestellt werden. Zur Vorbereitung der entsprechenden Stellenausschreibung erhalten Sie die Aufgabe, eine Liste mit Tätigkeiten zu erstellen, die in diesem Bereich anfallen.

Führen Sie 5 Tätigkeiten an, die im Bereich „Entgeltabrechnung" anfallen.

10.2 Aus der Kostenstelle Verpackung erhalten Sie folgenden Beschäftigungsnachweis:

Datum	Akkordlohn Kostenstelle	Stück	Vorgabezeit [Minuten/10 Stck.]	Grundlohn [€/Std.]	Akkordzuschlag
14.6.	Verpackung	900	6	14,00	20 %

10.2.1 Bestimmen Sie den Minutenfaktor.

10.2.2 Berechnen Sie den Bruttolohn des Arbeiters für den 14. Juni.

10.2.3 Immer wieder kommt es zu Beschwerden im Bereich Verpackung, da die Vorgabezeiten überschritten werden.

Erläutern Sie, wie sich die Lohnstückkosten verändern, wenn die Vorgabezeit überschritten wird.

10.3 Die Höhe der Kosten sowie die Frage der Qualität im Bereich Personalentwicklung führen zurzeit verstärkt zu Diskussionen mit der Unternehmensleitung.

10.3.1 Führen Sie 4 konkrete Kostenarten an, die in diesem Bereich anfallen.

10.3.2 Geben Sie 2 Aspekte an, die gegen den Einsatz einer „Rentabilitätsberechnung" im Bereich der Personalentwicklung sprechen.

10.3.3 Wiederholt kommt es zu Beschwerden über die mangelhafte Qualität der Dozenten.

Führen Sie 3 Möglichkeiten an, wie die Auswahl der Dozenten verbessert werden könnte.

Notizen

04 Leistungserstellung

Notizen

Leistungserstellung

1. Aufgabe

Situation

Nach der Aussage eines Unternehmensberaters müssen insbesondere die Fertigungskosten der KAFAHA gesenkt werden. Hierzu wird vorgeschlagen, die Anzahl der Fertigungsstufen (Fertigungstiefe) zu verringern. Aus diesem Grunde wird in Betracht gezogen, die Brennrohlinge für Fliesen von externen Unternehmen zu beziehen.

Als Sachbearbeiter im Produktionsbereich sollen Sie zur Vorbereitung der Entscheidung verschiedene Informationen auswerten und zusammenstellen.

1.1 Zunächst prüfen Sie, welche Lieferanten für einen Bezug von Brennrohlingen für Fliesen zur Verfügung stehen könnten.

Führen Sie 3 externe Quellen an, bei denen Sie sich über mögliche Lieferanten informieren können.

1.2 Nennen Sie je 2 Vorteile, die aus Sicht der KAFAHA einerseits für eine externe Zulieferung sprechen könnten, andererseits aber für eine Beibehaltung der eigenen Produktion anzuführen wären.

1.3 Nach der Diskussion der jeweiligen Vorteile sollen die entstehenden Kosten analysiert werden. Daher werden Sie damit beauftragt, die vorliegenden Kosteninformationen auszuwerten und grafisch für eine Präsentation aufzubereiten.

1.3.1 Berechnen Sie den kritischen Punkt, bei dem die Kosten für die Eigenanmischung genau so hoch sind wie die Kosten des Fremdbezuges.

Folgende Informationen liegen Ihnen vor:

Artikel: Brennrohlinge für Fliesen	
Einheit: 1 Stück = 100 Fliesen	
Eigenproduktion	**Fremdbezug**
Fixkosten pro Jahr 270.000,00 €	Bezugspreis je Stück 53,67 €
Variable Stückkosten 8,67 €	

Leistungserstellung

1.3.2 Stellen Sie grafisch die Kostenentwicklung für die Eigenfertigung sowie die Kosten für den Fremdbezug in Abhängigkeit von der Menge dar. Kennzeichnen Sie den kritischen Punkt.

1.4 Der Marketing-Bereich hat durch Marktforschung festgestellt, dass sich die Konsumenten eine größere Farbvielfalt bei Badkeramiken wünschen. Daraufhin soll die Anzahl der Farbvarianten von 40 auf 120 erhöht werden.

Geben Sie 2 Argumente an, die aus Sicht der Produktionsabteilung gegen eine Umsetzung dieses Vorschlages sprechen.

1.5 Zusätzlich hat die Marktforschungsstudie ergeben, dass Kunden häufig unzufrieden mit Ihrer Badbeleuchtung sind. Im Forschungsbereich wurde daraufhin ein neuer Fliesentyp mit integrierten Leuchtdioden entwickelt.

Führen Sie 5 Schritte des Planungsprozesses an, die das Projektteam nach der Entwicklungsarbeit bis zur Fertigungsreife umzusetzen hat (Schritte können auch zeitlich parallel erfolgen).

Leistungserstellung

2. Aufgabe

Situation

In der Produktion kommt es wiederholt zu Engpässen, die dazu führen, dass die geforderten Produktmengen nicht geliefert werden können.

Kunden sind teilweise so unzufrieden, dass sie sich für Konkurrenzprodukte entscheiden. In einer abteilungsübergreifenden Arbeitsgruppe, an der Sie teilnehmen, sollen Lösungsansätze für dieses Problem entwickelt werden.

2.1 In der Arbeitsgruppe wird eine Erhöhung der Produktionsmenge vorgeschlagen.

Erläutern Sie 2 Risiken, die sich aus diesem Vorschlag für die KAFAHA ergeben können.

2.2 Die Marketingleiterin schlägt vor, die Fertigungsmenge an die Schwankungen der Absatzmenge anzupassen. An der Tafel im Besprechungsraum skizziert sie ihre Zielvorstellung:

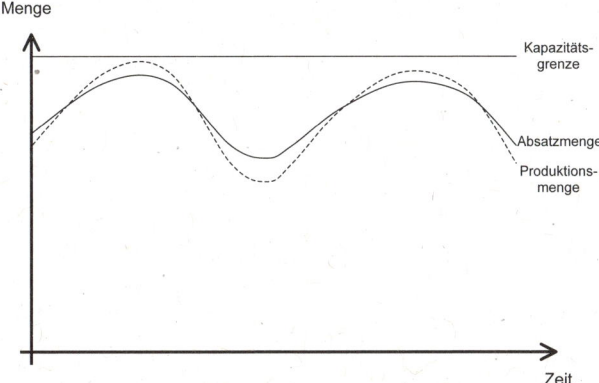

2.2.1 Geben Sie einen Nachteil an, der sich aus diesem Vorschlag für die KAFAHA ergeben könnte.

2.2.2 Zusätzlich berichtet die Marketingleiterin von neuen Marktforschungsergebnissen: Die Kunden möchten neben einer größeren Anzahl von Farbvarianten auch ökologisch einwandfreie Produkte.

Aufgrund eines neuen Herstellungsverfahrens wurde eine Studie zur Beurteilung der Umweltverträglichkeit sowie der Kostenverursachung durchgeführt. Das Ergebnis dieser ökologischen Wertanalyse kann folgendermaßen zusammengefasst werden:

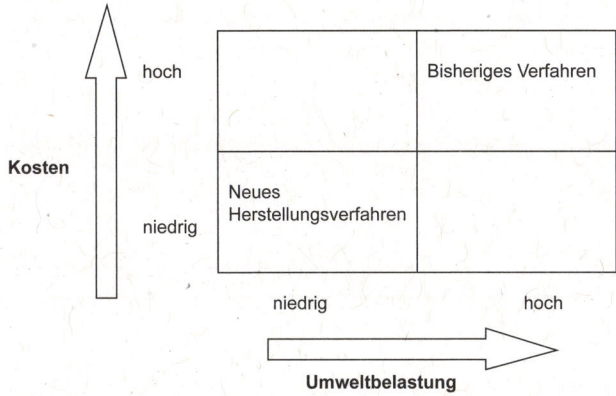

Beurteilen Sie die Ökoeffizienz des neuen Herstellungsverfahrens entsprechend der vorgenommenen Analyse.

Leistungserstellung

2.3 Durch einen Großauftrag ist eine Anpassung der Fertigungsmenge für voraussichtlich 14 Arbeitstage notwendig.

Mit welchen Anpassungsmaßnahmen könnte diese Mehrproduktion erreicht werden?

Nennen Sie zwei Maßnahmen.

2.4 Zur Einsparung von Kosten schlägt die Unternehmensleitung vor, die Produktionstiefe zu verringern. Der Kerngedanke der lean production soll dabei konsequent umgesetzt werden.

2.4.1 Erläutern Sie, was mit der „Verringerung der Produktionstiefe" gemeint ist.

2.4.2 Ein Kollege ist der Meinung, dass sich durch lean production eine erhöhte Abhängigkeit von den Lieferanten ergibt.

Erläutern Sie 3 Vorteile, die sich aus der Umsetzung von lean production für die KAFAHA ergeben können.

2.5 Der Vorstand ist der Auffassung, dass die Produktionskosten für handbemalte Teller der Modellreihe „Toskana" zu hoch seien und erwägt, die Produktion ins Ausland zu verlagern. Die Fertigungskosten würden hier pro Stück nur 8,70 € betragen.

2.5.1 Berechnen Sie die Fertigungskosten für einen Teller, wenn für die Rüstzeit 116 Zeitminuten und die Fertigungszeit 9 Minuten je Stück benötigt werden, die optimale Losgröße 3 200 Stück und der Fertigungsstundensatz 83,00 € betragen.

2.5.2 Im ersten Quartal wurden in 455 Arbeitsstunden 10 010 Stück und im gleichen Zeitraum des Folgejahres in 625 Arbeitsstunden 15 125 Stück hergestellt.

Prüfen Sie rechnerisch, um wie viel Prozent sich die Produktivität verändert hat.

2.5.3 Beurteilen Sie, ob eine Verlagerung der Produktion ins Ausland sinnvoll ist. Berücksichtigen Sie dabei Ihre Ergebnisse der Teilaufgaben 2.5.1 und 2.5.2 und führen Sie zusätzlich 2 weitere mögliche Argumente an.

Leistungserstellung

3. Aufgabe

Situation

Zur Herstellung neuartiger technischer Keramikteile werden neue Fertigungsautomaten benötigt. Es stehen zwei unterschiedliche Fertigungsautomaten zur Auswahl.

Gehen Sie bei Ihrer Entscheidung von folgenden Daten aus:

Geplante Maschinenlaufzeit pro Tag:	16 Stunden
Arbeitstage pro Jahr:	220 Tage
Geplante Wartungszeiten pro Jahr:	120 Stunden

Fertigungsautomat A:

Anschaffungskosten	480.000,00 €
Fixe Kosten pro Jahr*	200.000,00 €
Variable Kosten pro Maschinenstunde	82,70 €

Fertigungsautomat B:

Anschaffungskosten	640.000,00 €
Fixe Kosten pro Jahr*	275.000,00 €
Variable Kosten pro Maschinenstunde	54,20 €

*(bereits inkl. Abschreibungen auf Anschaffungskosten)

3.1 Begründen Sie rechnerisch, welche Maschine unter Kostengesichtspunkten angeschafft werden sollte.

3.2 Führen Sie 4 weitere Aspekte an, die neben den Kosten die Entscheidung für oder gegen einen der Fertigungsautomaten beeinflussen können.

3.3 Unter Berücksichtigung aller Kriterien wurde die Anschaffung des Fertigungsautomaten B für die Herstellung technischer Keramikteile beschlossen. Als Mitarbeiter der Produktionsplanung sind Sie damit beauftragt worden, den Abbau des alten und den Aufbau des neuen Fertigungsautomaten zu planen.

Der Hersteller der Anlage hat Ihnen zur Zeitplanung folgende Informationen zugeschickt, wobei die Anlage erst nach Schritt 10 vollständig einsetzbar ist:

Nr.	Arbeitsgang	Dauer in Tagen	Vorher erforderlicher Arbeitsgang
1	Anlieferung	1	–
2	Abbau der alten Maschine	2	1
3	Vorbereitung des Aufbaus	2	2
4	Gießen des Fundaments	3	2
5	Verlegen der elektrischen Leitung	2	4
6	Verlegen der Abluftleitung	3	3, 4
7	Neue Maschine zum Standort bringen und aufstellen	2	5
8	Anschluss an Strom und Abluftleitung	2	6, 7
9	Programmierung	2	7
10	Testlauf	1	8, 9

Leistungserstellung

3.3.1 Ergänzen Sie das folgende zeitliche Ablaufdiagramm, indem Sie die richtigen Nummern der Arbeitsschritte eintragen und Pfeile ergänzen.

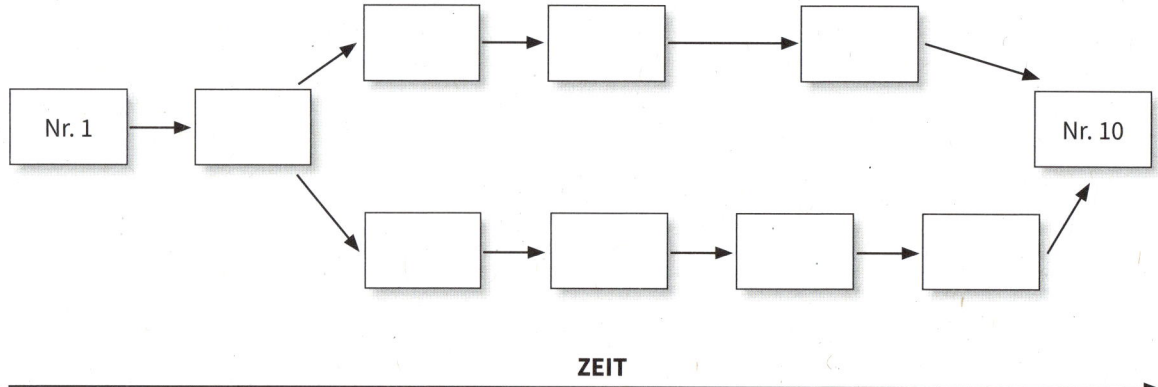

ZEIT

3.3.2 Bestimmen Sie, nach wie viel Tagen die Maschine vollständig für Produktionszwecke einsetzbar ist.

3.3.3 An dem neuen Fertigungsautomaten soll ein neuer Mitarbeiter eingesetzt werden.

Geben Sie ihm 3 wichtige Hinweise zum Arbeitsschutz.

Leistungserstellung

4. Aufgabe

Situation

Aufgrund der geringen Nachfrage der Haushalte und des Bausektors nach Keramikerzeugnissen, soll strategisch zukünftig die Automobilindustrie als zusätzlicher Absatzmarkt erschlossen werden.

Der Arbeitskreis „Produktfindung" der KAFAHA hat einen völlig neuen Keramikträger entwickelt, der für Autoabgaskatalysatoren eingesetzt werden kann und eine besonders lange Lebensdauer aufweist. Die Markteinführung erfolgt im 2. Quartal des Geschäftsjahres. Die KAFAHA möchte zusätzlich die Beschichtung der Keramikträger mit anbieten.

Aufgrund des gestiegenen ökologischen Bewusstseins bei den Endverbrauchern wird davon ausgegangen, dass die Automobilhersteller eine stärkere Berücksichtigung von Umweltschutzaspekten bei den Lieferanten erwarten. Um gegenüber den Wettbewerbern Vorteile deutlich machen zu können, sollen Argumente bzw. Ansatzpunkte für den Produktionsbereich herausgearbeitet werden. Gleichzeitig soll eine Kapazitätsplanung vorgenommen werden. Hierzu liegen folgende Planungsangaben vor:

Fertigungszeit pro Stück in Zeitminuten:

Gebrannten Keramikträger schneiden	1
Entgraten des geschnittenen Keramikträgers	2
Schleifen/Polieren des Keramikträgers	4
Kanäle mit Druckluft säubern	3
Schutzlack auftragen	3
Qualitätsprüfung	2

Insgesamt sollen 5 000 Keramikträger hergestellt werden.

4.1 Begründen Sie mit 2 Argumenten, warum hohe Qualität und die Einhaltung von Qualitätsstandards vor dem Hintergrund der aktuellen Konjunkturaussichten für die Sicherung des Unternehmenserfolgs der KAFAHA unverzichtbar sind.

4.2 Führen Sie 2 ökologische Anforderungen an, die bei der Produktion berücksichtigt werden sollen.

4.3 Geben Sie 5 Phasen in einer schlüssigen Reihenfolge an, die für den neuen Bereich der „Keramikträger für Autoabgaskatalysatoren" von der Produktfindung bis zur technischen Umsetzung in der Fertigung notwendig sind.

4.4 Ermitteln Sie aufgrund der vorliegenden Fertigungszeiten den zu planenden Bedarf an Arbeitsstunden für die Herstellung der 5 000 Keramikträger im 2. Quartal.

4.5 Dem Personalinformationssystem entnehmen Sie, dass pro Fertigungsmitarbeiter und Monat mit einer effektiven Kapazität von 140 Stunden gerechnet werden muss.

Wie hoch ist – unter Berücksichtigung Ihres Ergebnisses aus 4.4 – der monatliche Personalbedarf für das gesamte 2. Quartal für die Herstellung der 5 000 Keramikträger? (Runden Sie das Ergebnis auf eine ganze Zahl, da nur mit Vollzeitkräften gearbeitet werden soll.)

4.6 Begründen Sie, welche 2 Werbemittel besonders geeignet sind, um die Zielgruppe der Automobilindustrie für den neuen Keramikträger zu interessieren.

Leistungserstellung

5. Aufgabe

Situation

Sie erhalten als Mitarbeiter der Fertigungsplanung und -steuerung der KAFAHA einen Produktionsauftrag für 500 Waschbecken WCT 90. Zur Fertigung dieses Waschbeckens liegen Ihnen der Arbeitsplan sowie die nachstehend abgebildete und noch unvollständige Übersicht zum Fertigungsablauf vor.

Arbeitsplan-Nr. 32-006				Datum 02.08.	
Artikel-Bezeichnung Waschbecken WCT 90				Auftragsmenge 500 Stck.	
Artikel-Nr. 9000-001-001				Losgröße 500 Stck.	
Arbeitsfolge	Kostenstelle	Arbeitsvorgang	Arbeitsplatz	Zeitvorgabe	
				t_r	t_e
1	66277	Rohlinge schneiden	Laserschneidemaschine	8	1,1
2	66580	Abfluss bohren	Bohrmaschine 1	5	1,2
3	66001	Aufhängungslöcher bohren	Bohrmaschine 2	10	2,0
4	66230	Grob Entgraten und Schleifen	Schleifmaschinen	8	2,0
5	66577	Polieren	Poliermaschinen	6	3,3
6	66788	Fügen der Teile	Fügevorrichtungen	7	2,1
7	66230	Fein-Schliff: Nähte säubern	Schleifmaschinen	4	1,3
8	65245	Dichtigkeit prüfen	Qualitätskontrolle	12	2,0
9	53277	Abliefern an Lager			

t_r = Rüstzeit in Zeitminuten t_e = Ausführungszeiten je Einheit in Zeitminuten

Leistungserstellung

5.1 Vervollständigen Sie die unten abgebildete Übersicht zum Fertigungsablauf unter Berücksichtigung des Arbeitsplans. Tragen Sie den Materialfluss mit Pfeilen ein.

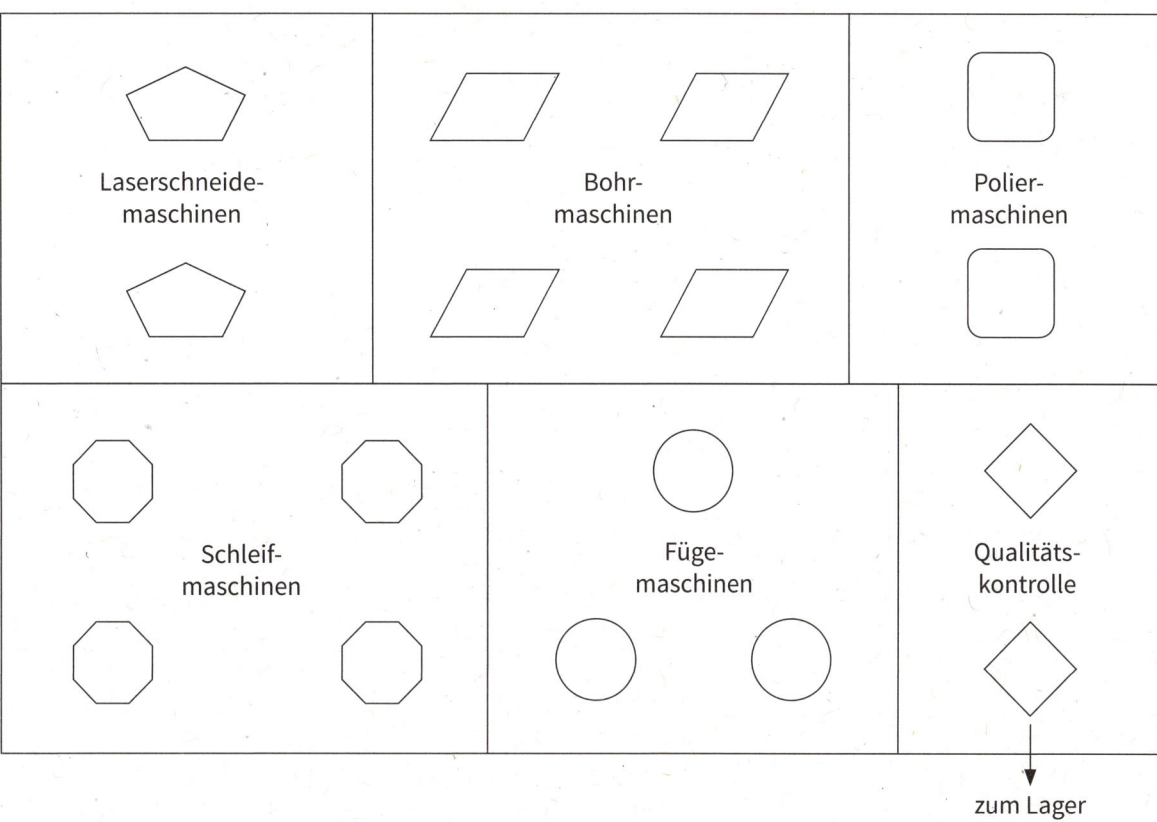

5.2 Berechnen Sie die Auftragszeit in Stunden für die im Arbeitsplan aufgeführte Auftragsmenge.

5.3 Welcher Organisationstyp der Fertigung liegt vor? Begründen Sie Ihre Auffassung.

5.4 Führen Sie 2 Nachteile dieses Fertigungstyps an.

5.5 In der Arbeitsgruppe „Kontinuierlicher Verbesserungsprozess (KVP)" wurde eine Umgestaltung der Waschbeckenproduktion diskutiert und entschieden. Es soll eine Umstellung auf Gruppenfertigung erfolgen.

5.5.1 Welche 2 wesentlichen Veränderungen ergeben sich durch die Umstellung gegenüber dem in 5.1 dargestellten Fertigungsablauf, wenn auf Gruppenfertigung umgestellt wird?

5.5.2 Führen Sie 3 Aspekte an, die Sie bei der Einteilung der Mitarbeiter in Gruppen berücksichtigen müssen.

5.6 In der KVP-Arbeitsgruppe stellen Sie bei einer Analyse der Fertigungskosten fest, dass hohe Rüstkosten anfallen, die durch lange Rüstzeiten ausgelöst werden.

5.6.1 Erläutern Sie, welche Vorgänge Rüstzeiten und damit Rüstkosten auslösen.

5.6.2 Entwickeln Sie 2 Vorschläge wie sich diese Rüstkosten verringern lassen.

Leistungserstellung

5.7 Als Mitarbeiter der Fertigungsplanung erhalten Sie den Auftrag die optimale Losgröße für die Produktion von Waschbecken zu berechnen. Die Lagerkosten betragen 5,50 € pro Stück. Ihnen liegen folgende Informationen vor:

Losgröße (Stück)	Rüstkosten in €	Durchschnittl. Lagerbestand (Stück)	Lagerkosten der Waschbecken in €	Gesamtkosten
12 000	9.000	6.000	33.000	42.000
10 000	10.800	5.000	27.500	38.300
7 500	14.400	3.750	20.625	35.025
6 000	18.000	3.000	16.500	34.500
5 000	21.600	2.500	13.750	35.350
4 000	27.000	2.000	11.000	38.000
3 000	36.000	1.500	8.250	44.250

5.7.1 Bestimmen Sie die optimale Losgröße und nehmen Sie die Berechnungen direkt in der oben stehenden Tabelle vor.

5.7.2 Stellen Sie den Verlauf der Rüst-, Lager- und Gesamtkosten grafisch dar. Kennzeichnen Sie die optimale Losgröße.

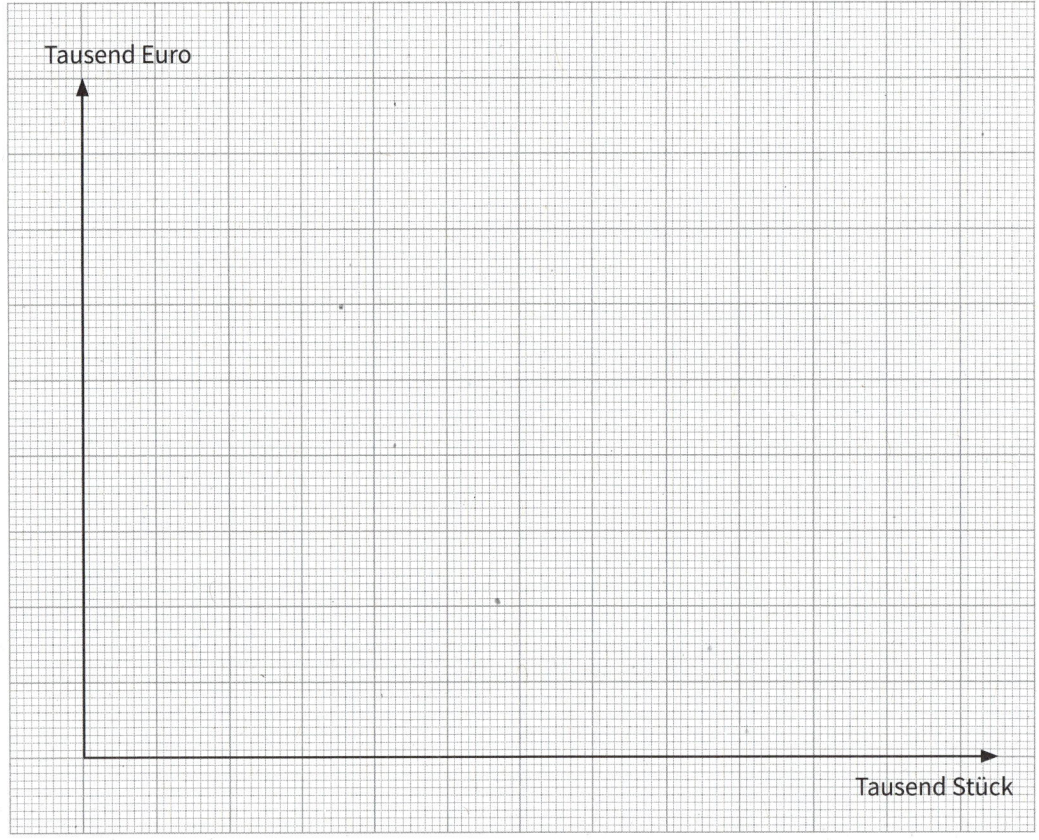

5.7.3 Beschreiben Sie, wie sich mit sinkender Stückzahl pro Los die Lagerkosten pro Stück und die Rüstkosten pro Stück verhalten.

5.7.4 Bei der Berechnung der optimalen Losgröße wird von vereinfachenden Annahmen ausgegangen. Führen Sie 2 dieser Annahmen an.

Leistungserstellung

6. Aufgabe

Situation

Durch den hohen Arbeits- und Kostendruck häufen sich Qualitätsprobleme in der Fertigung. Als Marktführer mit hoher Sicherheit an qualitativ hochwertiger Produktion wird von den Kunden verstärkt eine ISO-Zertifizierung eingefordert. Als Mitarbeiter der Produktionsplanung und -steuerung prüfen Sie die Qualitätssituation und klären, inwieweit eine Zertifizierung für die KAFAHA sinnvoll ist.

6.1 Regelmäßig werden nach dem Produktionsdurchlauf Stichproben zur Bestimmung der Produktqualität durchgeführt. Pro Tausend geprüfter Teile dürfen höchstens 5 Teile fehlerhaft sein. Es wurden 10 Stichproben mit je 1 500 Stück durchgeführt. Ihnen liegt folgendes Fehlerprotokoll der Qualitätskontrolle vor:

Stichprobe	Fehlerhafte Stücke
1	8
2	10
3	10
4	7
5	12
6	14
7	10
8	13
9	5
10	11

6.1.1 Bestimmen Sie, wie hoch die durchschnittliche Fehlerquote war.

6.1.2 Geben Sie die Höhe der Fehlerkosten an, wenn pro 1%iger Abweichung von der Vorgabe Kosten in Höhe von 1.800 € entstehen.

6.1.3 Wodurch können Fehlerkosten entstehen? Nennen Sie vier Möglichkeiten als Beispiele.

6.1.4 Ergänzen Sie die Abbildung auf der nächsten Seite.

Skizzieren Sie die Entwicklung der proportionalen Prüfkosten sowie der proportionalen Fehlerkosten in Abhängigkeit vom Qualitätsniveau (100 % = Null-Fehler-Niveau).

6.2 Welche Vorteile können sich aus einer Zertifizierung (z. B. DIN EN ISO 9000) für die KAFAHA ergeben?

6.3 Welche Gründe sprechen für die Einführung eines Qualitätshandbuches?
Argumentieren Sie in 3 Punkten.

6.4 Ein Kollege schlägt vor, ein TQM-System einzurichten. Erläutern Sie, was darunter zu verstehen ist.

Leistungserstellung

zu 6.1.4

7. Aufgabe

> **Situation**
>
> Sie sind als Mitarbeiter im Bereich der Fertigungssteuerung für einen Großauftrag der Baumarktkette PRIMA zuständig. Dieser Auftrag muss am 3. August 20.. versandfertig sein.
>
> Der Kunde hat verschiedene Ausführungen des Waschbeckens „Design" bestellt.

Folgende Informationen stehen Ihnen für Dispositionszwecke zur Verfügung:

1. Produktionsablauf

Nr.	Vorgang	Dauer in Wochen	Vorher erforderlicher Arbeitsgang
1	Anlieferung der Rohstoffe	0,5	–
2	Mahlen	1,0	1
3	Anmischung der Grundmasse	1,0	2
4	Formen	0,5	3
5	Brandvorbereitung	1,0	4
6	Sintern	1,0	4
7	Schneiden	2,0	5
8	Bohren	1,0	6
9	Schleifen	1,0	–
10	Polieren	0,5	7, 8, 9
11	Verpackung	0,5	10

2. Arbeitsplan

Arbeitsplan-Nr. 22-009					Datum 30.05.20..	
Artikel-Bezeichnung Waschbecken „Design"					Auftragsmenge 300 Stück	
Artikel-Nr. 2000-012-017					Losgröße 300 Stück	
Arbeits-folge	Kosten-stelle	Arbeitsvorgang	Arbeitsplatz	Zeitvorgabe		
				t_r	t_e	
...						
2	66580	Abflussloch nachbohren	Bohrmaschine 1	30	1,5	
3	66001	Aufhängungslöcher bohren	Bohrmaschine 1	20	2,0	
4	66230	Entgraten	Schleifmaschinen	55	0,8	
5	66577	Polieren	Schleifmaschinen	–	1,4	

t_r = Rüstzeit in Dezimalminuten t_e = Ausführungszeiten je Einheit in Dezimalminuten

3. Terminplan

Terminplan Waschbecken Design							
Kalenderwoche	24	25	26	27	28	29	30
Bezeichnung							
1 Anlieferung der Rohstoffe	■						
2 Mahlen		■					
3 Anmischung der Grundmasse			■				
4 Formen				■			
5 Brandvorbereitung				■	■		
6 Sintern				■	■		
7 Schneiden					■	■	
8 Bohren					■	■	
9 Schleifen					■	■	
10 Polieren						■	
11 Verpackung							■

Leistungserstellung

4. Kalenderauszug

	MÄRZ						
	M	D	M	D	F	S	S
9		1	2	3	4	5	6
10	7	8	9	10	11	12	13
11	14	15	16	17	18	19	20
12	21	22	23	24	25	26	27
13	28	29	30	31			

	APRIL						
	M	D	M	D	F	S	S
13					1	2	3
14	4	5	6	7	8	9	10
15	11	12	13	14	15	16	17
16	18	19	20	21	22	23	24
17	25	26	27	28	29	30	

	MAI						
	M	D	M	D	F	S	S
17							1
18	2	3	4	5	6	7	8
19	9	10	11	12	13	14	15
20	16	17	18	19	20	21	22
21	23	24	25	26	27	28	29
22	30	31					

	JUNI						
	M	D	M	D	F	S	S
22			1	2	3	4	5
23	6	7	8	9	10	11	12
24	13	14	15	16	17	18	19
25	20	21	22	23	24	25	26
26	27	28	29	30			

	JULI						
	M	D	M	D	F	S	S
26					1	2	3
27	4	5	6	7	8	9	10
28	11	12	13	14	15	16	17
29	18	19	20	21	22	23	24
30	25	26	27	28	29	30	31

	AUGUST						
	M	D	M	D	F	S	S
31	1	2	3	4	5	6	7
32	8	9	10	11	12	13	14
33	15	16	17	18	19	20	21
34	22	23	24	25	26	27	28
35	29	30	31				

	SEPTEMBER						
	M	D	M	D	F	S	S
35				1	2	3	4
36	5	6	7	8	9	10	11
37	12	13	14	15	16	17	18
38	19	20	21	22	23	24	25
39	26	27	28	29	30		

	OKTOBER						
	M	D	M	D	F	S	S
39						1	2
40	3	4	5	6	7	8	9
41	10	11	12	13	14	15	16
42	17	18	19	20	21	22	23
43	24	25	26	27	28	29	30
44	31						

7.1 Prüfen Sie den Terminplan, den Ihr Kollege erstellt hat.

7.1.1 Um welche Art Terminplanung handelt es sich? Führen Sie 2 Vorteile dieser Art von Terminplanung an.

7.1.2 Prüfen Sie, welche 2 Fehler Ihrem Kollegen bei der Erstellung des Terminplanes unterlaufen sind.

7.2 Nach dem Produktionsbeginn der Waschbecken stellen Sie fest, dass die im Arbeitsplan aufgeführten Arbeiten an der Bohrmaschine 1 für die angegebene Losgröße insgesamt 12 Stunden und damit länger dauern als bei der Terminplanung vorgesehen wurde.

7.2.1 Ermitteln Sie, um wie viel Prozent sich die Zeitvorgabe an der Bohrmaschine 1 verlängern muss.

Leistungserstellung

7.3 Unterbreiten Sie dem Abteilungsleiter 2 geeignete Vorschläge, damit der Fertigstellungstermin trotz der jetzt länger zu veranschlagenden Arbeitszeit an der Bohrmaschine 1 eingehalten werden kann.

7.4 Aus der Einkaufsabteilung erhalten Sie folgende E-Mail, die Sie als zuständiger Mitarbeiter bearbeiten sollen:

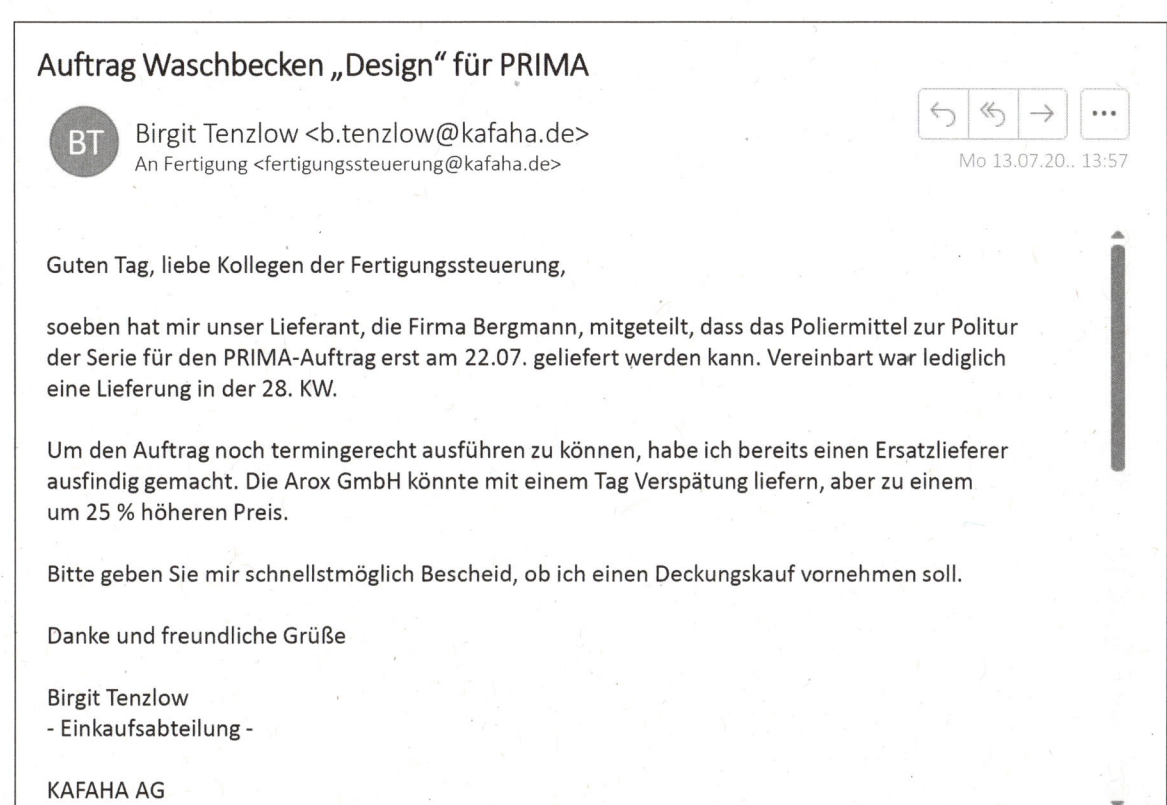

Auftrag Waschbecken „Design" für PRIMA

BT Birgit Tenzlow <b.tenzlow@kafaha.de>
An Fertigung <fertigungssteuerung@kafaha.de>
Mo 13.07.20.. 13:57

Guten Tag, liebe Kollegen der Fertigungssteuerung,

soeben hat mir unser Lieferant, die Firma Bergmann, mitgeteilt, dass das Poliermittel zur Politur der Serie für den PRIMA-Auftrag erst am 22.07. geliefert werden kann. Vereinbart war lediglich eine Lieferung in der 28. KW.

Um den Auftrag noch termingerecht ausführen zu können, habe ich bereits einen Ersatzlieferer ausfindig gemacht. Die Arox GmbH könnte mit einem Tag Verspätung liefern, aber zu einem um 25 % höheren Preis.

Bitte geben Sie mir schnellstmöglich Bescheid, ob ich einen Deckungskauf vornehmen soll.

Danke und freundliche Grüße

Birgit Tenzlow
- Einkaufsabteilung -

KAFAHA AG

7.4.1 Entscheiden Sie, ob Frau Tenzlow einen Deckungskauf vornehmen sollte. Begründen Sie Ihre Entscheidung.

7.4.2 Führen Sie 2 Tätigkeiten an, die Sie – auf der Grundlage Ihrer Entscheidung unter 7.4.1 – daraufhin vornehmen müssen.

7.4.3 Bevor Sie weitere Maßnahmen ergreifen, klären Sie, zu welchem Zeitpunkt genau eine Ersatzlieferung eintreffen müsste. Hierzu liegen Ihnen folgende Informationen aus der Lagerdatei vor:

KAFAHA

Lagerbestand

Gegenstand
Polierringe RT 57

Lieferant: Bergmann

Feld-Nr.			
28			
Fach-Nr.		10	Monat: Juli 20..
Stoffgruppe	Untergruppe	Waren-Nr.	Einheit
17	3	237	Stück

Datum	Beleg	Zugang/Stück	Abgang/Stück	Bestand/Stück
14.07...	Übertrag (rechner.)			2 240
15.07...	Herzog (512)		1 200	1 040
18.07...	Sehar (908)	6 000	1 200	5 840
19.07...	Libor (457)		1 200	4 640
20.07...	Herzog (1 188)		1 200	3 440
21.07...	Herzog (1 908)		1 200	2 240
22.07...	Herzog (771)			

Leistungserstellung

7.4.3
- Der Verbrauch des Poliermittels bei der Produktion ist gleichmäßig.
- Die Fertigungsmaschine produziert von 8:00 Uhr – 18:00 Uhr ohne jede Unterbrechung.
- Die Annahme und stichprobenartige Kontrolle beansprucht insgesamt 50 Minuten.
- Der Transport von der Warenannahme zur Fertigungsmaschine sowie das Vorbereiten des Poliermittels erfordern 20 Minuten und werden von Hilfskräften bei laufender Fertigung erledigt.

Bestimmen Sie den genauen Zeitpunkt, zu dem spätestens die Ware in der Warenannahme eintreffen müsste, damit eine Verzögerung der Produktion vermieden wird.

7.5 Im Rahmen der Vertragsverhandlungen mit PRIMA wurde eine hohe Konventionalstrafe vereinbart, falls die Lieferung der Waschbecken durch die KAFAHA nicht rechtzeitig erfolgt.

Die Produktionsleitung bittet Sie daher festzustellen, ob beim sofortigen Produktionsbeginn (heute ist der 10.06.) am kommenden Arbeitstag noch ein Zeitpuffer bis zum Liefertermin gegeben ist. Prüfen Sie anhand der obigen Angaben, ob ein solcher Zeitpuffer besteht.

7.6 Die Marketingleitung berichtet Ihrem Abteilungsleiter, dass die Kunden nur noch sehr kurze Lieferzeiten akzeptieren. Im Rahmen einer Studie soll daher geprüft werden, inwieweit die Durchlaufzeit in der Produktion verkürzt werden kann. Hier die Ergebnisse der Analyse der bisherigen Durchlaufzeiten:

Durchlaufzeit	100 %
Ausführungszeit inkl. Rüstzeit	10 %
Kontrollzeit	3 %
Transportzeit	2 %
Liegezeit	85 %
Störungsbedingte Liegezeit	4 %
Lagerungszeit	6 %
Durch Menschen bedingte Liegezeit	3 %
Ablaufbedingte Liegezeit	72 %

7.6.1 Geben Sie die Kernaussage der obigen Übersicht an.

7.6.2 Welche Schlussfolgerungen lassen sich aus dieser Übersicht für die KAFAHA ziehen?

7.6.3 Um eine Verkürzung der Durchlaufzeiten zu erreichen, wird in einer Produktionssitzung über eine Verstärkung der innerbetrieblichen Arbeitsteilung diskutiert.

Erläutern Sie 3 Aspekte, die für eine Verstärkung der betrieblichen Arbeitsteilung sprechen.

Leistungserstellung

8. Aufgabe

Situation

Nach schwierigen Verhandlungen ist es der KAFAHA gelungen, ein großes Bauunternehmen als neuen Kunden für Sanitärkeramik zu gewinnen. Am 17. März bestellt dieser Kunde 500 Waschbecken Typ Standard zur Lieferung spätestens Ende September.

Ihr Kollege, Herr Frick, im Verkauf erwartet von Ihnen schnellstmöglich die Informationen zur geplanten Fertigung, um dem Kunden eine Auftragsbestätigung schicken zu können.

Zusätzlich liegen in der Fertigungsplanung Aufträge für 2 400 Waschbecken vor. Für den weiteren Jahresverlauf wird mit einer stärkeren Nachfrage gerechnet. Als Mitarbeiter im Fertigungsbereich stellen Sie daher Überlegungen an, nicht nur auftragsorientiert, sondern auch auf Vorrat zu fertigen.

8.1 Zunächst planen Sie den Materialbedarf für den Monat April. Hauptbestandteil der Waschbecken ist Kaolin. Für ein Waschbecken Standard benötigen Sie laut Rezeptur 2 kg Kaolin. Der Produktionsleiter gibt den Zusatzbedarf mit 5 % an. Die offenen Bestellungen an Kaolin werden am 27. März eintreffen. Die Lagerbestandsdatei für das benötigte Kaolin stellt sich vor dem Eintreffen der offenen Bestellungen wie folgt dar:

Lagerbestand	
Material-Schlüssel-Nr.	0000 6479 1964
Rohstoff	Kaolin
Lagerbestand	1 200 kg
Mindestbestand	600 kg
Offene Bestellungen (nicht reserviert)	1 000 kg

Berechnen Sie in dem unten stehenden Berechnungsschema den Nettobedarf an Kaolin für den Monat April auf der Grundlage der angegebenen Informationen.

Rohstoff: Kaolin in kg	Zeitraum: April 20..
Primärbedarf (Waschbecken) (Stück)	
Sekundärbedarf (kg)	
Zusatzbedarf (kg)	
= Bruttobedarf (kg)	
Lagerbestand – Mindestbestand (kg) + Offene Bestellungen (kg)	
= verfügbarer Lagerbestand (kg)	
= Nettobedarf (kg)	

Leistungserstellung

8.2 Der Auftrag des Neukunden über 500 Waschbecken wurde noch nicht eingelastet.

Sie prüfen, ob der Auftrag bis Ende April fertig gestellt werden kann, wenn Sie frühestens am 1. April beginnen können. Berücksichtigen Sie dabei den unten stehenden Maschinenbelegungsplan sowie den Arbeitsplan.

Arbeitsplan-Nr. 14-003				**Datum**	
Artikel-Bezeichnung Waschbecken Standard				**Auftragsmenge** 500 Stück	
Artikel-Nr. 9000-0025-005				**Losgröße** 500 Stück	
Arbeitsfolge	Kostenstelle	Arbeitsplatz/Maschine	Maschinentyp	Zeitvorgabe	
				t_r	t_e
1	66277	Laserschneidemaschine	Universalmaschine B	60	1 Min. 48 Sek.
2	66580	Bohrmaschine 1	Spezialmaschine B	5	0 Min. 57 Sek.
3	66001	Bohrmaschine 2	Spezialmaschine C	30	0 Min. 54 Sek.
4	66230	Schleifmaschinen	Spezialmaschine A	40	2 Min. 48 Sek.
5	66577	Poliermaschinen	Universalmaschine A	80	0 Min. 48 Sek.
6	66577	Schleifmaschinen	Universalmaschine C	50	4 Min. 42 Sek.

t_r = Rüstzeit in Minuten t_e = Ausführungszeiten je Einheit

8.2.1 Berechnen Sie die Zeit in Stunden, die für die Ausführung des Neukunden-Auftrages pro Maschine benötigt wird.

8.2.2 Ermitteln Sie das frühestmögliche Datum, zu dem die Waschbecken für den Neukunden fertig sein können. Lasten Sie den Auftrag in den nachstehenden Maschinenbelegungsplan ein, indem Sie die Maschinenbelegung jeweils mit einem Kreuz eintragen. Gehen Sie von einer progressiven Terminplanung aus.

Maschinenbelegungsplan

Maschinenbelegungsplan für April

Tag	Mo	Di	Mi	Do	Fr	Sa	So	Mo	Di	Mi	Do	Fr	Sa	So	Mo	Di	Mi	Do	Fr	Sa	So	Mo	Di	Mi	Do	Fr	Sa	So	Mo	Di
Datum	1.	2.	3.	4.	5.	6.	7.	8.	9.	10.	11.	12.	13.	14.	15.	16.	17.	18.	19.	20.	21.	22.	23.	24.	25.	26.	27.	28.	29.	30.
Std.	8	8	8	8	8			8	8	8	8	8			8	8	8	8	8			8	8	8	8	8			8	8
UA	•	•	•	•				•	•	•	•																			
UB			•	•	•			•																						
UC	•	•	•	•	•				•	•	•	•																		
SA			•	•	•			•	•																					
SB	•	•	•	•																										
SC	•	•	•	•	•																									

• = belegt

▨ = arbeitsfreie Tage (Samstag, Sonntag, Feiertag)

8.2.3 Zur Mitteilung des Liefertermins an den Neukunden schreiben Sie eine kurze E-Mail an Herrn Frick. Füllen Sie die 4 grau unterlegten Lücken im Text in der unten stehenden Vorlage aus.

> Hallo Herr Frick,
>
> die _____ Waschbecken _____ für den neuen Kunden können frühestens am _____ am Ende der Spätschicht die Produktion verlassen. Für die Verpackung und den Transport zum Kunden müssen weitere 2 Arbeitstage berücksichtigt werden, sodass ich Ihnen als frühesten Liefertermin den _____ (vormittags) empfehlen würde.
>
> Falls Sie noch Fragen haben, stehe ich Ihnen selbstverständlich zur Verfügung.
>
> Viele Grüße
>
> Frank Mutig

8.3 Mittlerweile hat der Kunde den Liefertermin bestätigt. In der Spätschicht, bevor der Auftrag die Maschine UA erreicht, führt ein gebrochener Bolzen dazu, dass die Maschine nicht wie geplant genutzt werden kann. Für die Reparatur muss von einem Zeitbedarf von 16 Stunden ausgegangen werden. Wenn keine Maßnahmen ergriffen werden, lässt sich eine Verzögerung von mehreren Tagen nicht mehr abwenden.

Welche Maßnahme schlagen Sie vor, um noch eine rechtzeitige Fertigstellung des Auftrages zu ermöglichen? Begründen Sie Ihre Auffassung.

Leistungserstellung

9. Aufgabe

Situation

Sie sind Mitarbeiter in Produktionsplanung und u. a. für die Fertigungsabteilung „Bemalung" zuständig. In dieser Abteilung erfolgt die Entlohnung im Stückzeitakkord. Sie sollen die Lohnberechnung für den neuen Fertigungsmitarbeiter Herrn Kern vorbereiten. Dazu liegen Ihnen folgende Angaben vor:

Akkordrichtsatz	15,00 €/Std.
Minutenfaktor	0,25 €/Minute
Normalleistung je Stunde	12 Stück
Normalleistung pro Tag	96 Stück
Arbeitszeit pro Tag	8 Stunden

Auszug aus Beschäftigungsnachweis									
Name:	Kern			Personalnr.: 46158787					
Monat	Mai			Lohngruppe: 8					
Wochentag	MO	DI	MI	DO	FR	MO	DI	MI	DO	FR
Datum	6	7	8	9	10	13	14	15	16	17
Anzahl (Stück)	99	106	108	102	106	110	100	98	103	100

Ein Zeitnehmer stoppt bei Zeitaufnahmen für Herrn Kern sechsmal für den gleichen Arbeitsgang und ermittelt dabei folgende Zeiten:

1. Zeitaufnahme:	280 Sekunden		4. Zeitaufnahme:	300 Sekunden
2. Zeitaufnahme:	275 Sekunden		5. Zeitaufnahme:	290 Sekunden
3. Zeitaufnahme:	260 Sekunden		6. Zeitaufnahme:	287 Sekunden

9.1 Ermitteln Sie den Leistungsgrad von Herrn Kern in Prozent.

9.2 Berechnen Sie den Tageslohn von Herrn Kern für Freitag, den 10. Mai.

9.3 Am Montag, dem 13. Mai, hat Herr Kern 4 Stück mehr als am Vortag produziert.

Erläutern Sie, wie sich dieses auf die Höhe der Lohnkosten pro Stück auswirkt.

9.4 Geben Sie an, unter welchen Voraussetzungen eine Normalleistung bestimmt wird.

9.5 Aufgrund von Tarifverhandlungen haben sich der Grundlohn sowie der Akkordzuschlag erhöht.

Welche Veränderungen müssen Sie für die zukünftige Lohnberechnung von Herrn Kern und aller anderen Mitarbeiter vornehmen?

Notizen

Bildnachweis

Fotos | **Seite**

© Lucky Dragon – Fotolia.com — 64
MEV — 27, 67

Dipl.-Hdl. Frank Hoffmeister

Industriekaufmann
Industriekauffrau
Geschäftsprozesse

Prüfungstrainer Abschlussprüfung

Lösungsteil

Bestell-Nr. 609

u-form Verlag · Hermann Ullrich GmbH & Co. KG

Deine Meinung ist uns wichtig!

Du hast Fragen, Anregungen oder Kritik zu diesem Produkt?

Das u-form Team steht dir gerne Rede und Antwort.

Einfach eine kurze E-Mail an

feedback@u-form.de

Änderungen, Korrekturen und Zusatzinfos findest du übrigens unter diesem Link:

www.u-form.de/addons/609-2025.zip

Wenn der Link nicht funktioniert, haben wir noch keine Korrekturen oder Zusatzinfos hinterlegt.

BITTE BEACHTEN:

Zu diesem Prüfungstrainer gehört auch noch ein **Aufgabenteil**.

19. Auflage 2025 · ISBN 978-3-88234-609-1

Alle Rechte liegen beim Verlag bzw. sind der Verwertungsgesellschaft Wort, Untere Weidenstr. 5, 81543 München, Telefon 089 514120, zur treuhänderischen Wahrnehmung überlassen. Damit ist jegliche Verbreitung und Vervielfältigung dieses Werkes – durch welches Medium auch immer – untersagt.

© u-form Verlag | Hermann Ullrich GmbH & Co. KG
Cronenberger Straße 58 | 42651 Solingen
Telefon: 0212 22207-0 | Telefax: 0212 22207-63
Internet: www.u-form.de | E-Mail: uform@u-form.de

Inhaltsverzeichnis Lösungsteil

Bereich	Aufgaben-Nr.	Seite
01 Marketing und Absatz		
1. Aufgabe	1.1 – 1.6.3	7 – 10
2. Aufgabe	2.1 – 2.8	11 – 13
3. Aufgabe	3.1 – 3.2.2	14 – 15
4. Aufgabe	4.1 – 4.4.2	16 – 17
5. Aufgabe	5.1 – 5.10	18 – 22
6. Aufgabe	6.1 – 6.6	23 – 25
7. Aufgabe	7.1 – 7.3	26 – 27
8. Aufgabe	8.1 – 8.4	27 – 29
9. Aufgabe	9.1 – 9.3.2	29 – 30
10. Aufgabe	10.1 – 10.5.2	31 – 33
11. Aufgabe	11.1 – 11.5.2	33 – 35
12. Aufgabe	12.1 – 12.4	36 – 37
13. Aufgabe	13.1 – 13.3.2	37 – 39
14. Aufgabe	14.1 – 14.6	40 – 42
02 Beschaffung und Bevorratung		
1. Aufgabe	1.1 – 1.5	45 – 48
2. Aufgabe	2.1 – 2.4	48 – 50
3. Aufgabe	3.1 – 3.2	51
4. Aufgabe	4.1 – 4.2	52
5. Aufgabe	5.1 – 5.3	53 – 54
6. Aufgabe	6.1 – 6.3.3	55 – 57
7. Aufgabe	7.1 – 7.2.3	57 – 58
8. Aufgabe	8.1 – 8.7.2	59 – 62
9. Aufgabe	9.1 – 9.5	62 – 63
10. Aufgabe	10.1 – 10.3.2	64 – 65
11. Aufgabe	11.1 – 11.4	66
12. Aufgabe	12.1 – 12.5.2	67 – 68
03 Personalwesen		
1. Aufgabe	1.1 – 1.8	71 – 74
2. Aufgabe	2.1 – 2.4	75 – 76
3. Aufgabe	3.1 – 3.6.2	77 – 78
4. Aufgabe	4.1 – 4.4	79 – 80
5. Aufgabe	5.1 – 5.5	81 – 82
6. Aufgabe	6.1 – 6.7	82 – 85
7. Aufgabe	7.1 – 7.6.2	86 – 88
8. Aufgabe	8.1 – 8.5	89 – 90
9. Aufgabe	9.1 – 9.3.2	90 – 91
10. Aufgabe	10.1 – 10.3.3	92 – 93

Inhaltsverzeichnis Lösungsteil

Bereich	Aufgaben-Nr.	Seite
04 Leistungserstellung		
1. Aufgabe	1.1 – 1.5	97 – 99
2. Aufgabe	2.1 – 2.5.3	100 – 102
3. Aufgabe	3.1 – 3.3.3	103 – 105
4. Aufgabe	4.1 – 4.6	105 – 106
5. Aufgabe	5.1 – 5.7.4	107 – 110
6. Aufgabe	6.1 – 6.4	111 – 114
7. Aufgabe	7.1 – 7.6.3	115 – 117
8. Aufgabe	8.1 – 8.3	117 – 120
9. Aufgabe	9.1 – 9.5	121 – 122

01 Marketing und Absatz

Notizen

Marketing und Absatz

Lösung zu Aufgabe 1

1.1 Eine Marketingkonzeption ist eine Ausarbeitung, die alle das Unternehmen und seine Produkte betreffenden marketingpolitischen Instrumente beinhaltet. Sie wird ausgehend von einer Situationsanalyse, über die Bestimmung von Marketingzielen und die Festlegungen zu den Strategien entwickelt:

Handlungsschritte zur Erstellung einer Marketing-Konzeption

1. Analyse des Ist-Zustandes durch systematische Marktforschung
- Analyse von Markt und Umwelt
  - Rahmenbedingungen der Technologien in der Keramikindustrie
  - Politische Bedingungen für die Keramikindustrie
  - Sozio-kulturelle Entwicklungen, die die Keramikbranche berühren (z. B. Wellness-Trend in hochentwickelten Industriestaaten)
- Analyse des eigenen Unternehmens
  - Unternehmenskultur und Geschichte der KAFAHA
  - Vorhandene Unternehmensressourcen (u. a. Know-how der Mitarbeiter, Marktzugänge)
- Analyse der KAFAHA-Mitbewerber

2. Prognose zukünftiger Entwicklungen

u. a.:
- Wie wird sich die Wirtschaft allgemein und wie speziell die Keramikbranche entwickeln?
- Welche zukünftigen Entwicklungen betreffen die KAFAHA?

3. Festlegung von qualitativen und quantitativen Marketingzielen der KAFAHA

u. a.:
- Welche Marketingziele werden in der KAFAHA gesetzt?

4. Bestimmung einer grundlegenden Marketing-Strategie der KAFAHA

z. B. Präferenzstrategie oder Preis-Mengen-Strategie

5. Konzeption der absatzpolitischen Maßnahmen und Zusammenstellung zu einem abgestimmten Marketing-Mix

u. a.:
- Welche Maßnahmen sind zur Umsetzung der Marketingziele geeignet?

6. Überprüfung der Zielerreichung

u. a.:
- Sind die gesetzten Ziele erreicht worden? Sind Anpassungen erforderlich?

Marketing und Absatz

1.2 Errechnung des Gesamt-Deckungsbeitrages

Berechnung des Stück-Deckungsbeitrages in €		
	Designer-Waschbecken	Designer-Badewannen
Erlös €/Stück	69,00	253,00
– Variable Kosten €/Stück	64,00	247,00
= Deckungsbeitrag €/Stück	5,00	6,00

Berechnung des Gesamt-Deckungsbeitrages in €					
		Designer-Waschbecken		Designer-Badewannen	
Absatzmenge		Stück	Deckungsbeitrag € (Absatzmenge x Stück-Deckungsbeitrag)	Stück	Deckungsbeitrag € (Absatzmenge x Stück-Deckungsbeitrag)
Inland		18 000	90.000	9 000	54.000
Ausland		30 000	150.000	12 000	72.000
Gesamtmenge/Deckungsbeitrag		48 000	240.000	21 000	126.000
Gesamt-Deckungsbeitrag	240.000 € + 126.000 € **366.000 €**				

Eine Ausweitung des Produktionsprogramms ist sinnvoll, da sowohl bei Waschbecken als auch bei Badewannen ein positiver Deckungsbeitrag erzielt wird. Es kommt zu einer Ergebnisverbesserung von voraussichtlich 366.000 €.

1.3 Weitere Gründe, die für eine Erweiterung des Produktionsprogramms sprechen

Hinweis: Es waren zwei weitere Gründe gefordert, wenn Sie mehr als zwei Gründe nennen, so führt das nicht zu mehr Punkten in der Bewertung.

- Die Aufnahme dieser neuen Produktsorten in das Produktionsprogramm führt zu einer sinnvollen Ergänzung des vorhandenen Verkaufsprogramms, sodass die Marktposition der KAFAHA gestärkt wird.

- Die angedeutete Stagnation des Absatzes macht es erforderlich, das Produktprogramm zu erweitern. Möglicherweise befinden sich die bisherigen Produkte bereits am Ende ihres Produktlebenszyklus, sodass hiervon keine Wachstumsimpulse ausgehen können. Eine Erweiterung des Produktionsprogramms führt zu neuen Absatzchancen, wobei gleichzeitig das Unternehmensrisiko besser verteilt ist.

- Durch das vorhandene Know-how im Keramikbereich ist eine Erweiterung verhältnismäßig schnell und kostengünstig möglich.

- Durch die hohen ökologischen Anforderungen besteht die Möglichkeit, sich im Markt als umweltbewusster Produzent zu profilieren und damit einen Imagevorteil gegenüber den Mitbewerbern aufzubauen. Ökologisch einwandfreie Produkte könnten bei einem gestiegenen ökologischen Bewusstsein der Verbraucher einen Wettbewerbsvorteil darstellen.

- Da noch Kapazität vorhanden ist, führt die Aufnahme einiger weiterer Produkte zu einer verbesserten Auslastung und damit zu einer Verringerung der Kosten der nicht genutzten Kapazität (so genannte „Leerkosten").

Marketing und Absatz

1.4 Schutz des Formgebungsverfahrens und des Designs vor Nachahmung

Das optisch auffallende **Design** bietet der KAFAHA die Chance, sich aufgrund der äußeren Gestaltung des Produkts im Wettbewerb besser zu behaupten. Form- und Farbgestaltungen konkreter zwei- oder dreidimensionaler Muster oder Modelle können vor unerwünschter Nachahmung durch die Anmeldung als **Design** (früher: „Geschmacksmuster") beim Deutschen Patent- und Markenamt geschützt werden. Dieser Schutz umfasst maximal 25 Jahre (vgl. § 27 Abs. 2 DesignG).

Das neuartige **Herstellungsverfahren** gilt als neue Erfindung, die gewerblich nutzbar ist (vgl. § 1 PatG). Durch die Anmeldung als **Patent** wird dieses neue Formgebungsverfahren für einen Zeitraum von 20 Jahren vor einer unerlaubten Nachahmung geschützt (vgl. § 16 PatG).

1.5 Wirtschaftliche Vorteile des neuen Beschichtungsverfahrens

Beispiele (zwei Nennungen waren verlangt):

– Ein sinkender Materialverbrauch senkt die Materialkosten. Gleichzeitig können andere Kosten, die durch die Materiallogistik ausgelöst werden (z. B. Lagerkosten), eingespart werden.
– Eine Verringerung der Abfallmengen führt zu geringeren Kosten für die Materialentsorgung.
– Durch das ökologisch verbesserte Produkt kann es zu einem Imagegewinn kommen.
– Durch die erhöhte Widerstandsfähigkeit können neue Einsatzmöglichkeiten für die Keramiken erschlossen werden (z. B. technische Keramik, Keramik für medizinische Anwendungen). Hierdurch können neue Marktsegmente eröffnet und neue Kundengruppen gewonnen werden.

1.6

1.6.1

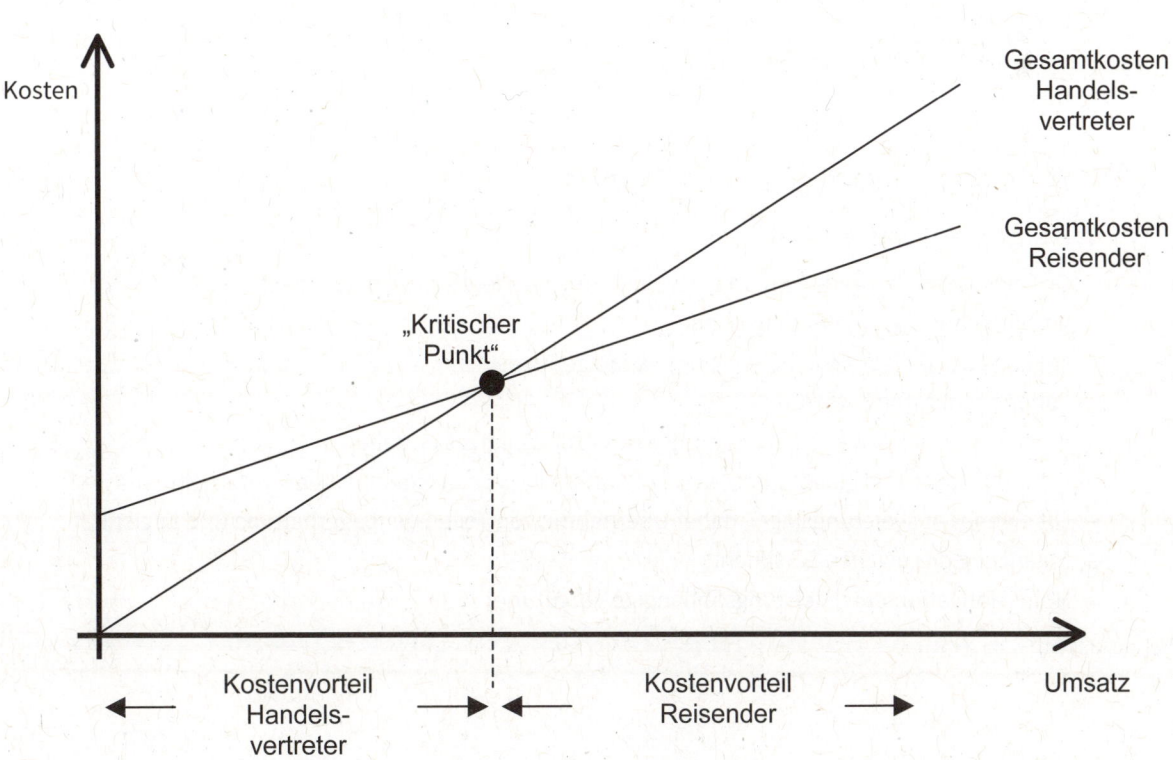

Marketing und Absatz

1.6.2

a) Berechnung des Gesamtumsatzes			
	Absatzmenge Stück	durchschnittlicher Preis in €	Umsatz in €
Waschbecken	48 000	69,00	3.312.000,00
Badewannen	21 000	253,00	5.313.000,00
SUMME	**69 000**		**8.625.000,00**

b) Berechnung Absatzhelfer-Kosten pro Jahr			
	Fixe Kosten in €	Variable Kosten in €	Gesamtkosten in €
Handlungsreisender	36.300,00	86.250,00	122.550,00
Handelsvertreter	–	172.500,00	172.500,00

Der Handlungsreisende verursacht jährliche Kosten in Höhe von 122.550 €, während der Handelsvertreter Gesamtkosten von 172.500 € verursacht. Bei Zugrundelegung der obigen Absatzmengen sollte daher ein Handlungsreisender eingesetzt werden.

1.6.3 Vorteile des Handlungsreisenden

- Gute Steuerbarkeit (Weisungsbindung)
- Er kann mit Marktforschung, Kundenpflege, Verkaufsförderung usw. betraut werden.
- Exklusive Vertretung der eigenen Firma
- Flexibel einsetzbar
- Direkter Unternehmenskontakt zum Kunden
- Starke Identifikation mit dem Unternehmen

Vorteile des Handelsvertreters

- Geringe Kosten bei geringem Umsatz, einkommensorientierte Arbeitsweise
- Vorhandener eigener Kundenstamm
- Lückenloses billiges Erschließen eines Absatzgebietes
- Lohnnebenkosten entfallen
- Kosten zur Errichtung und Verwaltung eines Arbeitsplatzes entfallen
- Evtl. objektiver und glaubwürdiger, weil unabhängig von Produkten eines Unternehmens
- Oft eigenes Auslieferungslager, daher Übernahme von Teilen der Lagerhaltung und Logistik
- Ergänzung des eigenen Sortiments
- Hohe Motivation durch leistungsabhängige Vergütung

Marketing und Absatz

Lösung zu Aufgabe 2

2.1

Umsatzerlöse 2022 in T€	65
Umsatzerlöse 2024 in T€	54

Unterschied 2024 – 2022 (absolut in T€)	– 11
Unterschied 2024 – 2022 (in %) im Verhältnis zu 2022	– 16,9

Der Umsatz ist 2024 um 16,9 % im Vergleich zum Jahr 2022 zurückgegangen.

2.2 Beispiele:

- Statistische Jahrbücher
- Statistiken u. Berichte der IHK, von Wirtschaftsverbänden, Banken
- Fachzeitschriften
- Bilanzen/Geschäftsberichte anderer Unternehmen

2.3 Vorteile der Sekundärforschung:

- in der Regel preiswerter als Primärerhebungen
- Daten meist schneller zu beschaffen
- bestimmte Daten sind nur so zu beschaffen (z. B. volkswirtschaftliche Gesamtdaten)
- Sekundärdaten dienen oft als Grundlage für neue Primärerhebungen

Nachteile der Sekundärforschung:

- mangelnde Aktualität
- mangelnde Sicherheit und Genauigkeit
- mangelnder Umfang bzw. Detailliertheit
- mangelnde Vergleichbarkeit der Daten
- mangelnde Entscheidungsrelevanz

2.4 *Hinweis: Die Lösung ist richtig, wenn aus den unten stehenden Schritten fünf richtig benannt und angeordnet wurden.*

- Formulierung des Informationsbedarfes
- Formulierung der Fragestellung
- Strukturierung des Themas
- Auswahl der geeigneten Methode
- Planung der Stichprobe
- Festlegung der Erhebungsinstrumente
- Durchführung der Studie
- Datengewinnung
- Datenanalyse
- Dokumentation der Ergebnisse
- Interpretation der Daten
- Präsentation der Daten
- Treffen einer Marketingentscheidung

Marketing und Absatz

2.5 Beispiele:
1. Wie hoch ist die Anzahl der Nachfrager?
2. Welche technischen Anforderungen stellen die Kunden an die Produkte?
3. Wie ist die regionale Verteilung der Nachfrager?
4. Welche Kaufmotive gibt es?
5. Wie hoch ist der mengenmäßige Jahresbedarf insgesamt/pro Kunde?
6. Wie sehen die bisherigen Problemlösungen aus? Wer ist bisher Lieferant?

2.6 Beispiele:
1. Marktteilnehmer
2. Anzahl der Marktteilnehmer
3. Absatzmengen
4. Jahresumsätze
5. Marktanteile
6. Preispolitik der Anbieter und gesamtes Preisniveau
7. Qualität der Produkte
8. Kommunikationspolitik der Mitbewerber
9. Vertriebswege der Mitbewerber
10. Verhalten der Marktteilnehmer (aggressiv/defensiv)
11. Kooperationen der Mitbewerber

2.7

2.7.1 KAFAHA : Auswertung – Technische Keramik

KAFAHA-Eintragung: •
Marktführer-Eintragung: x

Kriterium	Unterkriterium	Stärke ++ 1	+ 2	0 3	– 4	Schwäche – – 5
Marketing	Preise			x	•	
	Service/Kundendienst		• x			
	Werbung		x	•		
	Image		x			•
	Marktanteil	x		•		
	Bekanntheitsgrad		• x			
Produkte	Qualität		x			•
	Innovationen			•	x	
Mitarbeiter	Qualifikationen	•		x		
	Kosten			• x		
	Motivation			•	x	
Produktion	Kosten		x	•		
	Qualität			x	•	
	Kapazität		•	x		
Forschung und Entwicklung	Eigenes Know-how/Patente		•		x	

2.7.2 Die Stärken der KAFAHA liegen insbesondere im Bereich „Qualifizierte Mitarbeiter" und „Eigenes Know-how/Patente". Die positive Abweichung zum Marktführer beträgt hier 3 Notenstufen.

Schwächen der KAFAHA liegen in den Kriterien „Qualität" und „Image" vor. Die negative Abweichung zum Marktführer beträgt hier 3 Notenstufen.

2.7.3 **Qualitätsmanagement einführen:** Durch die Einführung eines Qualitätsmanagements kann der gesamte Produktionsprozess besser kontrolliert und eine Verbesserung der Produktqualität erreicht werden. Dabei sollte ein ganzheitlicher Ansatz verfolgt werden, d. h. alle Beteiligten sollten an der stetigen Verbesserung der Qualität im Rahmen eines Total Quality Managements mitwirken.

Die Voraussetzungen sind hierfür bei der KAFAHA besonders günstig, da eine verhältnismäßig hohe Qualifikation und Motivation der Mitarbeiter gegeben ist.

Imagekampagne: Durch die Verbesserung der Qualität dürfte sich das Image zwar tendenziell verbessern, es sollte allerdings eine unterstützende Imagekampagne gestartet werden.

Verschiedene Public-Relations-Maßnahmen, wie z. B. Imageanzeigen in Fachzeitschriften, aktive Pressearbeit, Homepageanpassungen, Gewinnung von Meinungsführern könnten zu einer Imageverbesserung beitragen.

2.8 Beispiele:

1. Die Entwicklung des realen Bruttoinlandsproduktes gibt Aufschluss über das Wirtschaftswachstum. Dieses wirkt sich grundlegend auf die zukünftige Auftragslage aus.

2. Die Nachfrage der privaten Haushalte nach Immobilien gibt Tendenzen für die Nachfrage nach Bad-/Küchen- und Haushaltskeramiken an.

3. Im Zusammenhang mit der Konsumgüternachfrage privater Haushalte sollte das verfügbare Einkommen der Haushalte berücksichtigt werden. Beeinflusst wird diese Größe insbesondere durch die Tarifabschlüsse sowie die Belastung der Einkommen durch Steuern und Sozialversicherungsbeiträge.

4. Arbeitslosigkeit führt zu einer Verringerung der Haushaltseinkommen und könnte sich daher negativ auf die Baubranche – und damit auch auf den Keramikabsatz – auswirken. Daher ist die Arbeitslosenquote zu berücksichtigen.

5. Zusätzlich sind zukunftsgerichtete Rahmenbedingungen einzubeziehen. Die gesamtwirtschaftliche Tendenz lässt sich u. a. aus den Auftragseingängen im Baubereich ablesen. Diese führen letztlich zur Erstellung von Bauten und werden als Anzeiger (Indikator) für die künftige Branchenentwicklung angesehen.

6. Kaufentscheidungen von Wirtschaftssubjekten werden stark von Erwartungen über die Zukunft beeinflusst. Daher sind insbesondere Indikatoren zu berücksichtigen, die diese Erwartungen abbilden (Beispiel: ifo-Geschäftsklimaindex).

7. Das gesamtwirtschaftliche Zinsniveau wirkt sich allgemein auf die Nachfrage nach kreditfinanzierten Gütern aus. Da Bauten überwiegend mit Hilfe von Krediten finanziert werden, führt ein steigendes Zinsniveau tendenziell zu einem Nachfragerückgang in der Baubranche.

8. Zusätzlich sollten die Bedingungen der ausländischen Absatzmärkte sowie die Wachstumsraten der Weltwirtschaft berücksichtigt werden. Insbesondere die Wechselkurse und die jeweiligen volkswirtschaftlichen Basisdaten (z. B. Entwicklungen des BIP und das Verbrauchervertrauen) sollten beachtet werden.

Marketing und Absatz

Lösung zu Aufgabe 3

3.1

3.1.1 Direkter Absatz

Der Absatz erfolgt vom Hersteller unmittelbar an den Verwender bzw. Verbraucher ohne Einschaltung unternehmensexterner Absatzhelfer (z. B. Groß- und Einzelhandel).

Indirekter Absatz

Der Absatz der betrieblichen Produkte erfolgt mit Hilfe selbständiger Absatzhelfer.

3.1.2

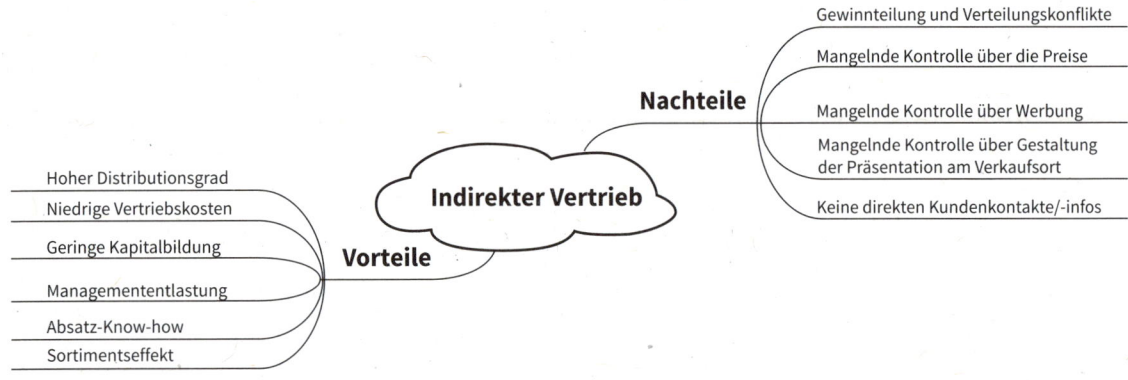

Erläuterungen

Vorteile des indirekten Vertriebs:

- **Hoher Distributionsgrad**

    Der Distributionsgrad ist eine Kennziffer, die ausdrückt, wie gut das Produkt im Handel erhältlich ist. Durch die Einschaltung von Handelsunternehmen ist die Verfügbarkeit relativ hoch.

- **Niedrige Vertriebskosten**

    Da unternehmensexterne Absatzhelfer eingeschaltet werden, müssen keine eigenen Vertriebskapazitäten aufgebaut werden.

- **Geringe Kapitalbindung**

    Die Kapitalbindung ist relativ gering, da keine eigenen Vertriebskapazitäten aufgebaut werden müssen.

- **Managemententlastung**

    Das Management wird um eine Vielzahl von Aufgaben entlastet, die bei einem Direktvertrieb anfallen würden (u. a. Kundenbesuche, Mailings vorbereiten).

- **Absatz-Know-how**

    Durch die Einschaltung unternehmensexterner Organisationen und Personen wird deren Know-how im Absatzbereich nutzbar gemacht (z. B. regionale Kontakte, länderbezogene Besonderheiten beim Export der Produkte).

- **Sortimentseffekt**

    Durch die Zusammenfassung der Produkte verschiedener Unternehmen kann ein werbewirksamer Sortimentseffekt erzielt werden. Dabei kann die Zusammenstellung insgesamt nach der Kundenwahrnehmung erfolgen.

Nachteile des indirekten Vertriebs:

- **Gewinnteilung und Verteilungskonflikte**

    Die Leistungen der Absatzhelfer müssen vergütet werden. Dabei kommt es zu einer Teilung des erzielbaren Gewinns zwischen dem Absatzhelfer und dem Hersteller. Die Aufteilung kann dabei zu Verteilungskonflikten führen.

- **Mangelnde Kontrolle über die Preise**

    Der Hersteller verliert durch die Einschaltung von Absatzhelfern die Kontrolle über den Preis seiner Produkte. Möglicherweise bieten die Absatzhelfer zu einem zu geringeren Preis an.

- **Mangelnde Kontrolle über Werbung**

    Der Hersteller kann die Werbung der Absatzhelfer nur eingeschränkt kontrollieren. Es besteht die Gefahr, dass aus Sicht des Herstellers eine unerwünschte Form der Werbung erfolgt.

- **Mangelnde Kontrolle über Gestaltung der Präsentation am Verkaufsort**

    Der Hersteller kann die Präsentation der Ware am Verkaufsort (Point of Sale) nur eingeschränkt beeinflussen. Möglicherweise weichen die Vorstellungen des Herstellers von denen des Absatzhelfers ab.

- **Keine direkten Kundenkontakte/-infos**

    Kontakte und Informationen der Kunden finden beim indirekten Vertrieb über den jeweiligen Absatzhelfer statt. Das führt dazu, dass der Hersteller über keine direkten Kundenkontakte verfügt. Möglicherweise wird die Kommunikation insoweit erschwert, dass Marktentwicklungen oder Verbesserungsvorschläge nicht bis zum Hersteller durchdringen.

3.2

3.2.1 Franchising ist ein vertragsgebundenes Vertriebssystem. Dabei schließt ein Hersteller, der über ein Produkt sowie eine Marktstrategie verfügt, einen Vertrag mit einem Franchisenehmer (z. B. Großhandel, Einzelhandel), der das Produkt in regional getrennten Märkten vertreiben soll.

Für die Übernahme des Marketingkonzeptes durch den Franchisenehmer verlangt der Franchisegeber ein entsprechendes Entgelt.

3.2.2 Bisher liegen weder Markterfahrungen noch ein ausgereiftes Marketingkonzept vor. Es müsste zunächst in einem zeit- und kostenintensiven Prozess ein Franchising-Konzept erarbeitet werden.

Unter Umständen ist keine einheitliche, sondern vielmehr eine differenzierte Vertriebsstrategie in einem Markt sinnvoll.

Im Bereich „Technische Keramik" ist davon auszugehen, dass die Anzahl der potenziellen Kunden verhältnismäßig gering ist und ein direkter Verkauf der Produkte durch die KAFAHA selbst sinnvoll ist.

Franchising-Systeme werden häufig zum Vertrieb von Produkten für Endverbraucher eingesetzt (z. B. Fast-Food-Ketten, Nachhilfeschulen). Hierbei ist für die Verbraucher insbesondere eine starke Markenwahrnehmung von Bedeutung.

Technische Keramik wendet sich nicht an Endverbraucher, wobei eine Markenbildung von geringerer Bedeutung ist. Die Kaufentscheidung der Verwender orientiert sich stärker an technischen Erfordernissen und Kosten-Nutzen-Überlegungen.

Den Franchisenehmern müsste Know-how vermittelt werden, das wichtige und sensible Geschäftsgeheimnisse umfassen könnte.

Marketing und Absatz

Lösung zu Aufgabe 4

4.1
- Partner für technische Realisierung auswählen
- Interne Arbeitsprozesse zur Auftragsabwicklung klären (Wer beantwortet E-Mails? Von wem werden Aufträge bearbeitet? Wie erfolgt die Zahlungsabwicklung?)
- Preismodell planen
- Fachbezogene Inhalte produzieren (u. a. Materialbeschreibung, Abmessungen)
- Zielgruppenbezogene Inhalte produzieren (u. a. Texte, Bilder)
- Verträge und Allgemeine Geschäftsbedingungen entwickeln
- Software programmieren (u. a Benutzeroberfläche)
- Ggf. Hardware-Struktur anpassen
- Qualitätskontrolle der Software und Testlauf (Bereitstellung von Testdaten durch Fachabteilung)
- Qualifizierungsmaßnahmen für Mitarbeiter planen und durchführen
- Werbemaßnahmen planen

4.2 Beispiele:
- Chance zur Erschließung neuer Zielgruppen
- Zusätzlicher Absatzkanal für Produkte
- Teilweise noch Wettbewerbsvorsprung gegenüber den Mitbewerbern
- Möglichkeit zum direkten Kundenkontakt
- Kurze Reaktionszeiten
- Weltweite Verfügbarkeit
- 24-Stunden Angebotsleistung
- Einsparung von Zeit und damit Kosten, um Aufträge zu gewinnen und abzuwickeln
- Verbesserte Kundenbindung
- Ausgleich von möglichen Standortnachteilen
- Imageverbesserung – Wahrnehmung als modernes Unternehmen

4.3
- Die Markteintrittsbarrieren im E-Commerce sind verhältnismäßig gering, sodass mit dem Aufkommen neuer Wettbewerber gerechnet werden muss.
- Durch die höhere Markttransparenz und den verstärkten Wettbewerb besteht die Gefahr, dass eine zu starke Ausrichtung der Konsumenten auf den Preis entsteht.
- Die Kosten für einen Wechsel des Kunden zu einem Wettbewerber sind sehr gering, sodass bei geringfügigen Änderungen des Angebotes eine schnelle Abwanderung der Kunden erfolgen kann.

Vorschlag, um diesen Herausforderungen zu begegnen:
Hohe Kundenbindung z. B. durch hochwertige Produkte, eine entsprechende Kommunikationspolitik oder spezielle Maßnahmen (u. a. Gutscheine, After-Sales-Service) erzeugen.

Marketing und Absatz

4.4

4.4.1 Das Transportrisiko geht am Erfüllungsort für die Warenschuld auf den Käufer über. Der Erfüllungsort liegt bei der KAFAHA in Hamburg (§ 269 Abs. 1 BGB).

Im E-Commerce-Bereich handelt es sich um einen Versendungskauf, d. h. der Kunde bekommt seine Ware durch die KAFAHA zugeschickt. Aus § 447 BGB ergibt sich grundsätzlich, dass hierbei das Transportrisiko auf den Käufer übergeht, sobald die KAFAHA die Sache dem Spediteur bzw. Frachtführer ausgeliefert hat. Diese Regelung gilt aber nur, wenn die Ware an einen gewerblichen Kunden verschickt wird.

Da die Lieferung aber direkt an Endverbraucher erfolgen soll, liegt der besondere Fall eines Verbrauchsgüterkaufes vor (§ 474 BGB). Sofern sich auf dem Transportwege Beschädigungen ergeben sollten, muss die KAFAHA das Transportrisiko übernehmen.

4.4.2 Beispiele:

- Verpackung verbessern (stärkeren Karton verwenden, Kartons besser verschließen, besseres Füllmaterial verwenden, Aufkleber „zerbrechlich" anbringen)
- Spedition über Schäden und Probleme informieren
- Spedition wechseln und maximale Schadensquote vertraglich vereinbaren
- Kunden günstige Transportversicherung anbieten
- Schockindikatoren auf Verpackung aufkleben und Kunden informieren, dass die Annahme ggf. verweigert werden sollte
- Kulante Abwicklung von Transportschäden

Marketing und Absatz

Lösung zu Aufgabe 5

5.1 Vor dem Vertragsabschluss sollten Informationen zu folgenden Fragen eingeholt werden:

- Bonität des Kunden (Zahlungsfähigkeit, Zahlungsverhalten, Zuverlässigkeit)
- Geschäftliche Situation des Unternehmens
- Eigentümer des Unternehmens
- Entscheidungsträger/Bevollmächtigte des Unternehmens
- Unternehmensimage
- Marktstellung in Südkorea/Asien

Informationen sind über verschiedene externe Stellen erhältlich, wie z. B. IHK, Hausbank, Wirtschaftsauskunfteien, Rating-Agenturen oder Geschäftspartner in Südkorea.

5.2 Lösungsvorschlag

Keramik-Fabrik Hamburg AG, Abteilung Vertrieb	28.03.20..
Von: vertrieb@kafaha.de	
An: procurement@kbc.kr	
Betreff: Angebot Waschbecken WCT 70	
Sehr geehrte Damen und Herren, vielen Dank für Ihre Anfrage vom 24.03.20.. Wir freuen uns, Ihnen folgendes Angebot unterbreiten zu können: 2 000 Waschbecken WCT 70 zum Stückpreis von 67,50 US-$ Lieferung CIF Hafen Busan Lieferzeit: ca. 8 Wochen ab Auftragseingang Wir hoffen, dass dieses Angebot Ihren Vorstellungen entspricht. Mit freundlichen Grüßen Keramik-Fabrik Hamburg AG i. A. Frank Mutig	

5.3

5.3.1 Möglichkeiten zur Verringerung des Risikos von Zahlungsausfällen

Beispiele:

Vereinbarungen entsprechender Zahlungsbedingungen bei Vertragsabschluss:

- Vorauszahlung des Kaufpreises
- Anzahlung auf den Kaufpreis
- Bankbürgschaft
- Dokumente gegen Akkreditiv (Letter of Credit)
- Dokumente gegen Kasse (Cash on Delivery)

5.3.2 Durch eine Fakturierung in Euro würde das Wechselkursrisiko für die KAFAHA ausgeschlossen.

Marketing und Absatz

5.4 CIF gehört zu den so genannten INCOTERMS. Hierbei handelt es sich um internationale Lieferungsbedingungen (**IN**ternational **CO**mmercial **TERMS**), die international anerkannte Regeln über

1. die Verteilung der Transportkosten,
2. den Gefahrenübergang (Transportrisiko) und
3. die Frage, wer den Transportraum zu besorgen hat (Beförderungsvertrag)

enthalten.

Die INCOTERMS werden von der Internationalen Handelskammer in Paris herausgegeben.

Durch die Verwendung von einfachen „Kurzformeln" entfällt für den Exporteur und Importeur die oft schwierige Ausformulierung zahlreicher Vertragsdetails.

Die Frachtklausel „CIF" steht für **C**ost, **I**nsurance, **F**reight (= Kosten, Versicherung und Fracht) bis zum benannten Bestimmungshafen („Hafen Busan").

Durch die Verwendung der CIF-Klausel sind die oben genannten Aspekte folgendermaßen geregelt:

1. Verteilung der Transportkosten:

Der Verkäufer trägt die Versandkosten sowie die Kosten für die Versicherung bis zum Bestimmungshafen Busan.

2. Gefahrenübergang:

Das Risiko geht mit dem Übergang der Ware über die Schiffsreling im Verschiffungshafen auf den Käufer über.

3. Beförderungsvertrag:

Der Verkäufer hat den entsprechenden Beförderungsvertrag abzuschließen.

5.5 1. Berechnung des Euro-Betrages pro Stück zum Zeitpunkt des Angebotes (28.03.)

$1{,}2000$ US-\$ $= 1\,€$
$62{,}50$ US-\$ $= x\,€$
$x = 62{,}50$ US-\$ $: 1{,}2000$ US-\$ $\cdot 1\,€$
$ = 52{,}08\,€$

2. Berechnung des Stückdeckungsbeitrages bei Annahme des Auftrages

Erlöse pro Stück	52,08 €/Stck.
– Variable Stückkosten	31,00 €/Stck.
= Stückdeckungsbeitrag	<u>21,08 €/Stck.</u>

3. Berechnung des Gesamtdeckungsbeitrages

Bei einem Auftragsvolumen von 2 000 Stück beträgt der Gesamtdeckungsbeitrag:

21,08 €/Stck. · 2 000 Stück = <u>42.160 €</u>

4. Berechnung des Auftragsergebnisses

Unter Berücksichtigung der auftragsfixen Kosten wird folgender Gewinn erzielt:

42.160 € – 25.000 € Fixkosten = <u>17.160 € Gewinn</u>

Durch diesen Auftrag würde ein positiver Deckungsbeitrag erzielt werden.

Das bedeutet, dass dieser Auftrag zu einer Verbesserung des Ergebnisses in Höhe von 17.160 € beitragen würde. Der Auftrag sollte daher angenommen werden.

Marketing und Absatz

5.6 **Hinweis:** Die aufgeführten Schritte können hinsichtlich ihrer Reihenfolge und Bezeichnung teilweise verändert werden. Denkbar ist außerdem die zusätzliche Aufnahme sinnvoller Zwischenschritte. Insofern stellt der folgende Ablauf nur eine von vielen möglichen Aufgabenlösungen dar, wobei **6** wesentliche Schritte **fett** gedruckt sind:

- **Auftrag in die Produktionsplanung aufnehmen**
- Begleitpapiere für die Fertigung des Auftrages erstellen
- **Produktion der Waschbecken durchführen**
- **Qualität der Waschbecken kontrollieren**
- Transportkapazitäten planen (evtl. Vertrag mit Spedition hierfür abschließen)
- Begleitpapiere für den Transport erstellen
- **Waschbecken für den Transport vorbereiten (u. a. Waschbecken verpacken)**
- **Waschbecken versenden**
- Information über Versand dem Kunden mitteilen
- **Rechnung erstellen und versenden**

5.7

KW	APRIL						
	M	D	M	D	F	S	S
13					1	2	3
14	4	**5**	**6**	**7**	**8**	9	10
15	**11**	**12**	**13**	**14**	**15**	16	17
16	**18**	19	20	21	22	23	24
17	25	26	27	28	29	30	

KW	MAI						
	M	D	M	D	F	S	S
17							1
18	2	3	4	5	6	7	8
19	9	10	11	12	13	14	15
20	16	17	18	19	20	21	22
21	23	24	**25**	**26**	**27**	28	29
22	30	31					

Marketing und Absatz

5.7 Erläuterung:

Zeitbedarf für	Tage	Beginn	Ende
Produktion	**10**	**05.04.**	**18.04.**
Transport	36	19.04.	24.05.
Pufferzeit (kann auch vorab einbezogen werden)	2	25.05.	26.05.
Liefertermin			**27.05.**

Der Firma KBC teilen Sie den 27. Mai als voraussichtlichen Liefertermin mit.

5.8 **1. Fehler:** Der Einzelpreis wurde mit 65,20 US-$ falsch ausgewiesen. Richtig wäre ein Stückpreis von 62,50 US-$.

Es ergibt sich folgende Korrektur:

Menge · Einzelpreis = Gesamtpreis
2 000 · 62,50 US-$ = 125.000,00 US-$

Der Gesamtpreis ist entsprechend zu korrigieren.

2. Fehler: Die Ausfuhr von Waren ist umsatzsteuerfrei. Der angegebene Umsatzsteuerbetrag ist daher zu streichen.

Es ergibt sich folgende Korrektur:
Der gesamte Rechnungsbetrag muss auf 125.000,00 US-$ reduziert werden.

5.9 Durch die Zahlung der Rechnung am 01.07. kommt es zu einem Währungsgewinn der KAFAHA.

Ursache hierfür ist der Fall des Dollar-Kurses auf 1,1632 US-$ gegenüber dem Kurs am Tag des Angebotes (28.03.) in Höhe von 1,2000 US-$ bezogen auf 1,00 €.

Zur Erläuterung:

1. Berechnung des Euro-Betrages zum Zeitpunkt des Angebotes (28.03.)

1,2000 US-$ = 1 €
125.000 US-$ = x €

x = 125.000 US-$: 1,2000 US-$ · 1 €
= 104.166,67 €

2. Berechnung des Euro-Betrages zum Zeitpunkt der Zahlung (01.07.)

1,1632 US-$ = 1 €
125.000 US-$ = x €

x = 125.000 US-$: 1,1632 US-$ · 1 €
= 107.462,17 €

3. Berechnung des Währungsgewinns
107.462,17 € − 104.166,67 € = + 3.295,50 €

Marketing und Absatz

5.10

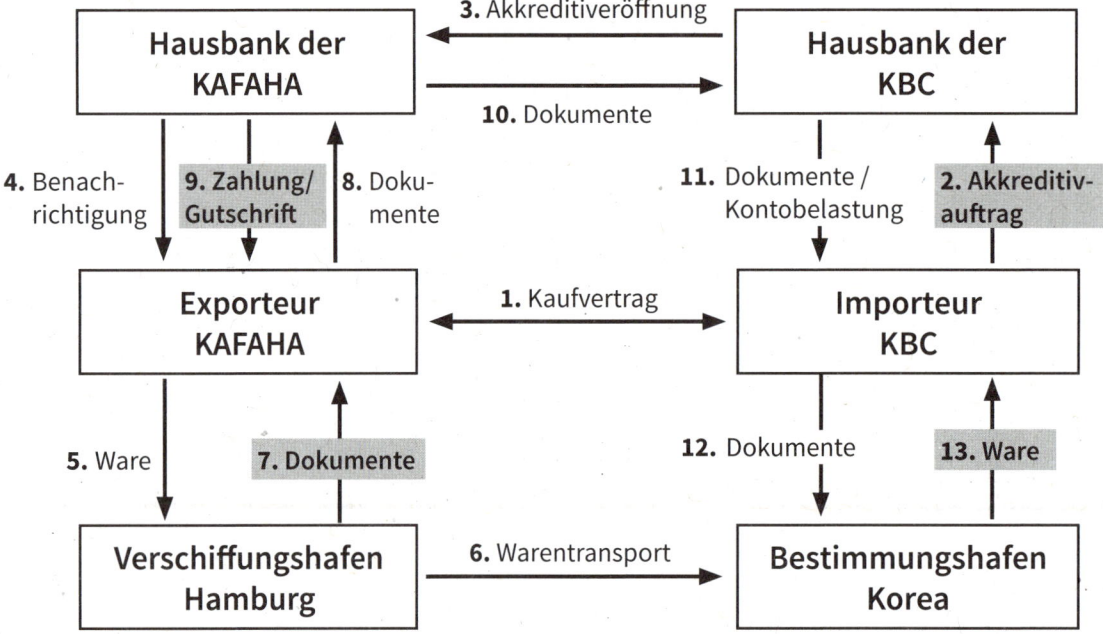

Text	Pfeilbeschriftung zu Pfeil Nr.
Akkreditivauftrag	2
Ware	13
Dokumente	7
Zahlung/Gutschrift	9

Erläuterung:

Akkreditivauftrag: **2**
Der Importeur KBC erteilt seiner Hausbank den Auftrag zur Akkreditiveröffnung.

Ware: **13**
Nach Vorlage der Dokumente (siehe Pfeil 12) kann die Ware durch die KBC im Bestimmungshafen in Empfang genommen werden.

Dokumente: **7**
Im Gegenzug für die korrekte Beladung des Schiffs im Verschiffungshafen erhält die KAFAHA entsprechende Versanddokumente.

Zahlung/Gutschrift: **9**
Sobald die Beladung des Schiffs im Verschiffungshafen erfolgt ist, erhält die KAFAHA entsprechende Versanddokumente (Pfeil 7). Diese vereinbarten Versanddokumente werden bei der Hausbank vorgelegt (Pfeil 8), sodass die KAFAHA im Gegenzug die entsprechende Zahlung bzw. Gutschrift erhält.

Marketing und Absatz

Lösung zu Aufgabe 6

6.1

	KAFAHA Umsatz (in Mio. €) 1. Jahr	KAFAHA Umsatz (in Mio. €) 2. Jahr	Marktvolumen (in Mio. €) 1. Jahr	Marktvolumen (in Mio. €) 2. Jahr	Marktanteil (in %) 2. Jahr	Marktwachstum (in %)
Produkt 1	10	10	140	140	7,1	0,0
Produkt 2	23	25	60	62,4	40,1	4,0
Produkt 3	12	24	255	357	6,7	40,0
Produkt 4	0,1	3,5	4	24	14,6	500,0
Produkt 5	55	56	400	407,6	13,7	1,9
Produkt 6	3	21,5	15	40	53,8	166,7
Produkt 7	10	152	70	273	55,7	290,0

Erläuterung zur Berechnung:

Marktanteil = (KAFAHA-Umsatz 2. Jahr · 100) : Marktvolumen 2. Jahr

Marktwachstum = (Marktvolumen 2. Jahr − Marktvolumen 1. Jahr) · 100 : Marktvolumen 1. Jahr

6.2

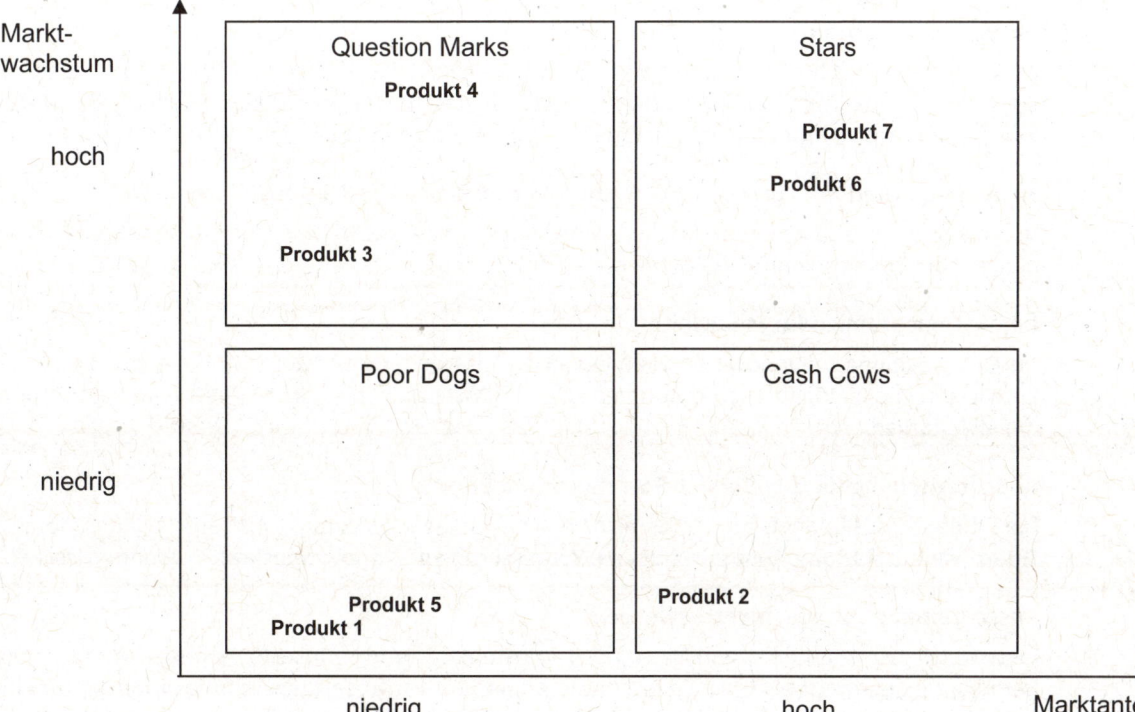

Marketing und Absatz

6.3 **Stars**

Die Produkte 6 und 7 befinden sich in diesem Bereich, der durch einen hohen Marktanteil sowie ein hohes Marktwachstum gekennzeichnet ist. Ziel sollte es sein, diese Position zu halten und ggf. den Marktanteil weiter zu erhöhen. Bei einer Abschwächung des Marktwachstums sollten diese Produkte zu einem Cash-Cow-Produkt entwickelt werden.

Poor Dogs

Poor-Dog-Produkte sind durch einen niedrigen Marktanteil in Märkten mit niedrigem Wachstum gekennzeichnet. Es sollte daher geprüft werden, ob die Produkte 1 und 5 aus dem Produktprogramm eliminiert werden sollten.

Zusätzliche Erläuterungen:

Cash Cows

Produkt 2 stellt ein Cash-Cow-Produkt dar. Durch den hohen Marktanteil wird „cash" erzeugt, wobei das Marktwachstum eher niedrig ist. Bei diesem Produkt sollte der Marktanteil gehalten werden.

Question Marks

Bei den Produkten 3 und 4 ist trotz des hohen Marktwachstums nur ein niedriger Marktanteil vorhanden. Es sollten daher geeignete Maßnahmen getroffen werden, um den Marktanteil zu erhöhen. Bei negativen Prognosen könnte eine Herausnahme des Produktes aus dem Produktprogramm sinnvoll sein.

6.4 Es kommen gute Produkte nach. Produkte mit einem hohen Marktanteil in einem Markt mit starkem Wachstum („Stars", Produkte 6 und 7) können zu Cash-Cow-Produkten entwickelt werden, selbst wenn die Umsatzvolumina derzeit noch verhältnismäßig gering sind.

Denkbar ist zusätzlich, dass durch ein verbessertes Marketing die Produkte 3 und 4 im Bereich „Question Marks" weiterentwickelt werden.

6.5 – **Einstellung neuer Mitarbeiter:**

Durch die Einstellung neuer Mitarbeiter können deren Wissen und Erfahrungen für die KAFAHA erschlossen werden. Durch dieses Know-how wird die Innovationskraft gestärkt.

– **Ankauf von Lizenzen:**

Lizenzen stellen Rechte zur Nutzung von Innovationen (z. B. Patenten) dar. Diese Rechte müssen über einen Vertrag erworben werden, da die Innovationen geschützt sind. Über den Ankauf von Lizenzen könnten innovative Produkte bzw. Herstellungsverfahren genutzt werden.

– **Zusammenarbeit mit Forschungseinrichtungen aufbauen bzw. intensivieren:**

Durch eine engere Zusammenarbeit mit Forschungseinrichtungen (z. B. Universitäten) könnten neuere Forschungserkenntnisse durch die KAFAHA genutzt und weiterentwickelt werden.

– **Innovationsprämien für Mitarbeiter:**

Durch die Zahlung von Innovationsprämien an die Mitarbeiter steigt der materielle Anreiz zur Entwicklung neuer Ideen. Hierbei könnten kreative Potenziale frei werden, die die Innovationskraft der KAFAHA stärken.

– **Budgeterhöhung für den Bereich Forschung und Entwicklung:**

Die Erhöhung des Budgets für den Bereich Forschung und Entwicklung verbessert die Ressourcen- und Mitarbeiterausstattung, sodass damit eine Verbesserung der Innovationskraft verbunden ist.

– **Ausschreibung von Ideenwettbewerben:**

Ideenwettbewerbe erhöhen den Anreiz für Außenstehende und Mitarbeiter neue Ideen zu entwickeln. Die Beiträge zu Ideenwettbewerben liefern Ansatzpunkte zur Verbesserung der Innovationskraft der KAFAHA.

Marketing und Absatz

6.6 – **Kundenerwartungen noch besser erfüllen:**

Grundsätzlich können bei der Auftragsnachbearbeitung und dem Service Verbesserungen erreicht werden, indem auf die unterschiedlichen Kundenerwartungen „passender" eingegangen wird. Voraussetzung hierfür ist die Kenntnis dieser Erwartungen, so dass eine differenzierte Analyse dieser Erwartungen als vorbereitende Maßnahme für eine Sicherstellung der Kundenpflege und Kundenbindung gesehen werden kann.

– **Bonusprogramme anbieten:**

Der Kunde wird für seine Treue durch Treuerabatte oder kostenfreie Zusatzleistungen belohnt.

– **Kontaktpflege intensivieren:**

Systematische und regelmäßige Kontakte zu den Kunden stellen Vertrauen her und können gleichzeitig den Kunden nutzen.

Kontakte bzw. Kontaktangebote können auf vielfältige Weise über verschiedene Kommunikationskanäle hergestellt werden, wie z. B. über Kundenzeitschriften, Events, E-Mail-Newsletter, Kundenclubs, Call-Center-Services oder eine intensive Betreuung durch Vertriebsmitarbeiter.

– **Beschwerdemanagement optimieren:**

Systematisches Management von Beschwerden und eine kulante Behebung aktueller Kundenprobleme können zu einer Verbesserung der Kundenbindung beitragen.

– **Ergänzende Service-Leistungen anbieten:**

Entsprechend den Kundenerwartungen könnten zusätzliche Service-Leistungen angeboten werden, wie z. B. Schulungen der Kundenmitarbeiter oder die Durchführung verschiedener Wartungs- und Reparaturarbeiten.

Marketing und Absatz

Lösung zu Aufgabe 7

7.1
- **Produktdiversifikation**
  Es wird eine für die KAFAHA völlig neue Produktgruppe in das Produktprogramm aufgenommen.

- **Produktvariation**
  Es wird eine Veränderung der bestehenden Produkte vorgenommen.

- **Produktdifferenzierung**
  Innerhalb bereits bestehender Produktgruppen werden neue Produkte in das Produktprogramm der KAFAHA aufgenommen.

- **Produktelimination**
  Einzelne Produkte oder Produktgruppen werden aus dem Produktprogramm der KAFAHA entfernt.

7.2

7.2.1

Produkt: Waschtisch WCT 20 DF

Preis € je Stück	Absetzbare Menge Stück	Variable Gesamtkosten €	Fixe Gesamtkosten €	Gesamtkosten €	Umsatz €	Gewinn €	Verlust €
280,00	1 000	150.000	100.000	250.000	280.000	30.000	
260,00	1 500	225.000	100.000	325.000	390.000	65.000	
240,00	2 000	300.000	100.000	400.000	480.000	80.000	
220,00	2 500	375.000	100.000	475.000	550.000	75.000	
200,00	3 000	450.000	100.000	550.000	600.000	50.000	
180,00	3 500	525.000	100.000	625.000	630.000	5.000	
160,00	4 000	600.000	100.000	700.000	640.000		– 60.000
140,00	4 500	675.000	100.000	775.000	630.000		– 145.000

7.2.2 a) Der Waschtisch WCT 20 DF sollte zu einem Stückpreis von 240 € verkauft werden, da hier bei einer absetzbaren Menge von 2 000 Stück der größtmögliche Gewinn in Höhe von 80.000 € erzielt wird.

b) Der maximale Umsatz für das Waschbecken WCT 20 DF liegt bei 640.000 €. Dieser Umsatz wird bei einem Stückpreis von 160 € erreicht.

c) Bei dieser Zielvorgabe ist ein Preis zu wählen, der gerade genau eine Kostendeckung oder einen minimalen Gewinn ermöglicht. Dieses ist für das Waschbecken WCT 20 DF bei einem Preis von 180 € pro Stück der Fall.

7.2.3
- Zeitliche Preisdifferenzierung, z. B. Einführung von Saisonpreisen
- Räumliche Preisdifferenzierung, z. B. günstigere Preise in Ostdeutschland
- Preisdifferenzierung nach Kundengruppen, z. B. Sonderpreise für Handwerker und Endverbraucher
- Preisdifferenzierung nach Abnahmemenge, z. B. Mengenrabattsystem

7.3 – Kostenorientierung

Die KAFAHA benötigt Informationen zu ihren Kosten, um hieraus ggf. einen Preis zu ermitteln. Diese Orientierung in der Preispolitik gelingt nur in Märkten, in denen der Verkäufer eine wesentlich stärkere Marktposition als die Käufer einnimmt.

– **Gewinnorientierung**

Über differenzierte Informationen zu fixen und variablen Kosten sowie die Höhe der erzielbaren Verkaufserlöse lassen sich Deckungsbeiträge bestimmen. Auf diesem Wege kann bei der Preispolitik eine Ausrichtung an den jeweiligen Ergebnisbeiträgen erreicht werden.

– **Konkurrenzorientierung**

Grundsätzlich sollten die Preisaktionen und -reaktionen der Mitbewerber bei den Entscheidungen zur Preispolitik der KAFAHA berücksichtigt werden.

Sofern die Mitbewerber in Teilmärkten gleiche Produkte zu unterschiedlichen Preisen anbieten (Preisdifferenzierung), sollte die KAFAHA diese unterschiedlichen Teil-Märkte identifizieren und die Preisdifferenzierungen der Mitbewerber bei ihren Überlegungen mit einbeziehen.

– **Nachfrageorientierung**

Da häufig ein Käufermarkt gegeben ist, stehen generell die Reaktionen der Nachfrager auf Preisveränderungen im Mittelpunkt der Überlegungen. Die KAFAHA sollte bei ihrer Preispolitik berücksichtigen, wie stark die Nachfrage auf Veränderungen des Preises reagiert.

Bei einer **elastischen** Nachfrage ist die prozentuale Mengenveränderung größer als die prozentuale Preisveränderung. In diesem Fall führt eine Erhöhung des Preises zu einem Umsatzrückgang, eine Senkung des Preises dagegen führt zu einer Umsatzsteigerung.

Im Falle einer **unelastischen** Nachfrage ist die prozentuale Mengenveränderung kleiner als die prozentuale Preisveränderung. Eine Preiserhöhung führt zu einer Umsatzsteigerung, eine Preissenkung bewirkt einen Umsatzrückgang.

Zusätzlich sollte die bisherige Preispolitik der KAFAHA in die Überlegungen einbezogen werden, da plötzliche Veränderungen in der Preispolitik die Nachfrager verunsichern können.

Lösung zu Aufgabe 8

8.1 – Werbewirksamkeit

Werbeaussage und Werbemittel müssen so gestaltet werden, dass die Zielgruppe entsprechend der angestrebten Zielsetzung beeinflusst wird, z. B. durch originelle Farben, Texte oder Bilder.

– **Werbewahrheit**

Werbung darf nicht täuschen oder irreführen, sondern muss sachlich richtig informieren. Die Einhaltung dieses Grundsatzes fordert u. a. das Gesetz gegen den unlauteren Wettbewerb (UWG).

– **Werbeklarheit**

Die Werbeaussage muss für eine durchschnittliche Person der Zielgruppe klar und leicht verständlich sein.

– **Wirtschaftlichkeit der Werbung**

Die Kosten der Werbung sollen in einem vernünftigen Verhältnis zum Werbeerfolg stehen.

Marketing und Absatz

8.2 **Beispiele:**
- Wie sieht das Werbeziel aus?
- Wie sieht die Werbebotschaft aus?
- Welche Produkte sollen beworben werden (Werbeobjekte)?
- Unter welchen Umweltbedingungen findet die Werbung statt?
- Zu welcher Zeit und mit welchem Timing soll geworben werden?
- In welcher Form soll geworben werden (Werbemittel)?
- Durch welche Kanäle bzw. Medien soll geworben werden (Werbeträger)?
- Welche Zielgruppe soll beworben werden (Werbesubjekte)?
- Mit welcher Intensität soll geworben werden (Werbebudget)?
- Mit welchen Wirkungen soll geworben werden (Werbeerfolg)?

8.3

8.3.1 Der ökonomische Werbeerfolg ist der direkt in Geldeinheiten messbare Erfolg einer Werbeaktion.

Werbeerfolg	=	zusätzlicher Gewinn	– Kosten der einmaligen Werbeaktion
	=	200.000 €	– 105.000 € (d. h. 280.000 € – 175.000 €)
	=	**95.000 €**	

8.3.2

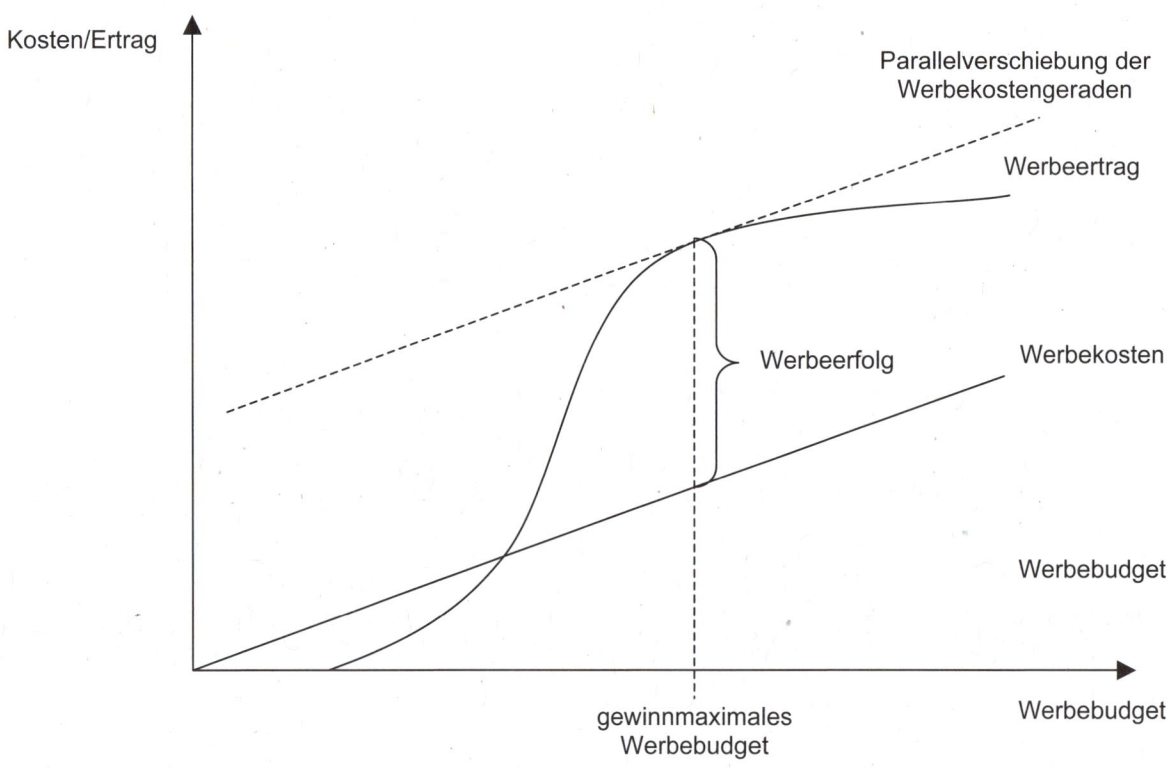

Erläuterung

Durch eine Parallelverschiebung der Werbekostengeraden ergibt sich ein Berührungspunkt mit der Funktion des Werbeertrages. Dieser Berührungspunkt stellt den größtmöglichen Abstand zwischen beiden Funktionen dar. Fällt man von diesem Punkt das Lot auf die Werbebudgetskala, so kann das gewinnmaximale Werbebudget abgelesen werden.

Marketing und Absatz

8.3.3 Die rein rechnerische Ermittlung des Werbeerfolges ist problematisch, da es sich um eine zeitlich begrenzte Maßnahme handelt. Inwieweit ein langfristiger Werbeerfolg eintritt, kann so nicht bestimmt werden.

Der erzielte zusätzliche Gewinn lässt sich ursächlich nicht nur auf die Werbung zurückführen, sondern ist das Ergebnis des Einsatzes aller Elemente des Marketing-Mix in Verbindung mit anderen unternehmenspolitischen Entscheidungen.

Zusätzlich ist der Werbeerfolg nicht nur von dem Handeln der KAFAHA abhängig, sondern er unterliegt noch einer Reihe weiterer Einflussfaktoren, wie z. B.

- Preise/Qualität der Produkte der Mitbewerber
- Werbeverhalten der Mitbewerber
- allgemeine Konjunkturlage
- wirtschaftliche Situation der Abnehmer

Neben dem ökonomischen entsteht auch ein außerökonomischer Werbeerfolg, der sich durch entsprechende Studien bestimmen lässt. In diesen Studien wird gemessen, inwieweit eine Werbekampagne beispielsweise das Verhalten oder die Einstellungen der Zielpersonen verändert hat. Dieser Werbeerfolg spiegelt sich in Messgrößen wie dem Bekanntheitsgrad oder dem Image eines Unternehmens wider. Diese Größen können sich maßgeblich auf Kaufentscheidungen auswirken und werden bei der Betrachtung des ökonomischen Werbeerfolgs vernachlässigt.

8.4 Tausenderkontaktpreise (TKP)

Neues Wohnen	34,29 €
Der Umbau	33,93 €
Wohnideen	35,71 €
tv-Programm	30,00 €
TV-Alles	34,12 €

Die Anzeigen werden in den Zeitschriften „tv-Programm" und „Der Umbau" geschaltet.

Lösung zu Aufgabe 9

9.1

9.1.1 Bei der **Primärforschung** („field research") handelt es sich um spezielle und neue Erhebungen zu einem bestehenden Informationsbedarf.

Sekundärforschung („desk research") umfasst die Aufbereitung, Auswertung und Analyse von Daten, die bereits für andere Zwecke erhoben wurden. Dabei kann auf unternehmensinterne Quellen (Bsp.: Rechnungswesen, Außendienstberichte, Reklamationsmanagement, eigene Archive) oder unternehmensexterne Quellen (Bsp.: Fachpublikationen, Datenbanken, amtliche Statistiken, Pressemitteilungen) zurückgegriffen werden.

9.1.2 Daten der Sekundärforschung haben z. T.

- nur eine unzureichende Genauigkeit und Sicherheit
- nur eine mangelnde Aktualität
- einen zu geringen Umfang
- einen zu geringen Grad an Detailliertheit
- eine insgesamt zu geringe Relevanz für Entscheidungen.

Marketing und Absatz

9.2 Es ist ein Werbemittel zu wählen, dass die Zielgruppe möglichst treffsicher anspricht. Nur so können Streuverluste minimiert werden. Dieses ist der Fall, wenn Medien eingesetzt werden, die sich an die Zielgruppen im Bereich „Sportanlagen", „Sportstudios" und „Schwimmbäder" wenden, wie z. B.

- Anzeige bzw. Fachbeitrag in Fachzeitschriften für Sportanlagen, Sportstudios und Schwimmbäder
- Bannerwerbung auf speziellen Portalseiten für Sportanlagenbau im Internet
- Messestand auf einer Fachmesse für Sportstudios.

Weiterhin ist eine Direktansprache an bestehende und potenzielle Kunden sinnvoll, da durch eine gezielte Vorbereitung Streuverluste minimiert werden können. Beispielsweise durch einen Werbebrief und den gezielten Versand von Produktprospekten an bestehende und potenzielle Kunden könnte eine erfolgreiche Markteinführung gelingen.

9.3

9.3.1

Grafische Darstellung

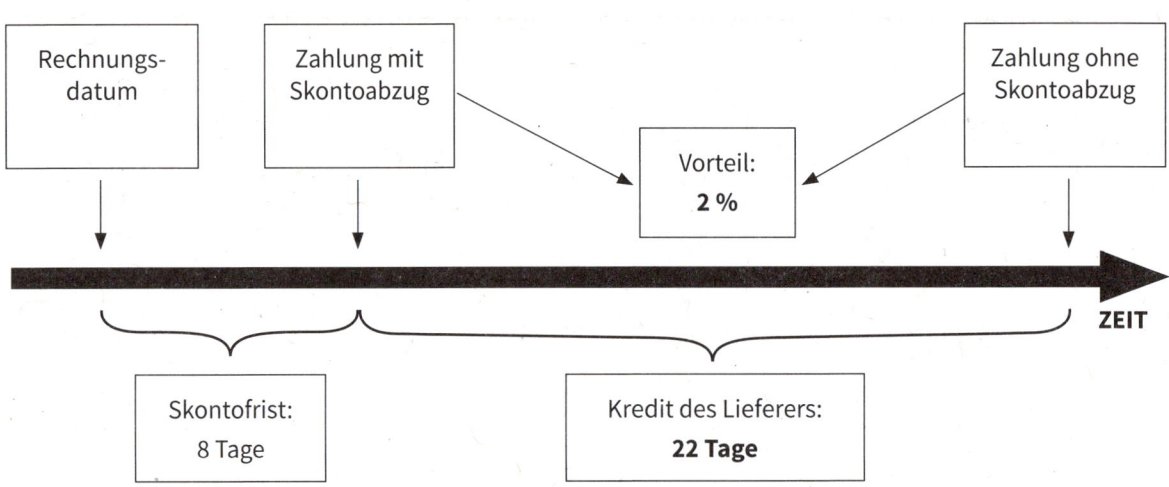

Dreisatz zur Berechnung des effektiven Jahreszinses (vereinfacht):

22 Tage = 2 %
360 Tage = x %
⇨ (360 · 2) : 22 ≈ 32,73 %

Ein effektiver Jahreszinssatz von fast 33 % stellt eine äußerst hohe Verzinsung des eingesetzten Kapitals dar.

9.3.2
- Lieferung der Ware nur gegen einfachen oder verlängerten Eigentumsvorbehalt
- Zahlungsbedingung neu verhandeln und Anzahlung erbitten
- Zahlungsbedingung neu verhandeln und Vorkasse vereinbaren
- Bankbestätigung erbitten: Die unterzeichnende Bank bestätigt, dass ihr Kunde PowerFit über ausreichende Bonität zur Zahlung des Rechnungsbetrages auf den bei ihr geführten Konten verfügt. Diese Bestätigung dient nur als Bonitätsnachweis, sodass eine direkte Haftung der Bank ausgeschlossen ist.
- Factoring: Forderung an Factoring-Gesellschaft verkaufen, die ihrerseits in die Gläubigerposition eintritt.

Lösung zu Aufgabe 10

10.1 **Logistik**

Durch den Großauftrag könnten die Bestände an Einsatzmaterialien sowie an halbfertigen und fertigen Waren zunehmen. Eine Zunahme der Bestände führt zu höheren Lagerkosten, da u. a. höhere Zinskosten für das im Lager gebundene Kapital anfallen.

Vertrieb

Durch die hohe Auslastung sind kurzfristige Änderungen der Produktion kaum möglich. Aufträge, die eine schnelle Reaktion erfordern oder Aufträge für spezielle, individuelle Produkte können nicht abgewickelt werden. Möglicherweise verlängern sich auch die Lieferzeiten für die anderen Aufträge.

Qualitätsmanagement

Wegen der hohen Arbeitsintensität kann es zu Qualitätsproblemen kommen, sodass die Vorgaben nicht eingehalten werden.

10.2 – **Verwendung nicht standardisierter Teile**

Die Teilevielfalt und die Lagerbestände nehmen zu. Es kommt zu höheren Lagerkosten, die u. a. auf die erhöhte Kapitalbindung zurückzuführen sind.

– **Hohe Materialqualität**

Eine hohe Materialqualität führt zwar zu einer Verbesserung der Qualität, aber gleichzeitig zu höheren Einkaufspreisen.

– **Einkauf in größeren Mengen zur Vermeidung von Materialengpässen**

Der Einkauf von größeren Mengen führt zu günstigeren Einkaufspreisen, da Mengenrabatt genutzt werden kann. Gleichzeitig nehmen aber die Lagerbestände und damit die Lagerkosten zu.

– **Sofortiger Einkauf bei Kundenbedarf**

Hierbei kommt es zu kleinen Einzelbestellungen bei den Lieferanten, die die Nutzung von Mengenrabatten und weiterhin den Anteil der Bezugskosten erhöhen. Zusätzlich wird damit ein erhöhter Arbeitsaufwand im Beschaffungsbereich ausgelöst, der die Prozesskosten für einen Bestellvorgang erhöht. In der Kombination mit dem Einkauf größerer Mengen könnten sich Lieferengpässe bei Lieferanten ergeben, die möglicherweise Verzögerungen verursachen.

– **Breites Produktprogramm**

Es könnte zu Konflikten mit dem Produktionsbereich kommen, da somit eine größere Breite unterschiedlicher Produkte hergestellt werden soll. Eine größere Anzahl von unterschiedlichen Produkten erfordert aber eine größere Anzahl von kostenintensiven Umrüstungen.

– **Hoher Lagerbestand an Fertigerzeugnissen**

Es kommt zu einer erhöhten Kapitalbindung, die Zinskosten auslöst. Durch den größeren Platzbedarf sowie die Handlings- und Verwaltungsvorgänge werden weitere Lagerkosten ausgelöst.

Marketing und Absatz

10.3

- Anfrage
- Angebot erstellen und versenden
- Erteilung des Auftrages
- Auftragsbestätigung erstellen
- Kundendaten aufnehmen
- Versandpapiere erstellen
- Ware ausliefern
- Rechnungsnummer vergeben
- Rechnung schreiben
- Rechnung versenden
- Buchung der Rechnung
- Zahlungseingang überwachen
- Zahlungseingang buchen

10.4 – Größere Kundennähe und dadurch besserer Kundenkontakt
- Höherer Umsätze durch bessere Kundenbetreuung
- Geringere Reisekosten der bisherigen Verkäufer
- Häufigere und intensivere Marktkontakte; bessere Rückmeldung von den Kunden

10.5

10.5.1 Die innere Organisation des Marketings der KAFAHA ist bislang nach dem Verrichtungsprinzip aufgebaut. Dabei wird der Marketing-Bereich in einzelne Tätigkeiten (Verrichtungen) unterteilt. Zu diesen Verrichtungen zählen u. a. Marketingplanung, Marktforschung und Werbung.

Marketing und Absatz

10.5.2 Beispiel:

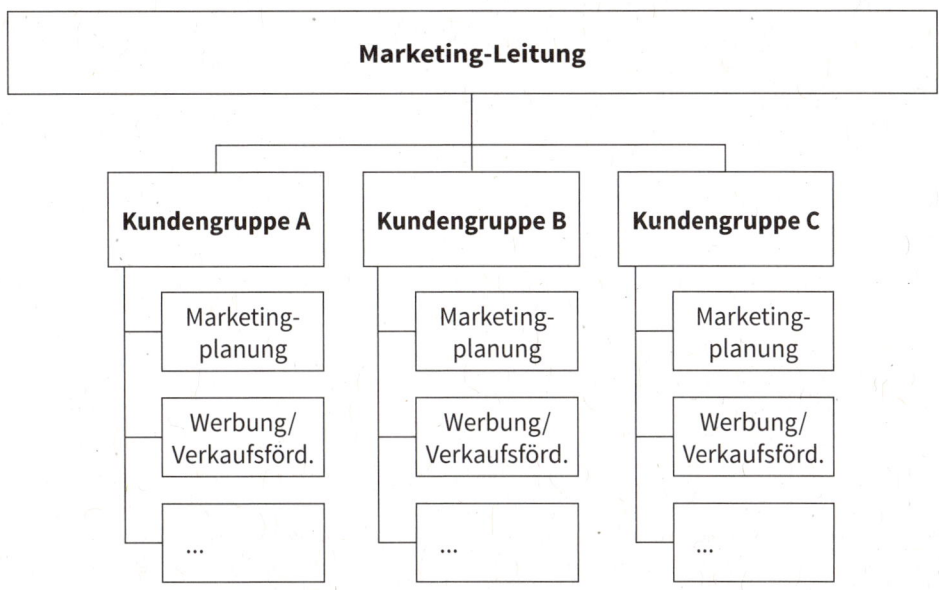

Lösung zu Aufgabe 11

11.1 Formel: = B6*100/B5   oder =(B6/B5)*100

Durch die relativen Zeilenbezüge werden die Formeln kopierbar. Durch das Einfügen von „$"-Zeichen würden absolute Zellenbezüge entstehen, die die Kopierbarkeit verhindern.

11.2

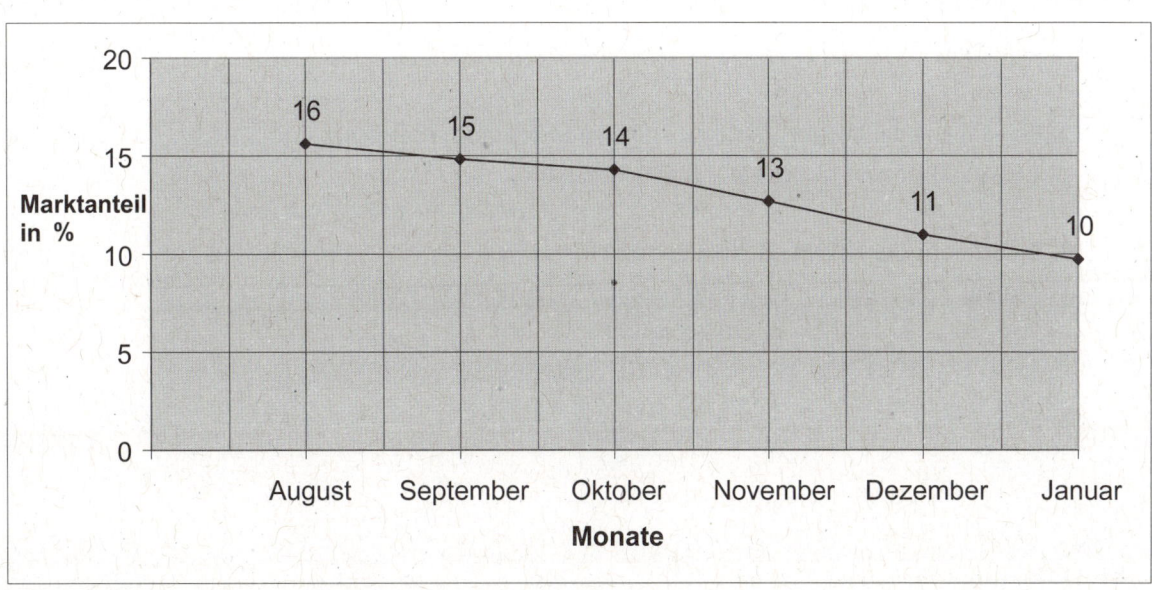

Marketing und Absatz

11.3 Der Marktanteil der KAFAHA hat sich im vergangenen Halbjahr stetig reduziert. Das Marktvolumen hat sich nach einem starken Rückgang im Oktober wieder erhöht.

11.4 *Vorbemerkung: Eine Aufteilung der Ursachen in betriebliche und volkswirtschaftliche ist für eine Lösung nicht erforderlich. Zur Verdeutlichung wurde hier eine Differenzierung vorgenommen.*

Betriebliche Ursachen:
- Die Vertriebsmitarbeiter haben aufgrund geringer Motivation weniger Umsatz generiert.
- Die Werbeanstrengungen wurden reduziert.
- Die Produktpreise der KAFAHA sind im Vergleich zu den Mitbewerbern zu hoch.
- Die Mitbewerber können eine höhere Qualität liefern.
- Die Mitbewerber haben innovative Produkte mit verbesserten Produkteigenschaften entwickelt.
- Die Zuverlässigkeit und Liefertreue der KAFAHA hat sich verschlechtert.
- Das Image der KAFAHA hat sich verschlechtert.

Volkswirtschaftliche Gründe:
- Durch ihre Marktmacht üben die Abnehmer einen erheblichen Kostendruck auf die KAFAHA aus.
- Die Nachfrage nach Baumaterialien und damit nach Fliesen hat sich aufgrund der unsicheren Konjunktursituation verringert.
- Durch den starken Euro entscheiden sich ausländische Kunden zunehmend für andere kostengünstigere Anbieter.

11.5

11.5.1 **1.** Berechnung der Kosten pro Monat und Außendienstmitarbeiter

Gehalt	3.000,00 €
Durchschnittliche Provision	1.200,00 €
Reisekosten	2.700,00 €
Allgemeine Vertriebskosten	750,00 €
Summe	7.650,00 €

2. Berechnung der Kosten pro Jahr für einen Außendienstmitarbeiter
7.650,00 €/Monat · 12 Monate = 91.800,00 €/Jahr

3. Berechnung der Kosten pro Kundenbesuch
Kosten : Kd.besuch = 91.800,00 €/Jahr : 250 Besuche/Mitarbeiter
= 367,20 € pro Kundenbesuch

Marketing und Absatz

11.5.2 Um eine Kostensenkung zu erreichen, sind folgende Maßnahmen vorzuschlagen:

- Die Anzahl der Kundenbesuche sollte in allen Kundenklassen verringert werden, um die Reisekosten zu reduzieren. Dabei sollte der Kontakt über andere Vertriebsaktivitäten, wie z. B. Telefonbetreuung oder E-Mail-Kommunikation, aufrechterhalten werden.

- Die Anzahl der Besuche der Kunden der **Kundenklassen 1 und 2** sollte reduziert werden. Hierdurch nehmen die Kosten ab, wobei sich der Umsatz wahrscheinlich nicht verringern würde. Durch vier Besuche pro Jahr ist die Präsenz des Außendienstes im Vergleich zu den anderen Kundenklassen sehr hoch.

- In den Kundenklassen 3 und 4 werden nur verhältnismäßig geringe Umsätze pro Besuch erzielt. Während in der **Kundenklasse 1** 75.000 € (30 Mio. Umsatz / 400 Besuche) pro Besuch erreicht werden, sind es in der **Kundenklasse 3** nur 5.000 € (4 Mio. Umsatz / 800 Besuche) und in der **Kundenklasse 4** nur 2.580,64 € (2 Mio. Umsatz / 775 Besuche).

    Daher sollte die Anzahl der Kundenbesuche in diesen Kundenklassen verringert werden, um damit die hohen Kosten zu reduzieren.

- Kunden der **Kundenklassen 3 und 4** sollten nicht mehr besucht werden, da sie nur verhältnismäßig geringe Umsätze erbringen. Die Kontakte sollten durch andere Maßnahmen, wie z. B. Telefonbetreuung oder Gespräche auf Fachmessen, sichergestellt werden.

- Die Anzahl der Besuche in der **Kundenklasse 4** sollte deutlich reduziert werden, da hier die geringsten Umsätze pro Besuch erzielt werden (Berechnung siehe oben).

- Die **Kundenklasse 4** sollte nicht mehr besucht werden, da die Umsätze pro Besuch im Vergleich zu den anderen Kundenklassen viel zu gering sind (Berechnung siehe oben).

Marketing und Absatz

Lösung zu Aufgabe 12

12.1 und 12.2

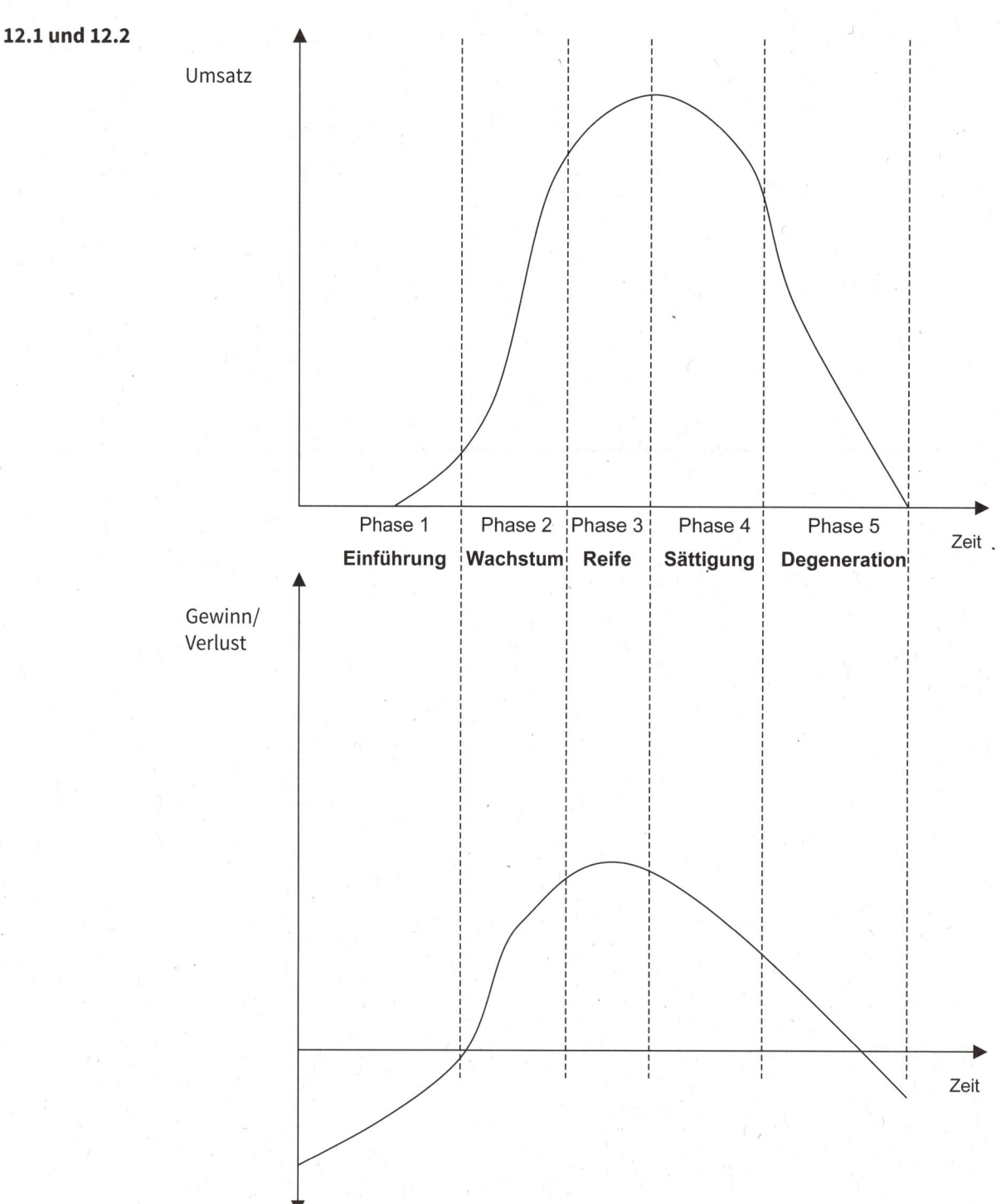

Erläuterung (Darstellung siehe oben):

In der Einführungsphase sind nur geringe Umsätze vorhanden, während hohe Aufwendungen für die Produkteinführung (z. B. für Werbung und Händlerschulung) anfallen. In dieser Phase entsteht daher in den meisten Fällen ein Verlust.

Sofern die Produkteinführung erfolgreich verläuft, steigen die Umsätze und schließlich auch die Gewinne, bis die Reifephase erreicht ist. Mit Eintritt der Sättigungsphase sinken die Umsätze bei gleich bleibenden Kosten, sodass eine Verringerung des Gewinns eintritt. In der Degenerationsphase setzt sich diese Entwicklung weiter fort, sodass ein Verlust eintreten kann.

Marketing und Absatz

12.3 In der Phase 4 ist eine Sättigung zu erkennen. Fallende Umsätze und abnehmende Gewinne kennzeichnen die Situation.

Eine mögliche Maßnahme zur Absatzsteigerung wäre eine Produktvariation. Dabei werden die Abnehmer mit veränderten Produkten neu angesprochen.

Durch eine veränderte Werbung könnten neue Zielgruppen oder die bisherige Zielgruppe neu angesprochen werden.

12.4 Denkbare Messgrößen:

- Anzahl der Interessenten
- Anzahl der Angebote
- Anzahl der Angebote, die zu Bestellungen führen
- Auftragseingang
- Auftragsbestand
- Umsatz/Umsatzwachstum
- Gewinnentwicklung
- Anzahl der Kunden
- Marktanteil
- Lagerbestand
- Deckungsbeitrag
- Umsatz pro Kundenbesuch
- Umsatz pro Werbeausgaben
- Umsatz pro Vertriebsmitarbeiter
- Bekanntheitsgrad in der Zielgruppe
- Entwicklung des Images der Produkte bzw. des Unternehmens im Zeitvergleich
- Kundenzufriedenheit
- Wiederholungskaufrate
- Anzahl der Neukunden

Lösung zu Aufgabe 13

13.1 Kundenzufriedenheit:

Durch ein gut organisiertes Beschwerdemanagement soll die Kundenzufriedenheit erhöht bzw. wiederhergestellt werden. Aus der Perspektive des Kunden ist hierfür entscheidend, dass er die KAFAHA als fairen Partner wahrnimmt, der seine Bedürfnisse versteht und auf diese eingeht.

Auf diesem Wege soll eine maximale Kundenzufriedenheit erreicht werden, die gleichzeitig die Bindung der Kunden an das Unternehmen verbessert.

Informationen zur Produktverbesserung gewinnen:

Die KAFAHA erhält durch die Kundenreklamationen eine Reihe von Hinweisen zur Qualitätsverbesserung der Produkte.

Informationen zur Verbesserung von Geschäftsprozessen gewinnen:

Beschwerden können sich nicht nur auf die Produkte, sondern auch auf die Geschäftsprozesse beziehen (Bsp.: Beschwerde wegen zu langer Lieferzeit). Aus diesen Hinweisen kann die KAFAHA Ansatzpunkte für eine Verbesserung ihrer Geschäftsprozesse entwickeln (Bsp.: Schnellere Abwicklung durch EDV-Einsatz führt zur Verringerung der Durchlaufzeiten und damit zu kürzeren Lieferzeiten).

Marketing und Absatz

13.1 Imageverbesserung:

Ein aktives Beschwerdemanagement führt zur Verbesserung der Produkte sowie der Geschäftsprozesse und führt letztlich zu einer Erhöhung der Kundenzufriedenheit. Diese Effekte führen insgesamt zu einer Imageverbesserung für die KAFAHA.

Wettbewerbsvorteile:

Durch die gesamten Auswirkungen eines Beschwerdemanagements (siehe oben) wird die Kundenbindung nachhaltig erhöht. Sofern ein starker Wettbewerb im Markt bestehen sollte, können grundlegende Erfolgsziffern, wie z. B. Marktanteil und Umsatz, verbessert werden.

Kostenminimierung:

Durch die Bearbeitung von Beschwerden entsteht ein gewisser Arbeitsaufwand. Die hierdurch ausgelösten Kosten könnten möglicherweise mit einem gut organisierten Beschwerdemanagement minimiert werden.

13.2

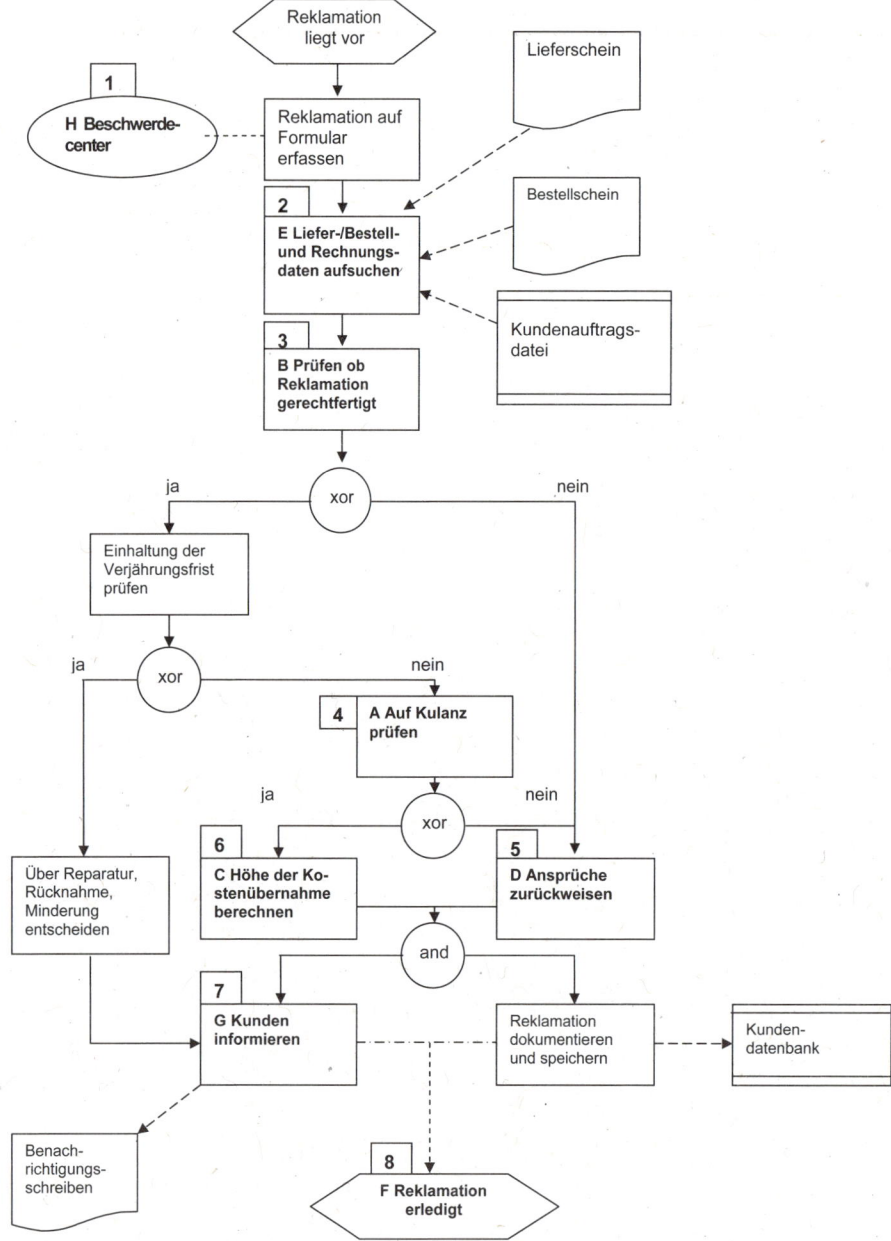

Marketing und Absatz

13.3

13.3.1
- Die Nutzung der Waschbecken ist nicht beeinträchtigt, so dass im juristischen Sinne kein Mangel vorliegt.
- Es könnte ein Preisnachlass angeboten werden.
- Bei der Erteilung des nächsten Auftrages könnte eine Gutschrift erfolgen. Dieses könnte den Anreiz für die Fa. Lippelt erhöhen, einen weiteren Auftrag zu erteilen.
- Die KAFAHA könnte eine Nachbesserung der Waschbecken anbieten, sofern dieses technisch machbar ist (Bsp.: Mitarbeiter nimmt Nachpolitur vor).

13.3.2
- Der Gesprächseinstieg sollte positiv erfolgen, z. B. Dank aussprechen für die Information, Hinweis auf bisherige gute Zusammenarbeit.
- Den Kunden ausreden lassen. Ganz besonders wichtig ist dieses bei emotionaler Erregung über den Mangel.
- Es sollten Fragen so formuliert werden, dass das Verständnis des Kundenproblems signalisiert wird.
- Durch aktives Zuhören kann eine positive Gesprächsführung ermöglicht werden (Bsp.: „Habe ich Sie richtig verstanden, dass …?").
- Das Gespräch sollte auf einer sachlichen Ebene geführt werden, selbst wenn der Kunde unangemessen reagiert. Sowohl direkte als auch indirekte persönliche Angriffe sollten unbedingt unterbleiben.
- Es sollten lösungsorientierte Vorschläge unterbreitet werden, die zu einem positiven Abschluss des Gesprächs führen.
- Durch eine kundenorientierte Gesprächsvorbereitung wird eine gute Kommunikation wesentlich erleichtert. Störungen, z. B. durch andere Telefonate oder durch Mitarbeiter, sollten während des Gesprächs vermieden werden. Zudem sollte der Gesprächstermin so gewählt werden, dass hinreichend Zeit vorhanden ist, um das Problem abschließend zu klären.

Marketing und Absatz

Lösung zu Aufgabe 14

14.1
- Aus der Tabelle ergibt sich, dass in den Ländern A und B jeweils zwei Baumarktketten tätig sind, die über sehr große Marktanteile verfügen. Insofern ist es für die KAFAHA besonders wichtig, diese Marktführer für die neuen Fliesen zu gewinnen. Das Risiko besteht darin, dass diese Unternehmen die Einführung neuartiger Fliesen blockieren.
- Grundsätzlich besteht das Risiko, dass die Mitbewerber der KAFAHA ein ähnliches bzw. technisch weiterentwickeltes Produkt erfinden und im Markt platzieren. Die Absatzchancen der KAFAHA würden sich hierdurch verringern.
- Das neue Fliesenprodukt verursacht eine Reihe von Kosten im Vertriebsbereich (z. B. Werbekosten, Kosten für die Schulung der Vertriebsmitarbeiter). Es besteht die Gefahr, dass diese Kosten nicht gedeckt werden können, sofern die Markteinführung nicht gelingt.
- Allgemein besteht das Risiko, dass die Preiserwartungen der KAFAHA nicht erfüllt werden. Dieses führt zu einer Verlängerung der Amortisationsdauer oder sogar zu einer Nicht-Amortisation der Entwicklungskosten.
- Die Einführung im europäischen Markt erfordert relativ hohe Markterschließungskosten, wie z. B. Kosten für Werbung oder den Aufbau einer Vertriebsstruktur. Es besteht das Risiko, dass die Finanzierung aufgrund schwieriger Finanzierungsbedingungen nicht erreicht werden kann.
- Möglicherweise besteht auf Seiten der Endabnehmer kein Bedarf an neuen Fliesen, z. B. weil die herkömmlichen Lösungen gut funktionieren oder ein optimales Preis-Leistungsverhältnis besteht. Sofern die Kunden der Baumarktketten keinen zusätzlichen Nutzen erhalten, könnte das Interesse der Baumarktketten an einer Einführung des neuen Fliesentyps gering sein.
- Vor der Einführung des neuen Fliesentyps könnte es rechtliche Risiken geben. Beispielsweise könnten Rechtsvorschriften oder Genehmigungsverfahren einzelner Länder die Markteinführung verzögern. Hierdurch könnten erhöhte Kosten für die KAFAHA entstehen.
- Die allgemeinen Qualitätsanforderungen der Baumarktketten könnten evtl. nicht eingehalten werden, so dass diese ihren Verkauf auf Fliesen anderer Hersteller umstellen.
- Sollte die Nachfrage der Baumarktketten in der Einführungsphase überraschend groß sein, könnten Lieferengpässe, z. B. aufgrund von Produktions- oder Materialengpässen, entstehen. Zudem könnten bei der Produktion neuer Produkte in Großserien unerwartete technische oder organisatorische Probleme auftreten.
- Diese Schwierigkeiten könnten wiederum Lieferprobleme der Baumarktketten gegenüber den Endverbrauchern auslösen. Dadurch wäre die Geschäftsbeziehung zu den Baumarktketten als Kunden gefährdet.

14.2 Die gesamte europäische Verkaufsmenge bei Fliesen beträgt 50 000 000 Stück (siehe Tabelle der Aufgabensituation „Anzahl der verkauften Fliesen" → „Summe").

Es ist folgender Dreisatz zu bilden:

100 % = 50 000 000 Fliesen
4,5 % = x Fliesen

→ (50 000 000 · 4,5) : 100 = 2 250 000 Fliesen

Marketing und Absatz

14.3

14.3.1 Die kurzfristige Preisuntergrenze liegt bei den variablen Stückkosten.

Diese lassen sich anhand der Angaben wie folgt ermitteln:

1. Schritt: Berechnung der variablen Gesamtkosten

	Gesamtkosten	3.350.000,00 €
−	Fixkosten	1.550.000,00 €
=	Variable Gesamtkosten	1.800.000,00 €

2. Schritt: Berechnung der variablen Stückkosten

Variable Stückkosten = Variable Gesamtkosten : Stückzahl

= 1.800.000,00 € : 600 000 Stck.

= 3,00 €

Die kurzfristige Preisuntergrenze beträgt 3,00 €.

14.3.2
- Bei der kurzfristigen Preisuntergrenze wird kein Rückfluss der Entwicklungskosten erreicht.
- Die patentierte technische Innovation stellt einen Vorteil dar, der durch einen höheren Preis genutzt werden sollte. Die Preisbereitschaft ist bei einigen Zielgruppen zumeist vorhanden.
- Mit dem neuen Produkt soll ein Gewinn oder zumindest ein positiver Deckungsbeitrag erzielt werden.
- Kunden mit hohen Abnahmemengen werden Mengenrabatte einfordern. Bei einem Preis auf der Höhe der kurzfristigen Preisuntergrenze könnten keinerlei Rabatte gewährt werden.
- In einer späteren Phase des Produktlebenszyklus werden Abnehmer mit hoher Marktmacht Preisnachlässe fordern. Wenn nur ein Preis auf dem Niveau der variablen Stückkosten erzielt wird, besteht kein Spielraum für solche Nachlässe.

14.4 Der direkte Absatzweg bedeutet, dass die KAFAHA ohne Einschaltung unternehmensexterner Absatzhelfer direkt die Baumarktketten beliefert. Beim indirekten Absatz werden Absatzmittler, wie z. B. der Großhandel oder Handelsvertreter, zwischengeschaltet.

Argumente für einen direkten Absatz:

1. Aus der Tabelle in der Aufgabensituation geht hervor, dass die Gesamtanzahl der Baumarktketten in Europa 156 beträgt. Da die Anzahl der potenziellen Kunden verhältnismäßig gering ist, ist ein direkter Absatz sinnvoll.

2. Die Einschaltung von Absatzmittlern könnte zusätzliche Kosten verursachen (z. B. für Werbemittel) sowie die Gewinnmarge tendenziell verringern. Bei einem direkten Absatz entfallen diese Kosten, wobei gleichzeitig die gesamte Gewinnmarge bei der KAFAHA realisiert werden kann.

3. Ein direkter Absatz ermöglicht den direkten Kundenkontakt. Hierdurch können Informationen der Kunden, wie z. B. technische Änderungsvorschläge, ungefiltert und schnell in die Weiterentwicklung der Produkte bzw. der Produktion einfließen. Der direkte Kundenkontakt kann effizient bei zukünftigen Innovationen oder bei Erweiterungen des Produktprogramms genutzt werden.

4. Die KAFAHA hat im Rahmen eines direkten Absatzes die volle Kontrolle über die kommunikationspolitischen Entscheidungen und kann daher zielgenau und sicher die Kommunikationsziele umsetzen. Bei einem innovativen Produkt ist grundsätzlich davon auszugehen, dass dieses besonders erklärungsbedürftig ist. Eine gute und schnelle Kundenkommunikation verbessert daher die Marktchancen.

5. Durch die Vermeidung von Absatzmittlern können die Kunden schneller beliefert werden, da die Ware nicht mehr, z. B. im Handel, zwischengelagert werden muss.

6. Durch einen direkten Absatz können Endkundenreklamationen schneller bearbeitet werden. Die Kundenzufriedenheit wird dadurch erhöht.

Marketing und Absatz

14.5 Bei der Aufstellung des Werbeetats müssen folgende Faktoren berücksichtigt werden:
- Finanzsituation der KAFAHA
- Werbeziele
- Zielgruppe
- Werbemaßnahmen der Mitbewerber
- Geplante Werbemittel und Werbeträger
- Anzahl und Häufigkeit der Werbemaßnahmen
- Werbegebiet
- Erfahrungen aus vergangenen Werbemaßnahmen
- Zeitlicher Einsatz der Werbung: Antizyklische oder prozyklische Werbung

14.6 Bei einer antizyklischen Verteilung der Werbmaßnahmen werden in umsatzschwachen Zeiten vermehrte Werbeanstrengungen durchgeführt.

In den ersten Monaten ist von einer Einführungswerbung auszugehen, um den neuen Fliesentypus bekannt zu machen. Die Werbeausgaben sind in der Einführungsphase besonders hoch.

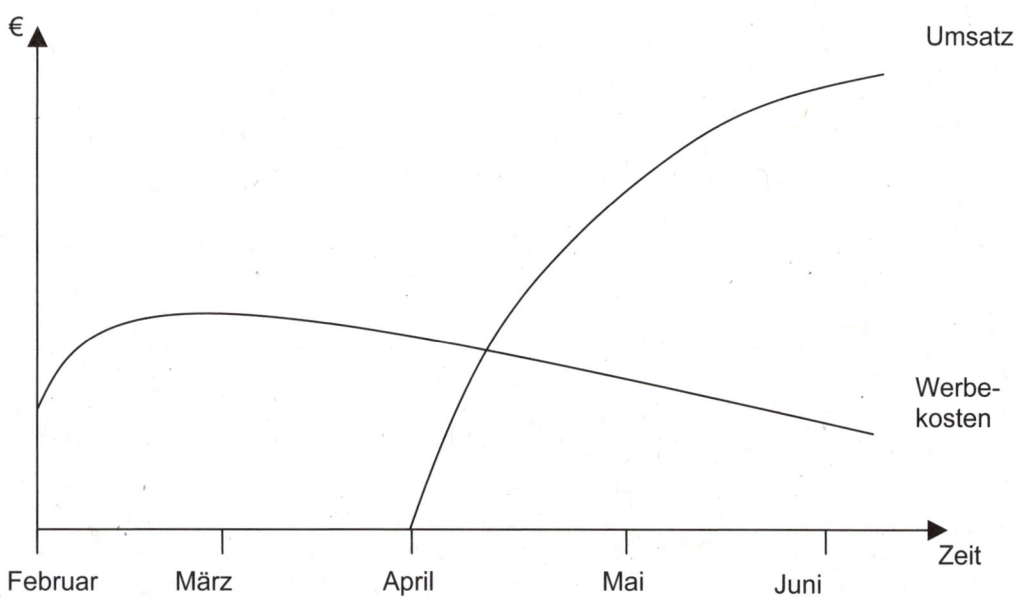

02 Beschaffung und Bevorratung

Notizen

Beschaffung und Bevorratung

Lösung zu Aufgabe 1

1.1 Ermittlung des Gesamtbedarfs an Quarz für diesen Auftrag

a) **Gesamtbedarf an Quarz für die Waschbecken**

Produktionsmenge	= 3 000 Stück Waschbecken	
Bedarf Grünling II	= 3 · 3 000 Teile	= 9 000 Teile
Bedarf an Quarz für Grünling II	= 9 000 · 2 kg	= 18 000 kg = 18 Tonnen
Bedarf Grünling III	= 1 · 3 000 Teile	= 3 000 Teile
Bedarf an Quarz für Grünling III	= 3 000 · 7 kg	= 21 000 kg = 21 Tonnen

b) **Gesamtbedarf an Quarz für die Fliesen**

Produktionsmenge	= 12 000 Pakete Fliesen	
Bedarf an Grünling I	= 2 · 12 000	= 24 000 Stück
Bedarf an Quarz für Grünling I	= 24 000 · 2 kg	= 48 000 kg = 48 Tonnen

c) **Ermitteln der Summe**

Waschbecken (Quarz für Grünling II)		18 Tonnen
Waschbecken (Quarz für Grünling III)		21 Tonnen
Fliesen (Quarz für Grünling I)		48 Tonnen
Gesamt-Materialbedarf	(Summe)	**87 Tonnen**

Beschaffung und Bevorratung

1.2

1.2.1 Ermittlung der erforderlichen Beschaffungsmenge:

	Gesamt-Materialbedarf (siehe Lösung 1.1)	87,0 Tonnen
–	Vorhandener Materialbestand	76,4 Tonnen
=	Erforderliche Beschaffungsmenge	**10,6 Tonnen**

Ermittlung des gesamtes Bezugspreises aller drei Lieferanten

Mineralmühle Köln	Eingabe in %	Eingabe in €	Betrag in €
Listeneinkaufspreis			4.452,00 €
– Rabatt des Lieferers	0,0 %		0,00 €
= Zieleinkaufspreis			4.452,00 €
– Skonto des Lieferers	2,0 %		89,04 €
= Bareinkaufspreis			4.362,96 €
+ Bezugskosten		0,00 €	0,00 €
= Bezugs- bzw. Einstandspreis			4.362,96 €

minerals AG	Eingabe in %	Eingabe in €	Betrag in €
Listeneinkaufspreis			4.770,00 €
– Rabatt des Lieferers	10 %		477,00 €
= Zieleinkaufspreis			4.293,00 €
– Skonto des Lieferers	0,0 %		0,00 €
= Bareinkaufspreis			4.293,00 €
+ Bezugskosten		95,40 €	95,40 €
= Bezugs- bzw. Einstandspreis			4.388,40 €

Bauko GmbH	Eingabe in %	Eingabe in €	Betrag in €
Listeneinkaufspreis			5.300,00 €
– Rabatt des Lieferers	0,0 %		0,00 €
= Zieleinkaufspreis			5.300,00 €
– Skonto des Lieferers	3,0 %		159,00 €
= Bareinkaufspreis			5.141,00 €
+ Bezugskosten		84,80 €	84,80 €
= Bezugs- bzw. Einstandspreis			5.225,80 €

Beschaffung und Bevorratung

1.2.2 a) **Dreisatz zur Berechnung des Skontobetrages**

$$100\,\% = 4.452{,}00\,€ \text{ Zieleinkaufspreis}$$
$$2\,\% = x\,€$$
$$\Rightarrow (4.452{,}00 \cdot 2) : 100 = 89{,}04\,€$$

b) **Berechnung der Kreditzinsen**

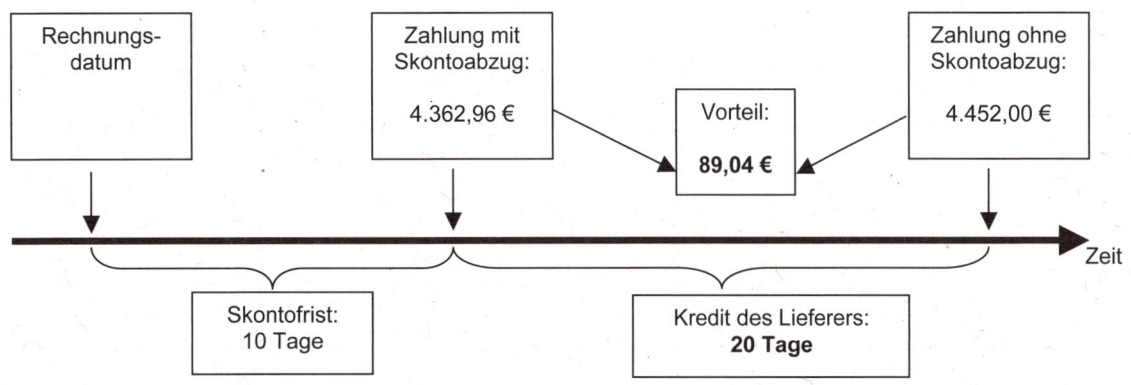

Allgemeine Zinsformel: $z = (k \cdot p \cdot t) : (360 \cdot 100)$

Es gilt:
k = Kapital
p = Zinssatz in % p. a.
t = Anzahl der Tage

Bestimmung der Werte:
k = 4.452,00 € – 89,04 € = 4.362,96 €
p = 12 %
t = 20 Tage

Eingesetzt in die Zinsformel: $z = (4.362{,}96 \cdot 12 \cdot 20) : (360 \cdot 100) = 29{,}09\,€$

c) **Bestimmung der Differenz**

Ersparnis durch Skontonutzung	89,04 €
Kosten durch Kredit	29,09 €
Differenz	59,95 €

Fazit: Die Skontoziehung schafft für die KAFAHA einen Vorteil in Höhe von 59,95 €.

1.3 a) **Gesamtpreis des britischen Lieferers in brit. £**

Benötigte Menge: 10,6 Tonnen
Gesamtpreis = 316,00 £/Tonne · 10,6 Tonnen = 3.349,60 £

b) **Umrechnung des Bezugspreises in €**

0,6648 £ = 1 €
3.349,60 £ = x €
⇒ 3.349,60 £ : 0,6648 £ = 5.038,507 € ≈ 5.038,51 €

Das Angebot der Mineralmühle Köln ist mit einem Gesamtpreis von 4.362,96 € um **675,55 €** kostengünstiger als das des britischen Lieferers und sollte daher gewählt werden.

Beschaffung und Bevorratung

1.4 Neben dem Angebotspreis können bei der Lieferantenauswahl verschiedene qualitative Aspekte berücksichtigt werden:

- Qualität der Produkte
- Lieferzeit
- Räumliche Entfernung des Lieferanten
- Zahlungsziel
- Umweltverträglichkeit der Produkte/des Herstellungsverfahren/der Verpackung
- Design
- Image
- Garantie/Kulanz
- Zuverlässigkeit

1.5 Ein Kaufvertrag kommt durch zwei übereinstimmende Willenserklärungen zustande. Das verbindliche Angebot der Mineralmühle Köln GmbH stellt dabei die erste Willenserklärung („Antrag") dar.

Dieses Angebot ist direkt an die KAFAHA gerichtet, beinhaltet alle wesentlichen Angaben und ist nicht durch Freizeichnungsklauseln von der Wirkung her eingeschränkt. Allerdings ist das Angebot zeitlich bis zum 01.09.20.. befristet.

Da die Bestellung nach Ablauf der Frist erfolgt, ist der Antrag erloschen. Die KAFAHA legt somit einen neuen Antrag vor, der erst noch durch die Mineralmühle Köln bestätigt werden muss („Annahme").

Somit ist kein Kaufvertrag zustande gekommen.

Lösung zu Aufgabe 2

2.1 Einflussfaktoren, die die Bedarfsmenge beeinflussen

- Zukünftige Nachfrage der Kunden:

  Entscheidend für eine Einschätzung des Bedarfes ist der zu erwartende Absatz. Durch eine systematische Marktforschung sollte eine begründete Schätzung möglich sein. Dabei werden interne Informationen aus bestehenden Kundenkontakten (z. B. Auswertungen von Messegesprächen), allgemeine Brancheninformationen (z. B. aus Verbandszeitschriften und -websites) sowie die Ergebnisse von Studien externer Marktforschungsinstitute ausgewertet.

- Fertigungsplan:

  Auf der Grundlage der Markteinschätzung wird die Fertigung geplant. Unter Berücksichtigung der vorhandenen Kapazitäten werden die Bedarfe an Materialien festgestellt.

  Informationsquelle könnte hierbei der Bereich Fertigungsplanung sein.

- Lagerbestand:

  Aus der Lagerbestandsdatei wird deutlich, welche Werkstoffmengen bereits vorhanden sind. Die Differenz zwischen den laut Absatz- bzw. Produktionsplan benötigten Mengen und der vorhandenen Menge bestimmt den Materialbedarf.

- Lagerkapazitäten:

  Die begrenzte Lagerkapazität muss bei der Bedarfsbestimmung mit berücksichtigt werden. Gehen die Beschaffungsmengen über die Lagerkapazität hinaus, so müssen ggf. weitere Entscheidungen getroffen werden (z. B. Fremdlager anmieten, Lagerkapazität ausbauen, Beschaffungsmengen verringern).

  Informationen zum Lagerbestand sowie zur Lagerkapazität erhält man z. B. über eine Angabe in der Lagerdatei oder durch Angaben der Lagerleitung.

Beschaffung und Bevorratung

2.2

2.2.1 Lagerkosten

a) Kosten der Lagerräume
- Abschreibung für Gebäude und Lagereinrichtung
- Zinsen für eingesetztes Kapital
- Kosten für Heizung, Strom, Reparaturen
- Versicherungsprämien

b) Kosten der Lagerbestände
- Zinsen für gebundenes Kapital
- evtl. Abschreibungen, z. B. wenn Ware verdirbt oder gestohlen wird

c) Kosten der Lagerverwaltung
- Gehälter/Löhne für Mitarbeiter im Lager
- Kosten für Werkschutz (Überwachung)

d) Kosten der Arbeiten mit und am Lagergut
- Kosten für Transporteinrichtungen
- Kosten für Veränderungen des Lagergutes
- Kosten für den Erhalt des Lagergutes, z. B. Pflege, Schadensbehebung

2.2.2 Vorteile hoher Bestellmengen

Bestellfixe Kosten pro Stück sinken:

Durch einen Beschaffungsvorgang werden eine Reihe von Kosten ausgelöst, die fixen Charakter haben. Unabhängig davon, ob ein Stück oder 10 000 Stück eines Artikels beschafft werden sollen: stets muss ein Mitarbeiter mit Lieferanten in Kontakt treten, einen Angebotsvergleich vornehmen und einen entsprechenden Kaufvertrag abschließen. Die Kosten für diesen Arbeitseinsatz sind fix, da der Mitarbeiter z. B. sein Gehalt unabhängig von der Bestellmenge bezieht.

Je größer die Bestellmengen sind, umso besser verteilen sich die Bestellkosten auf die immer größere Menge.

Geringere Einstandspreise:

Durch hohe Bestellmengen sind die Anbieter meist bereit, einen Preisnachlass zu gewähren (Mengenrabatt). Zusätzlich können Logistikprozesse und die dadurch ausgelösten Kosten, wie z. B. Transportkosten, optimiert werden und zu einer Verringerung der Einstandspreise beitragen.

Verbesserte Produktionsbereitschaft:

Durch hohe Bestellmengen steigen die verfügbaren Materialmengen an. Dadurch ist in stärkerem Maße sichergestellt, dass stets ausreichende Werkstoffmengen für die Produktion vorhanden sind. Die Produktionsbereitschaft wird somit erhöht.

Höhere Kundenzufriedenheit:

Durch die verfügbaren Mengen ist eine schnellere Reaktion auf spezielle Kundenwünsche möglich, da die Beschaffungszeit für die Werkstoffe wegfällt. Durch die somit verkürzten Lieferzeiten, steigt tendenziell die Kundenzufriedenheit.

Beschaffung und Bevorratung

2.3

2.3.1

Material-Nr.	Menge (kg)	Verrechnungs-preis (€/kg)	Gesamtwert (€)	Rang	Güter-Kategorie
1	200	460,00	92.000	1	A
2	310	100,00	31.000	3	A
3	900	30,00	27.000	5	A
4	800	9,50	7.600	7	B
5	3 500	0,20	700	9	C
6	100	420,00	42.000	2	A
7	400	30,00	12.000	6	B
8	50	610,00	30.500	4	A
9	2 000	0,10	200	10	C
10	700	10,00	7.000	8	B
Summen	**8 960**	–	**250.000**	–	–

2.3.2

Güter-Kategorie	Mengenanteil		Wertanteil	
	%	kg	%	€
A	17,4	1 560	89,0	222.500
B	21,2	1 900	10,6	26.600
C	61,4	5 500	0,4	900
Summen	**100**	**8 960**	**100**	**250.000**

2.3.3 Unterschied zwischen A- und C-Gütern

A-Güter sind Güter, die einen geringen Mengenanteil, aber einen hohen Wertanteil aufweisen.

C-Güter dagegen haben einen geringen Wert-, aber einen hohen Mengenanteil.

2.4 Die Zuordnung zu den Kategorien A und X bedeutet, dass es sich um ein Gut handelt, dass bei einem geringen Mengenanteil einen hohen Wertanteil aufweist. Gleichzeitig liegt ein relativ konstanter und damit planbarer Verbrauch vor.

Es sollte eine produktionssynchrone Beschaffung („just in time") gewählt werden, um die Kapitalbindung zu minimieren und somit die Zinskosten für das gebundene Kapital zu verringern.

Beschaffung und Bevorratung

Lösung zu Aufgabe 3

3.1 Ausgehend vom 27.09. müssen nur die Planlieferzeit sowie die Plan-Bearbeitungszeit für den Wareneingang berücksichtigt werden, da die Ware bereits bestellt ist. Die Bearbeitungszeit für den Einkauf entfällt daher.

Planlieferzeit vom 28.09. bis zum 18.10.	= 14 Tage
Lieferverzögerung vom 19.10. bis zum 21.10.	= 3 Tage
Wareneingang vom 24.10. bis zum 25.10.	= 2 Tage
Frühester Bereitstellungstermin	**= 26.10.**

3.2 Ein Kaufvertrag kommt durch zwei übereinstimmende Willenserklärungen (Antrag und Annahme) zustande. In diesem Vertrag verpflichten sich die Partner zur Lieferung einer bestimmten Ware und zur Zahlung eines entsprechenden Gutes.

Eine auf der Basis des Vertrages eingehende Rechnung sollte dabei vor der Zahlung geprüft werden.

Hierbei werden folgende Prüfungsschritte durchgeführt:

a) **Sachliche Prüfung**

Zu prüfende Fragen:
- Stimmen die Menge, die Warenart, die Liefer- und Zahlungsbedingungen sowie alle übrigen Bedingungen mit den Absprachen überein?
- Sind die Einzelpreise, Rabatte, Skonti korrekt angegeben?
- Wurden die Vereinbarungen über Verpackungs- und Bezugskosten eingehalten?

b) **Rechnerische Prüfung**

Zu prüfende Fragen:
- Wurden die Einzelpreise richtig mit den Mengen multipliziert?
- Ist der Rabatt richtig berechnet worden?
- Ist der Umsatzsteuerbetrag richtig berechnet worden?
- Stimmt der endgültige Rechnungsbetrag?
- Ist ggf. der angegebene Skontobetrag richtig berechnet?

Beschaffung und Bevorratung

Lösung zu Aufgabe 4

4.1

4.1.1 Vervollständigung der Tabelle

Datum	17.10.	18.10.	19.10.	20.10.	21.10.	24.10.	25.10.	26.10.	27.10.
Bruttobedarf	40	40	40	40	40	40	40	40	40
verfügbarer Lagerbestand	240	200	160	120	320	280	240	200	160
Mindestbestand	80	80	80	80	80	80	80	80	80
Bestellmenge		240						240	
Wareneingang					240				

Erläuterung

Berechnung des eisernen Bestandes/Mindestbestandes/Sicherheitsbestandes (EB):

EB = Sicherheitstage · durchschnittlicher Bruttobedarf pro Tag
 = 2 Tage · 40 Stck./Tag
 = 80 Stck.

Die Ware muss genau an dem Tag eintreffen, an dem am Vortag ein Bestand von 120 Stück (EB + Tagesverbrauch) erreicht wurde. Dieses ist am **21.10.** der Fall.

4.1.2 Wie hoch ist der Meldebestand?

Meldebestand = Eiserner Bestand + (Tagesverbrauch · Beschaffungszeit)
 = 80 Stück + (40 Stück · 3 Tage)
 = 200 Stück

Der Meldebestand beträgt **200 Stück**.

4.1.3 Der Bestellrhythmus ergibt sich aus der Division der Bestellmenge (240) durch den durchschnittlichen Bruttobedarf pro Tag (40).

Somit beträgt der Bestellrhythmus **6 Tage**.

4.2 Maßnahmen zum Erreichen pünktlicher Lieferungen

- Kommunikation mit Lieferanten herstellen:
  Der Lieferant sollte zunächst über die Problematik informiert werden.

- Vertragsstrafen vereinbaren:
  Es könnten Vertragsstrafen vereinbart werden, sofern dieses in den Vertragsverhandlungen durchsetzbar ist.

- Fixklausel vereinbaren:
  Es könnten fixe Liefertermine vereinbart werden, bei deren Nichteinhaltung sofortiger Lieferungsverzug eintritt.

- Schnellen Ersatzlieferanten auswählen:
  Sofern noch weitere Lieferanten am Markt sind, könnten alternative Lieferer ausgewählt werden. Möglicherweise gibt es Lieferanten, die sehr schnell und flexibel entstehende Lieferengpässe überbrücken könnten.

- Mindestbestand erhöhen:
  Durch eine Erhöhung des Mindestbestandes könnten Lieferengpässe überbrückt werden. Hierfür entstehen u. a. Zinskosten für das im Lager zusätzlich gebundene Kapital.

Beschaffung und Bevorratung

Lösung zu Aufgabe 5

5.1 Lösungsmöglichkeit 1:

Kalkulation des Bezugspreises für 500 Tonnen/Jahr bei Fremdbezug:

Mineralmühle Köln	Eingabe in %	Betrag in € für 500 Tonnen
Listeneinkaufspreis		218.850,00 €
– Rabatt des Lieferers	5,0 %	10.942,50 €
= Zieleinkaufspreis		207.907,50 €
– Skonto des Lieferers	2,0 %	4.158,15 €
= Bareinkaufspreis		203.749,35 €
+ Bezugskosten		25.000,00 €
= Bezug- und Einstandspreis		228.749,35 €
+ Fixkosten		20.000,00 €
= Gesamtkosten		**248.749,35 €**
Bezugspreis pro Tonne (bei 500 t)		**497,50 €**

Kalkulation der Kosten bei **Eigenabbau**:

Zunächst muss die Summe der variablen Kosten (K_v) bestimmt werden:

K_v = 100,00 €/t · 500 Tonnen/Jahr

= 50.000,00 €/Jahr

Fixkosten	300.000,00 €
+ Variable Kosten (500 Tonnen)	50.000,00 €
= Gesamtkosten	**350.000,00 €**

Entscheidung: Es ist der Fremdbezug zu wählen, da bei einem Jahresbedarf von 500 Tonnen die Kosten für Eigenabbau um 101.250,65 € höher liegen als beim Fremdbezug.

Lösungsmöglichkeit 2:

Ermittlung der kritischen Menge (x):

Kosten des Fremdbezuges = Kosten des Eigenabbaus

$20.000 + \dfrac{228.749{,}35}{500} x = 300.000 + 100\,x$

20.000 +	457,4987 x	= 300.000 + 100,00 x		– 100 x
20.000 +	357,4987 x	= 300.000		– 20.000
	357,4987 x	= 280.000		: 357,4987
	x	= 783,22 Tonnen		

Entscheidung: Es ist der Fremdbezug zu wählen, da der Jahresbedarf von 500 Tonnen unter der kritischen Menge von 783,22 Tonnen liegt.

Beschaffung und Bevorratung

5.2

Ermittlung der kritischen Menge (x):

Lösungsweg siehe Seite 53:

x = 783,22 Tonnen

Ab einer Verbrauchsmenge von 783,22 Tonnen wäre ein Eigenabbau aus Kostengründen sinnvoll.

5.3

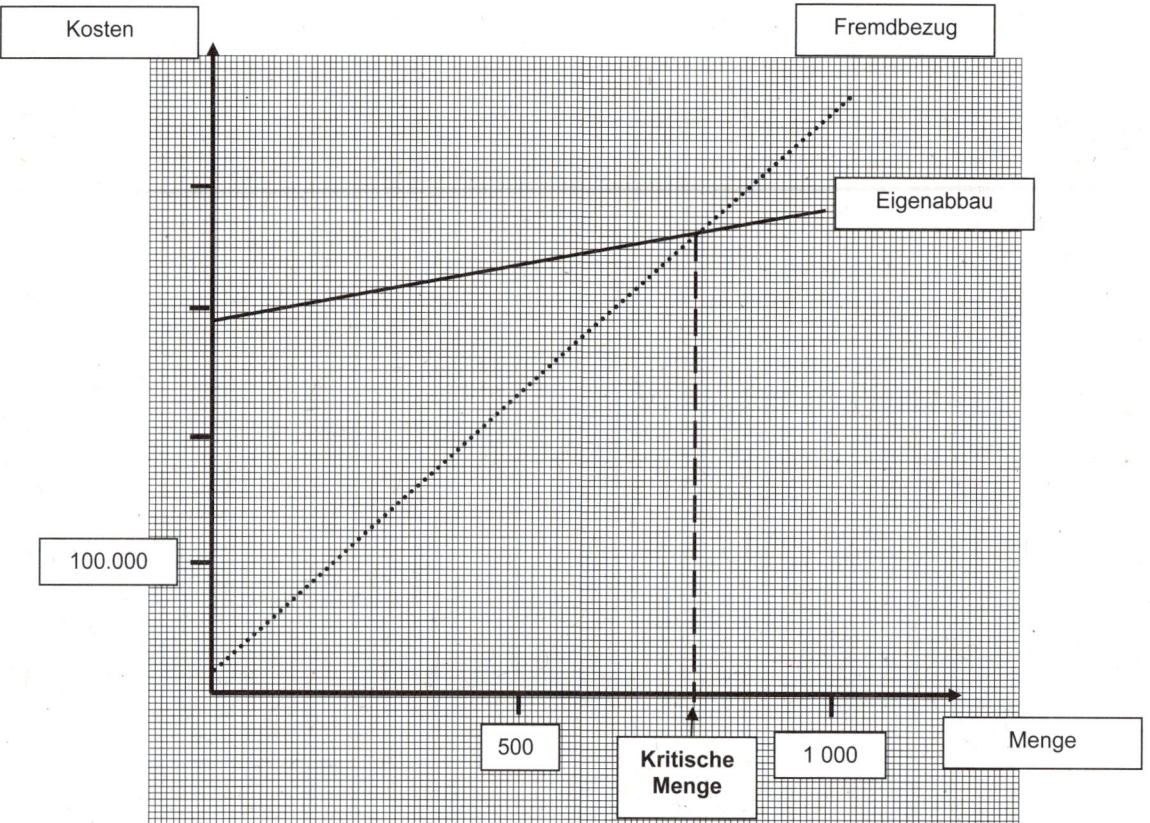

Beschaffung und Bevorratung

Lösung zu Aufgabe 6

6.1 Zur Vorbereitung der Lösung ist zunächst die Lagerdatei zu vervollständigen:

KAFAHA — Lagerbestand

Feld-Nr.			
15			
Fach-Nr. 35		Lfd. Nr. 2	
Stoffgruppe	Untergruppe	Waren-Nr.	Einheit
8	2	104	kg

Gegenstand: Aluminiumoxid

Mindestbestand	ausreichend für	Normal-Anforderungsmenge
300 kg	5 Tage	1200 kg

Datum	Material-/Entn.-schein	Zugang	Abgang	Bestand	Datum	Material-/Entn.-schein	Zugang	Abgang	Bestand
04. Jan	Übertrag (rechner.)			1143	29. Mai	Hop (4157)		580	900
04. Jan	Inventur			1550	01. Jul	Hop (4862)		630	270
27. Jan	Germering (512)		700	850	04. Jul	Hop (387)	1300		1570
01. Feb	Schmitz (908)		420	430	20. Jul	Hop (4991)		720	850
05. Feb	Kars (457)	1200		1630	30. Jul	Hop (578)		560	290
26. Feb	Kars (1188)		650	980	08. Aug	Hop (567)	1200		1490
01. Mrz	Kars (1908)		680	300	24. Aug	Hop (980)		550	940
19. Mrz	Kars (771)	1200		1500	19. Sep	Hop (557 F)		500	440
24. Mrz	Kars (2043)		550	950	02. Okt	Hop (124)	1200		1640
05. Apr	Kars (3125)		500	450	12. Okt	Hop (863 F)		750	890
26. Apr	Kars (54B)	1200		1650	03. Nov	Hop (1095 F)		560	330
29. Apr	Kars (3465)		750	900	19. Nov	Peters (172)	1200		1530
13. Mai	Kars (3998)		620	280	08. Dez	Peters (2952 F)		640	890
15. Mai	Mohn (1005)	1200		1480	31. Dez	Endbestand			890

Angef. Menge	1200	1200	1200	1200	1300	1200	1200	1200	
am	01. Feb	08. Mrz	06. Apr	12. Mai	30. Jun	01. Aug	25. Sep	17. Nov	
Anford.-Nr.	994	45	457	833	448	789	452	221	
Ange- mahnt am		13. Mrz	10. Apr			05. Aug	30. Sep		
Lieferer	Kars	Kars	Kars	Hop	Hop	Hop	Hop	Peters	

Kennziffer	Ergebnis
a) Durchschnittlicher Lagerbestand	
Allgemeine Berechnung	(Jahresanfangsbestand + 12 Monatsendbestände) : 13
Konkrete Berechnung	(1 550 + 850 + 980 + 950 + 900 + 900 + 900 + 290 + 940 + 440 + 890 + 1 530 + 890) : 13
	= 923,85 kg
Lösungshinweis	Es ist zu beachten, dass der Monat Juni erfasst werden muss, selbst wenn keine Lagerbewegung vorhanden war. Im Juni liegt der gleiche Monats-Endbestand vor wie im Monat Mai.
b) Umschlagshäufigkeit	
Allgemeine Berechnung	Gesamter Verbrauch (Summe der Abgänge beider Spalten) : durchschnittlicher Lagerbestand
Konkrete Berechnung	10 360 : 923,85
	= 11,21 mal
c) Durchschnittliche Lagerdauer	
Allgemeine Berechnung	360 Tage : Umschlagshäufigkeit
Konkrete Berechnung	360 : 11,21
	= 32,1 Tage

Beschaffung und Bevorratung

6.1   **d) Lagerzinssatz**

Allgemeine Berechnung   (Jahreszinssatz · durchschn. Lagerdauer) : 360

Konkrete Berechnung   (5 · 32,1) : 360

$$= 0{,}45\ \%$$

e) Lagerzinsen

Allgemeine Berechnung   (Lagerzinssatz · Einstandspreis je Einheit · durchschnittlicher Lagerbestand) : 100

Konkrete Berechnung $\dfrac{0{,}45 \cdot 0{,}5187 \cdot 923{,}85}{100} = \underline{\underline{2{,}156 \approx 2{,}16\ €}}$

6.2 Die Bedarfsvorhersage ergibt sich aus dem entsprechend berechneten Mittelwert.

Allgemeine Berechnung: (Gewichtsfaktor · Menge des jeweiligen Abgangs) : 100

Konkrete Berechnung: (30 · 640 kg + 30 · 560 kg + 25 · 750 kg + 15 · 500) : 100 = 622,50 kg

Der Bedarf für den nächsten Monat kann in einer Höhe von 622,50 kg erwartet werden.

6.3.1 Gegenüberstellung der Branchen- und KAFAHA-Werte

Kennziffer	Branchendurchschnitt	KAFAHA
Durchschnittlicher Lagerbestand	800 kg	923,85 kg
Umschlagshäufigkeit	15	11,21 mal
Durchschnittliche Lagerdauer	24 Tage	32,1 Tage

Der durchschnittliche Lagerbestand der KAFAHA liegt deutlich über den Werten des Branchendurchschnitts.

Gleichzeitig ist die Umschlagshäufigkeit beim Branchendurchschnitt höher. Das bedeutet, dass das Verhältnis von Verbrauch zum Lagerbestand bei der KAFAHA schlechter ist als bei vergleichbaren Unternehmen.

Durch die geringere Umschlagshäufigkeit bei der KAFAHA ergibt sich eine vergleichsweise hohe durchschnittliche Lagerdauer.

6.3.2 Kapitaleinsatz

Durch den vergleichsweise höheren durchschnittlichen Lagerbestand ist ein höherer Kapitaleinsatz der KAFAHA erforderlich. Dieser Kapitaleinsatz verursacht in Verbindung mit der höheren Lagerdauer höhere Zinskosten.

Lagerkosten

Der höhere durchschnittliche Lagerbestand verursacht vergleichsweise hohe Lagerkosten. Eventuell könnte eine Verringerung der Lagerbestände zu einer Verringerung der Lagerfläche und damit zu einer Kostenersparnis führen (z. B. Kosten für die Mitarbeiter, der Kosten für die Lagereinrichtungen).

Eine längere Lagerdauer könnte Schwundprozesse oder die Veralterung der Bestände zur Folge haben. Hierdurch können höhere Kosten einerseits und möglicherweise Probleme für den Produktionsbereich andererseits entstehen.

Gewinn

Der höhere Kapitaleinsatz sowie die erhöhten Lagerkosten verschlechtern die Gewinnsituation der KAFAHA.

Wirtschaftlichkeit

Die Wirtschaftlichkeit wird aus der Division von Leistungen durch Kosten ermittelt. Steigen die Kosten bei gleich bleibenden Leistungen an, so verschlechtert sich die Wirtschaftlichkeit der KAFAHA.

Beschaffung und Bevorratung

6.3.3 – **Gespräch mit Branchenverband**

Möglicherweise können aus einem Gespräch mit dem Branchenverband Informationen gewonnen werden, wie andere Mitgliedsunternehmen ihre Lagerhaltung organisieren.

– **Just-in-time-Anlieferung**

Eine Anlieferung, die synchron zur Produktion erfolgt, verringert die Lagerhaltung dieses Stoffes, sodass sich die Lagerkosten reduzieren dürften.

– **Kauf auf Abruf**

Sofern ein Just-in-time-System nicht umsetzbar ist, könnte zumindest ein Kauf bzw. die Lieferung auf Abruf erfolgen. Hierdurch lassen sich die Kennziffern ebenfalls verbessern.

– **Externer Lagerhalter**

Grundsätzlich könnte der Lagerbereich an einen externen Dienstleister ausgegliedert werden, sodass keine Lagerhaltung des Aluminiumoxids erforderlich ist.

– **Mindestbestand reduzieren**

Durch eine Reduzierung der Mindestbestände ergibt sich eine Verringerung des durchschnittlichen Lagerbestandes.

Lösung zu Aufgabe 7

7.1 Hinweis: Der Absender der E-Mail hat den Empfänger um Lesebestätigung gebeten.

Beschaffung und Bevorratung

7.2

7.2.1 Die KAFAHA hat mit der Metallbau Hannes GmbH einen gültigen Kaufvertrag abgeschlossen. Die Metallbau Hannes GmbH hat daher eine mangelfreie Ware zur Verfügung zu stellen. Hier liegt ein Sachmangel vor, da die Maschine den vorgesehenen Zweck (einwandfreie Produktion) nicht erfüllt.

Die KAFAHA hat zunächst einen Anspruch auf Nacherfüllung. Das bedeutet, dass eine Nachbesserung verlangt werden kann. Eine Ersatzlieferung ist zwar alternativ möglich, jedoch ist davon auszugehen, dass die Metallbau Hannes GmbH dieses aus Kostengründen ablehnen würde.

Durch den fehlgeschlagenen zweiten Reparaturversuch kann die KAFAHA die nachrangigen Rechte in Anspruch nehmen.

Nach Ablauf einer von der KAFAHA gesetzten Nachfrist kann sie vom Kaufvertrag zurücktreten. Gleichzeitig könnte – unter Verzicht auf die Leistung – ein Schadenersatz oder der Ersatz vergeblicher Aufwendungen beansprucht werden.

Denkbar wären ebenso eine Minderung sowie ein Schadenersatz neben der Leistung. Da aber die Qualität der Produkte nicht ausreichend ist, dürften diese Rechte praktisch nicht eingefordert werden.

7.2.2 Aufgrund der Tatsache, dass der Lieferant der einzige ist, der das Problem lösen kann, sollte ein weiterer Reparaturversuch unternommen werden. Evtl. könnte auf Kosten des Lieferanten ein zusätzlicher Fachmann beratend hinzugezogen werden. Da die Maschine benötigt wird, kommt ein Rücktritt vom Vertrag nicht infrage. Es sollte daher eine Minderung sowie ein Schadenersatz neben der Leistung verlangt werden.

7.2.3
– Der Gesprächseinstieg sollte positiv erfolgen, z. B. Dank aussprechen für die schnelle Reaktion, Hinweis auf bisherige gute Zusammenarbeit.

– Den Sachverhalt klar und sachlich schildern.

– Den Gesprächspartner ausreden lassen.

– Es sollten Fragen gestellt werden, um die Sichtweise des Lieferanten zu verstehen.

– Durch aktives Zuhören kann eine positive Gesprächsführung ermöglicht werden (Bsp.: „Habe ich Sie richtig verstanden, dass …?").

– Das Gespräch sollte auf einer sachlichen Ebene geführt werden, selbst wenn der Lieferant unangemessen reagiert. Sowohl direkte als auch indirekte persönliche Angriffe sollten unbedingt unterbleiben.

– Es sollten stets lösungsorientierte Vorschläge unterbreitet werden, die zu einem positiven Abschluss des Gesprächs führen.

– Durch eine sinnvolle Gesprächsvorbereitung wird eine gute Kommunikation wesentlich erleichtert. Störungen, z. B. durch andere Telefonate oder durch Mitarbeiter, sollten während des Gesprächs vermieden werden. Zudem sollte der Gesprächstermin so gewählt werden, dass hinreichend Zeit vorhanden ist, um das Problem abschließend zu klären.

Beschaffung und Bevorratung

Lösung zu Aufgabe 8

8.1 Ein Kaufvertrag kommt durch zwei inhaltlich übereinstimmende und gültige Willenserklärungen zustande. Diese Willenserklärungen werden als Antrag (vgl. § 145 BGB) und Annahme (vgl. § 147 BGB) bezeichnet.

Der erste Antrag liegt am 4. Mai durch das Angebot der Krems GmbH vor. Die vorangegangenen Aktivitäten (Zusendung eines neuen Prospektes bzw. einer Anfrage) stellen keine Willenserklärungen zum Abschluss eines Kaufvertrages dar.

Da das Angebot nicht innerhalb der gesetzten Frist („bis 31.05.") angenommen wurde, ist der erste Antrag nicht mehr wirksam (vgl. § 148 BGB). Die Bestellung der KAFAHA stellt somit einen neuen Antrag seitens der KAFAHA dar (vgl. § 150 Abs. 1 BGB).

Erst durch die Bestätigung der Krems GmbH am 17. Juni erfolgt die Annahme und damit der Abschluss des Kaufvertrages.

8.2 Es kann zu Produktionsverzögerungen kommen, sodass eigene Liefertermine nicht eingehalten werden können. Dieses kann zu Kundenverlusten und zu Einbußen beim Absatz der Erzeugnisse führen. Möglicherweise muss die KAFAHA vertraglich vereinbarte Vertragsstrafen an die Kunden zahlen.

Die Produktionsverzögerungen machen aufwändige Veränderungen in der Produktionsplanung und den daraus resultieren Plänen (z. B. Personalplan) erforderlich.

Die Auswahl neuer Lieferanten und ein neuer Angebotsvergleich beansprucht Zeit und verursacht Kosten.

Durch die oben genannten Effekte könnte sich eine Verringerung des Jahresergebnisses ergeben.

8.3 Für das Eintreten des Lieferungsverzuges müssen drei Voraussetzungen erfüllt sein:

1. Fälligkeit der Lieferung (§ 286, 1 BGB)

2. Mahnung (§ 286, 1 BGB):
   Ausnahmen (§ 286,2,1 BGB): Ein Liefertermin ist ereignisabhängig oder kalendermäßig genau bestimmbar. Der Schuldner verweigert die Leistung.

3. Verschulden (§§ 286,4 und 276 BGB)

Im vorliegenden Fall sind alle drei Voraussetzungen erfüllt: Die Leistung ist fällig, da der fixe Liefertermin (3. Juli) überschritten wurde. Eine Mahnung des Lieferanten ist nicht erforderlich, da der Liefertermin kalendermäßig genau bestimmt ist (3. Juli). Da keine weiteren Angaben vorliegen, ist davon auszugehen, dass ein Verschulden der Krems GmbH vorliegt.

8.4 Rechte, die die KAFAHA bei Lieferungsverzug wahlweise geltend machen kann:

1. Recht auf Erfüllung (Lieferungsanspruch) (§ 433,1 BGB)
   Die Krems GmbH hat bislang den Kaufvertrag noch nicht erfüllt. Demnach kann die KAFAHA auf einer Lieferung bestehen.

2. Recht auf Erfüllung und Schadenersatz für Verzögerungsschaden (§§ 280, 281, 286 BGB)
   Sofern die KAFAHA ihrerseits nicht pünktlich an ihren Kunden liefern kann, entsteht z. B. durch eine dann fällige Vertragsstrafe ein messbarer Verzögerungsschaden.

Beschaffung und Bevorratung

3. Rücktritt vom Vertrag (§ 323,1 BGB)

Die KAFAHA kann vom Vertrag zurücktreten und somit die Lieferung ablehnen. Das Setzen einer Nachfrist ist nicht erforderlich, da ein fixer Liefertermin nicht eingehalten wurde.

Von dem Recht auf Rücktritt wird die KAFAHA Gebrauch machen, wenn sie das Feldspat zwischenzeitlich von einem anderen Lieferanten günstiger erhält.

4. Schadenersatz (Nichterfüllungsschaden) statt der Leistung (§ 281 BGB)

Die KAFAHA wird von diesem Recht (**Schadenersatz statt der Leistung**) dann Gebrauch machen, wenn das Feldspat zwischenzeitlich von einem anderen Händler zu einem höheren Preis eingekauft wird. Den höheren Preis macht die KAFAHA als Schaden geltend (Nichterfüllungsschaden).

Hat die KAFAHA im Vertrauen auf die Leistung bereits Aufwendungen gemacht (z. B. externe Lagerfläche angemietet), dann kann anstelle des Rechts auf Schadenersatz der **Ersatz vergeblicher Aufwendungen** (§ 284 BGB) verlangt werden.

5. Die unter 3 und 4 aufgeführten Rechte können auch gleichzeitig in Anspruch genommen werden.

Aufgrund der bisherigen guten Zusammenarbeit sollte der Krems GmbH eine Nachfrist eingeräumt werden. Um den Produktionsbeginn (12. Juli) einzuhalten, sollte diese Nachfrist so bemessen sein, dass notfalls noch bei der Firma Bodmann bestellt werden kann.

Sollte dieser Termin der Nachfrist nicht eingehalten werden, sollte ein Rücktritt vom Kaufvertrag sowie eine Bestellung bei der Firma Bodmann erfolgen. Die Mehrkosten durch den um 0,1 €/kg höheren Preis sind von der Krems GmbH einzufordern.

8.5

KAFAHA
Keramik-Fabrik Hamburg AG

Kernbrook 12 | Postfach 31 11 | 20011 Hamburg

KAFAHA AG · Postfach 31 11 · 20011 Hamburg
Krems GmbH
Paul-Sorge-Str. 45
69769 Bad Orbis

Ihr Zeichen: Auftr. AF15437
Ihre Nachricht vom:
Unser Zeichen: fm
Unsere Nachricht vom:

Name: Frank Mutig
Telefon: 040 17000-333
Fax:
E-Mail: f.mutig@kafaha.de

Datum: 20..-07-05

Unser Auftrag Nr. AF15437 vom 13. Juni 20.. – Lieferungsverzug

Sehr geehrte Damen und Herren,

in Ihrer Auftragsbestätigung vom 17. Juni d. J. sicherten Sie uns die Lieferung folgender Ware bis zum **3. Juli 20..** verbindlich zu:

5 Tonnen Feldspat

Leider haben wir die Lieferung bis heute nicht erhalten.

Da wir mit einem unserer Kunden einen festen Liefertermin vereinbart haben, benötigen wir das bestellte Material dringend. Wir setzen Ihnen daher für die Lieferung eine

Nachfrist bis zum 9. Juli 20..

Falls Sie bis zum angegebenen Zeitpunkt nicht liefern, werden wir vom Kaufvertrag zurücktreten. Für eventuell entstehende Kosten machen wir Sie haftbar.

Wir hoffen, dass Sie im Interesse unserer bislang guten Geschäftsbeziehungen den oben genannten Liefertermin einhalten werden.

Mit freundlichen Grüßen

Keramik-Fabrik Hamburg AG

i.A.

Frank Mutig

Sitz und Registergericht:
HRB 79512
Amtsgericht Hamburg

USt.-Nr. 22/460/40047
USt.-IdNr. DE896735679

Geschäftsführer:
Jürgen Papol (Vorsitzender)
Dr. Wiebke Kernmann
Josef de Loy

E-Mail:
info@kafaha.de
Internet:
www.kafaha.de

Bankverbindung:
Hamburgbank AG
IBAN DE83 2007 5001 0000 2736 75

8.6 Durch den Vergleich von **Auftragsbestätigung und Wareneingangsmeldung** kann geprüft werden, ob das richtige Material in der gewünschten Menge geliefert wurde.

Beschaffung und Bevorratung

8.7

8.7.1 Der Sollbestand von 3 020 kg (siehe Lagerdatei: 2 250 kg + 770 kg) übersteigt den Istbestand von 2 900 kg, der durch die Inventur ermittelt worden ist.

Für diese Differenz sind folgende Ursachen denkbar:

- Es wurden 120 kg Material aus dem Lager entnommen, ohne dass der Materialabgang gebucht wurde.

- Es wurden 120 kg Material als „schadhaft" gekennzeichnet und ohne Buchung entsorgt.

- Es wurden 120 kg Material aus dem Lager gestohlen.

- Eine Rückgabe von Material wurde versehentlich mit einer zu hohen Menge gebucht.

- Es wurde eine Rückgabe von Material gebucht, die tatsächlich nicht erfolgt ist.

- Es liegt ein Fehler bei der Buchung vor, der z. B. durch Verwechseln oder falsches Erfassen von Daten aufgetreten sein kann.

- Das Material wurde an einem anderen Lagerplatz falsch eingelagert.

8.7.2

Istbestand	2 900 kg
+ Lieferung	5 000 kg
= Bestand am 08.07.	7 900 kg

Da von dieser Menge bereits 4 200 kg für den Auftrag P00237 reserviert sind (siehe Beleg) ist ein Bestand von 3 700 kg frei verfügbar.

Lösung zu Aufgabe 9

9.1

Anzahl der Bestellungen pro Jahr	Bestellmenge (Liter)	Bestellkosten (€)	Durchschnittl. Lagerbestand (Liter) a)	Lagerkosten (€) b)	Gesamtkosten (€) c)
100	12.000	15.000	6.000	54.000	69.000
120	10.000	18.000	5.000	45.000	63.000
160	7.500	24.000	3.750	33.750	57.750
200	6.000	30.000	3.000	27.000	57.000
240	5.000	36.000	2.500	22.500	58.500
300	4.000	45.000	2.000	18.000	63.000
400	3.000	60.000	1.500	13.500	73.500

Erläuterungen:

a) Durchschnittlicher Lagerbestand = Bestellmenge : 2
b) Lagerkosten = Durchschnittlicher Lagerbestand · 9,00 €/Liter
c) Gesamtkosten = Bestellkosten + Lagerkosten

Beschaffung und Bevorratung

9.2 Die optimale Bestellmenge liegt bei der Menge, bei der die Gesamtkosten am geringsten sind. Dieses ist bei 6 000 Litern der Fall.

9.3

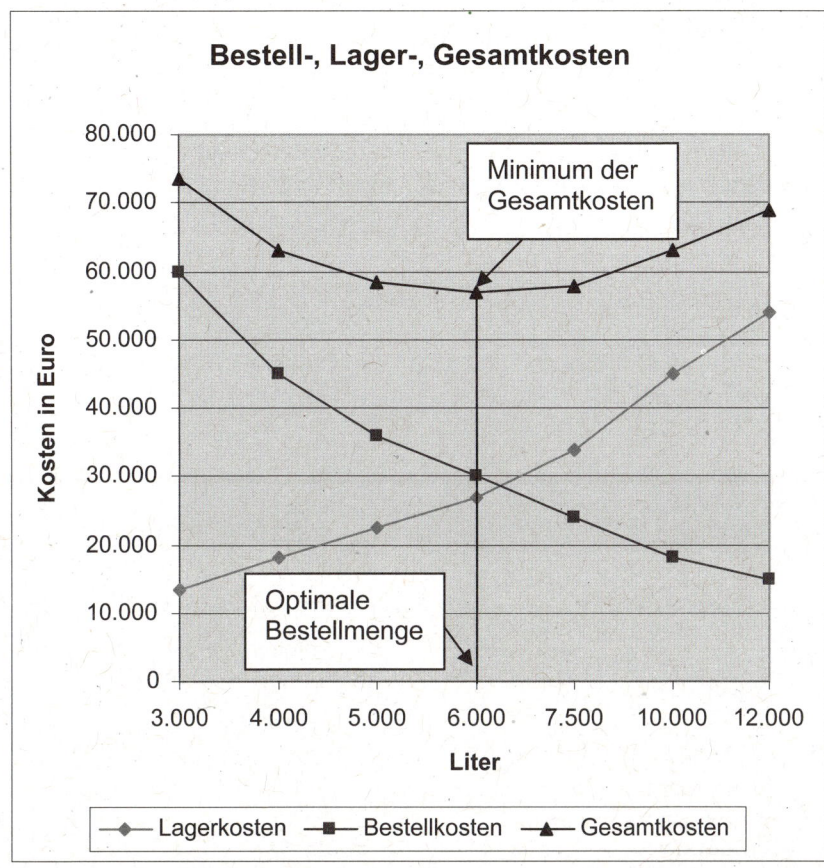

9.4 Bestellkosten fallen unabhängig von der bestellten Menge an. Sie werden daher auch als bestellfixe Kosten bezeichnet.

Bei steigender Bestellmenge verteilen sich diese fixen Kosten auf die einzelnen Mengeneinheiten der Bestellung: Die Bestellkosten pro Liter sinken.

Lagerkosten sind variable Kosten. Je größer die Bestellmenge ist, umso höher sind die Lagerkosten zwar insgesamt, die Lagerkosten je Liter bleiben jedoch konstant.

9.5
Bestellmenge = B$1/A8 oder = B1/A8
Bestellkosten = B$2*A8 oder = B2*A8
Durchschnittlicher Lagerbestand = B8/2
Lagerkosten = D8*B3 oder = D8*B$3
Gesamtkosten = C8+E8

Beschaffung und Bevorratung

Lösung zu Aufgabe 10

10.1 Überprüfung des Ablaufplans

Es sind nicht alle notwendigen Arbeiten enthalten.

In der Warenannahme muss die Außenverpackung auf evtl. sichtbare Beschädigungen hin geprüft werden.

Ist die Außenverpackung beschädigt, sollte eine Tatbestandsaufnahme erfolgen, d. h. die Warenannahme formuliert einen Mangelbericht, der dann vom jeweiligen Frachtführer unterschrieben wird.
Bei einer sehr starken Beschädigung sollte die Annahme der Ware ganz abgelehnt werden.

Die notwendigen Änderungen sind im Ablaufdiagramm in Fettdruck dargestellt:

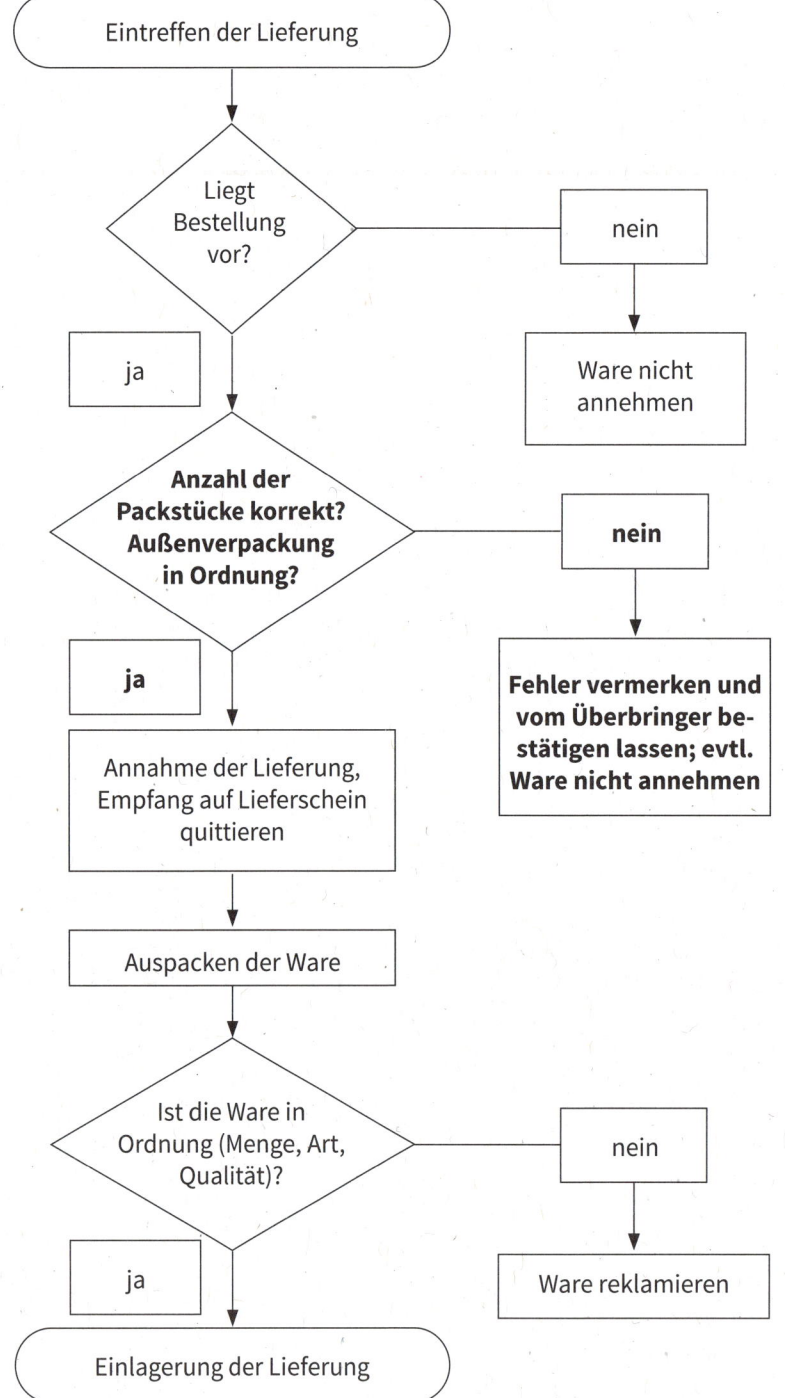

Beschaffung und Bevorratung

10.2 Nachteile für die KAFAHA

a) Als Kaufmann ist die KAFAHA verpflichtet, die Ware unverzüglich zu prüfen (§ 377 HGB). Unterlässt sie diese Prüfung, so gilt die Ware als genehmigt. In diesem Fall können bei erkennbaren Mängeln keine Rechtsansprüche mehr geltend gemacht werden. (Nicht erkennbare, d. h. „versteckte" Mängel sind unverzüglich nach Entdeckung dem Lieferer anzuzeigen.)

b) Durch den Ausfall von Mitarbeitern kann es zum „Stau" bei der Warenannahme kommen. Unter Umständen blockieren noch nicht abgefertigte Lieferantenfahrzeuge das Werksgelände bzw. die Zufahrtsstraßen. Frachtdienstleister (Spediteure, Paketdienste etc.) stehen unter Zeitdruck und drängen auf Abnahme der Lieferung. Dadurch kann es zu Fehlern bei der Warenannahme kommen.

c) Eine verzögerte Materialanlieferung kann zu Versorgungsengpässen in der Fertigung führen. Gerade bei fertigungssynchroner Anlieferung („Just-in-Time-Lieferungen") besteht durch organisatorische Verzögerungen der Warenannahme das Risiko eines Produktionsstillstandes, wodurch hohe Kosten entstehen können.

10.3

10.3.1 Produktionsplanung

Für die Produktionsplanung bzw. -steuerung ist eine Überprüfung des Wareneingangs sinnvoll. Dabei ist von Interesse, ob alle benötigten Materialien für die Produktion eingetroffen sind. Ein Lieferengpass könnte anderenfalls einen kostenintensiven Produktionsstillstand zur Folge haben. Mit Hilfe der Information könnten noch Anpassungen im Bereich der Produktionsplanung erfolgen.

Einkauf

In der Einkaufsabteilung werden die Liefertermine überwacht. Für zukünftige Beschaffungsentscheidungen können Information zum Wareneingang aufbereitet werden, um die Liefertreue und Zuverlässigkeit der Lieferanten einschätzen zu können.

Lager

Zur Vorbereitung der Einlagerung der Materialien benötigt der Lagerbereich die Information, welche Materialien in welcher Menge eingetroffen sind.

Qualitätskontrolle

Eingetroffene Ware muss zum Teil in den firmeneigenen Laboren der Qualitätskontrolle untersucht werden, bevor eine Einlagerung stattfinden kann. Für ihre Disposition benötigt die Qualitätskontrolle daher Informationen, welche Materialien für Prüfzwecke zur Verfügung stehen.

10.3.2 Durch die computerbasierte Form werden bei interner Vernetzung der Systeme die Informationen allen Abteilungen gleichzeitig sofort zugänglich. Damit kommt es zu einer Zeitersparnis, weil die internen Postlaufzeiten entfallen. Alle Bereiche können ihre Dispositionen schneller und besser auf die Materialsituation abstimmen.

Über ein geeignetes gesichertes Zugriffssystem können autorisierte Mitarbeiter auf Informationen aus der Datenbank zugreifen. Die Zeit für das Verwalten der Formulare in Papierform wird eingespart.

Beschaffung und Bevorratung

Lösung zu Aufgabe 11

11.1 Vorteile, die sich für die KAFAHA durch die Aufnahme von Handelswaren ergeben können

- Erschließung zusätzlicher Kundengruppen
- Kompetenzaufbau in ganzheitlichen Bereichen (z. B. gedeckter Tisch)
- Umsatzerhöhung
- Risikostreuung
- Sortimentserweiterung ohne Kapazität in der Fertigung zu binden
- Kein Risiko durch Aufbau einer eigenen Fertigung und daher nur kurzfristiger Kapitalbedarf

11.2 Arbeitsschritte zur Beschaffung der neuen Bestecke

- Bezugsquellen ermitteln
- Bestecke anfragen
- Angebote vergleichen
- Einkaufsentscheidung treffen
- Bestellung gegenüber Lieferanten abgeben

11.3 Informationsquellen zur Ermittlung möglicher Lieferanten

- „Wer liefert was" (Branchenübergreifende B2B-Internetplattform für Produkte und Dienstleistungen)
- Internet-Recherchen
- Fachmessen
- Gelbe Seiten
- Geschäftspartner
- Industrie- und Handelskammer
- Verbände der Hersteller

11.4 Durch die hohe Anzahl an Fundstellen wäre die Eingabe eines weiteren Suchkriteriums sinnvoll. Zusätzliche Angaben, wie z. B. Materialien, Anwendungsgebiete dürften zu einer erheblichen Beschränkung der angezeigten Suchtreffer führen, die dann einzeln geprüft werden könnten.

Beschaffung und Bevorratung

Lösung zu Aufgabe 12

12.1 – In der Spalte „Ereignis" sind die letzten beiden Ereignisse vertauscht worden.

In der Spalte „Informationsobjekt" ist in der zweiten Zeile nicht die Bestellung, sondern das Angebot einzutragen.

In der dritten Zeile ist nicht das Angebot, sondern die Bestellung einzutragen.

Das Vorgangskettendiagramm muss daher wie folgt aussehen:

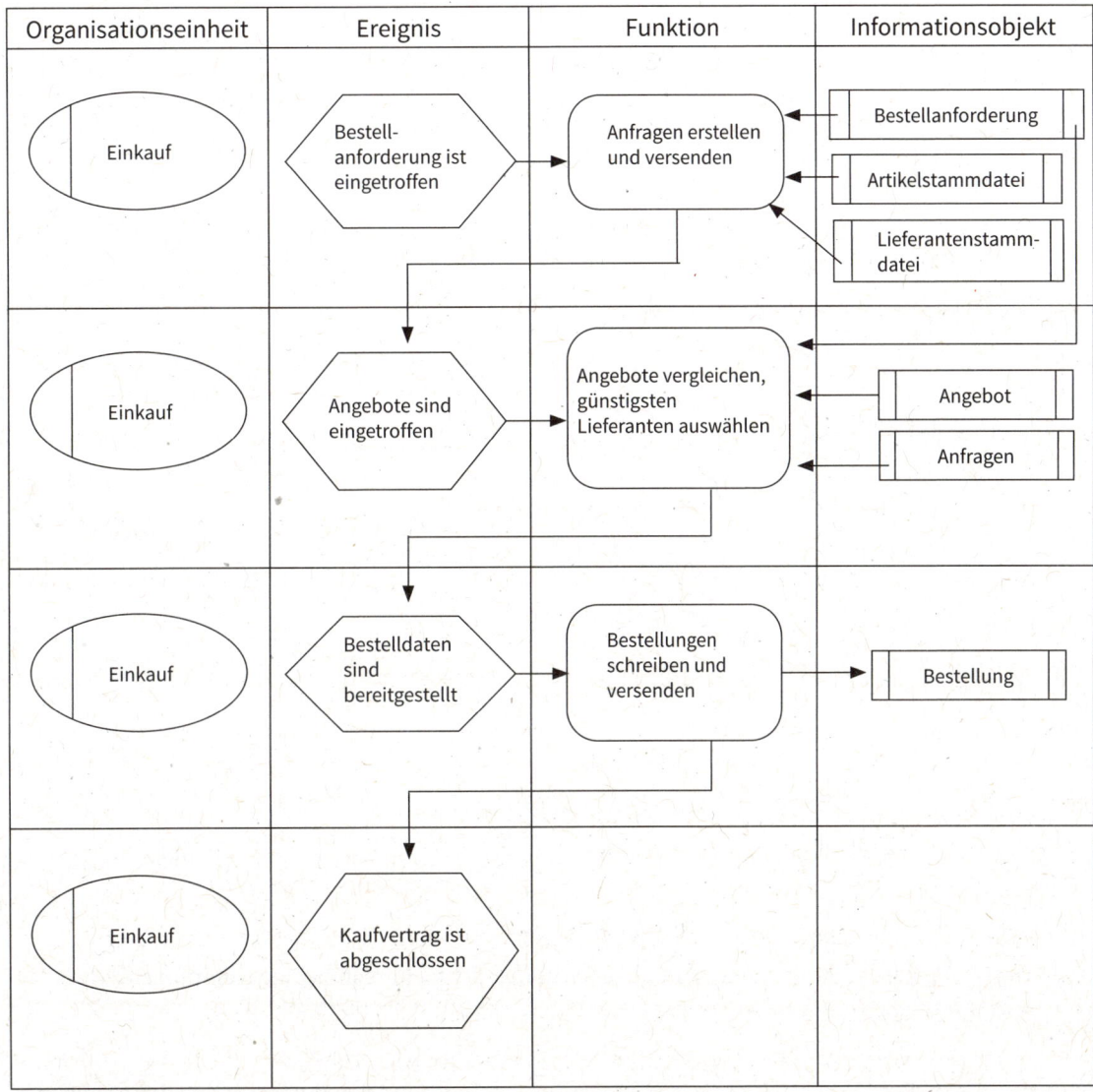

12.2 Der Meldebestand für das Besteck liegt bei 280 Stück. Dieser Meldebestand wird am 8. März erreicht, sodass an diesem Tag die letzte Bestellanforderung hätte erfolgen müssen.

12.3.

Höchstbestand	400 Sätze	(siehe Lagerkonto oben rechts)
– Meldebestand	280 Sätze	(siehe Aufgabe 12.2.)
+ Verbrauch während der Beschaffungszeit	200 Sätze	(5 Tage · 40 Stück/Tag)
= Bestellmenge	320 Sätze	

Beschaffung und Bevorratung

12.4 Lösungsvorschlag:

Bestellung Besteck „Meran"

 Frank Mutig <f.mutig@kafaha.de>
An Zöppgen GmbH <vertrieb@zoeppgen.de>

Di 15.03.20.. 11:20

Sehr geehrte Damen und Herren,

bitte liefern Sie uns zu den bekannten Bedingungen 320 Bestecksätze der Marke „Meran" zum Preis von 27,80 € pro Satz.

Da sich der Verkauf dieses Bestecksatzes aufgrund einer Werbekampagne voraussichtlich um 50 % gegenüber dem Vorjahr erhöhen wird, bitten wir Sie um ein entsprechendes Angebot für die gesamte Jahresmenge.

In diesem Zusammenhang gehen wir davon aus, dass sich durch die deutliche Steigerung unserer Einkaufsmenge ein günstigerer Bezugspreis ergibt.

Mit freundlichen Grüßen
KAFAHA AG

i.A. Frank Mutig

Telefon: +49 40 366-4712
E-Mail: f.mutig@kafaha.de

Keramik-Fabrik Hamburg AG
Kernbrook 12
20011 Hamburg

Vorsitzender des Aufsichtsrates: Dr. Karin Reschke
Vorstand: Jürgen Papol (Vorsitzender), Dr. Wiebke Kernmann, Josef de Loy
HRB 79512, Amtsgericht Hamburg

12.5

12.5.1 Bei der Überprüfung der richtigen Dimensionierung des Mindestbestandes sollten folgende Aspekte beachtet werden:

- Wurde der Mindestbestand in der Vergangenheit angegriffen?
- Wie häufig kam es zu Problemen durch fehlerhafte oder nicht rechtzeitige Lieferungen?
- Bestand stets Lieferbereitschaft?
- Wurde der durchschnittliche Tagesbedarf richtig berechnet?
- Welche zukünftigen Entwicklungen könnten eine Veränderung des Mindestbestandes notwendig machen (Bsp.: Standortverlagerung des Lieferanten führt zu längeren Lieferzeiten)?
- Ist eine ausreichende Lagerkapazität gegeben?
- Wie hoch ist die Kapitalbindung durch den Mindestbestand? In welcher Höhe werden Zinskosten verursacht?

12.5.2 Meldebestand = Mindestbestand + (Beschaffungszeit · Tagesverbrauch)

Neuer Meldebestand = 80 Sätze + (5 Tage · 80 Sätze/Tag)

= 480 Sätze

03 Personalwesen

Notizen

Personalwesen

Lösung zu Aufgabe 1

1.1 Weitere Faktoren, die zu berücksichtigen sind:

- Ausscheiden von Mitarbeitern durch

    - Kündigung
    - Mutterschaft/Elternzeit
    - Pensionierung
    - Erreichen der Altersgrenze
    - Tod

- Rationalisierung in Produktionsbereichen
- Rationalisierung in Verwaltungsbereichen (z. B. Einkauf, Vertrieb, Buchhaltung)
- Verschiedene strategische Entscheidungen (Bsp.: Ausgliederung von Unternehmensteilen, Integration gekaufter Unternehmen)

1.2

1.2.1 Bei dem Entwicklungsingenieur und den Automateneinrichtern handelt es sich um hoch qualifizierte Fachkräfte. Es ist zu vermuten, dass diese aufgrund ihrer hohen Qualifikation nicht arbeitslos sind und somit nicht bei der Arbeitsagentur gemeldet sind.

Da Fachkräfte höher entlohnt werden als Hilfskräfte, hat die Entscheidung für einen Mitarbeiter in diesem Bereich eine größere Kostenwirkung als bei geringer entlohnten Hilfsarbeitern. Insofern ist ein höherer und aufwändigerer Beschaffungsvorgang gerechtfertigt.

Es ist weiterhin davon auszugehen, dass das Informationsverhalten der gesuchten Mitarbeiter unterschiedlich ist, sodass die Nutzung unterschiedlicher Wege eine Voraussetzung für die Gewinnung der benötigten Mitarbeiter darstellt.

1.2.2
- Einschaltung von Personalvermittlern
- Einschaltung einer Personal-Service-Agentur
- Zusammenarbeit mit Zeitarbeitsunternehmen
- Stellenangebote auf der KAFAHA-Homepage veröffentlichen
- Stellenangebote bei Online-Jobbörsen veröffentlichen
- Stellenanzeigen in mehreren regionalen und überregionalen Tageszeitungen schalten
- Stellenanzeigen in kostenfreien regionalen Verteilerzeitungen schalten
- Stellenanzeigen in Fachzeitschriften schalten

1.2.3 Gründe, die für eine interne Stellenbesetzung sprechen

- Der jeweilige Mitarbeiter ist der KAFAHA bereits bekannt, sodass dessen Leistungsfähigkeit und Leistungsbereitschaft eingeschätzt werden können.
- Durch eine interne Stellenausschreibung werden Entwicklungsmöglichkeiten für Mitarbeiter in der KAFAHA eröffnet. Mitarbeiter, die an einem für sie unpassenden Arbeitsplatz tätig sind, haben so die Möglichkeit, sich zu verbessern. Davon profitiert das Unternehmen in gleicher Weise, da eine verbesserte Passung zwischen Mitarbeiter und Stelle die Effizienz bzw. Produktivität der KAFAHA erhöht.
- Eine externe Stellenbesetzung verursacht verschiedene Kosten, z. B. für eine Stellenanzeige, für einen Personalvermittler, für die Bearbeitung der eingehenden Bewerbungen. Diese Kosten können durch eine interne Stellenausschreibung und interne Stellenbesetzung vermieden werden.
- Eine interne Stellenbesetzung kann als Belohnung für leistungsstarke Mitarbeiter verstanden werden. Dieses fördert insgesamt ein leistungsorientiertes Verhalten aller Mitarbeiter.

Personalwesen

1.2.3 – Externe Stellenbesetzungen sind verhältnismäßig zeitaufwändig, sodass durch eine interne Stellenvergabe eine Beschleunigung der Stellenbesetzung erreicht werden kann.

– Die Einarbeitungszeit für einen Mitarbeiter aus dem eigenen Unternehmen ist verhältnismäßig kurz, da er mit vielen Besonderheiten der KAFAHA bereits vertraut ist (z. B. Zuständigkeiten, Informationssysteme (EDV), Produkte und Produktionsabläufe, Kollegen, Hierarchien).

1.2.4 Die Mitarbeiter sind aufgrund ihrer bisherigen Leistungen und Erfahrungen für ihre derzeitige Stelle vorgesehen. Die bisherigen Erfahrungen mit einem Mitarbeiter können nicht automatisch auf eine neue Aufgabe und auf die Zukunft übertragen werden.

Außerdem bleibt der Personalbedarf bestehen, da der Mitarbeiter die Stelle nur wechselt.

Zudem besteht das Risiko, dass langjährige Mitarbeiter nur noch ihr Unternehmen kennen und Ideen und Problemlösungen anderer Betriebe nicht ausreichend einbeziehen (so genannte „Betriebsblindheit").

Ferner kann es zu Rivalitäten und Neidreaktionen durch Kollegen kommen und damit zu einer Konfliktbelastung des Betriebsklimas.

1.3 Die Stellenanzeige sollte noch folgende Punkte beinhalten:

- Kurzbeschreibung des Unternehmens („Wir sind ein Hersteller hochwertiger Sanitär- und Haushaltskeramik sowie exzellenter Fliesen.")
- Eintrittsdatum („Wir suchen zum…..")
- Bezeichnung der Stelle („Entwicklungsingenieur (m/w/d)")
- Beschreibung der Arbeitsaufgabe („Ihre Aufgaben: …")
- Qualifikationsvoraussetzungen („abgeschlossenes Hochschulstudium, mindestens fünf Jahre Berufserfahrung, gute Kenntnisse im Umgang mit MS-Office sowie gängiger CAD-Software, sehr gute Englischkenntnisse")
- Erforderliche Bewerbungsunterlagen (tabellarischer Lebenslauf, Zeugnisse)
- Bewerbungsfrist („Bitte bewerben Sie sich bis spätestens zum 1. Oktober 20..")
- Ansprechpartner („Bei Fragen wenden Sie sich an Herrn/Frau …")

1.4
- Analyse und Bewertung der Bewerbungsunterlagen
- Testverfahren (Persönlichkeitstests, Fähigkeitstests)
- Gutachten
- Arbeitsproben
- Assessment Center
- Vorstellungsgespräch
- Gruppengespräch
- Probezeit
- Traineeprogramme

1.5 Erforderliche Bewerbungsunterlagen

- Anschreiben
- Lebenslauf
- Zeugnisse (Schulzeugnisse, Arbeitszeugnisse)
- Nachweise über besondere Fähigkeiten (z. B. spezielle Fahr-Erlaubnisse, EDV-Kenntnisse, Fremdsprachen)

Personalwesen

1.6

1.6.1 Arbeitsschritte für die Entwicklung und den Einsatz eines Punktbewertungssystems

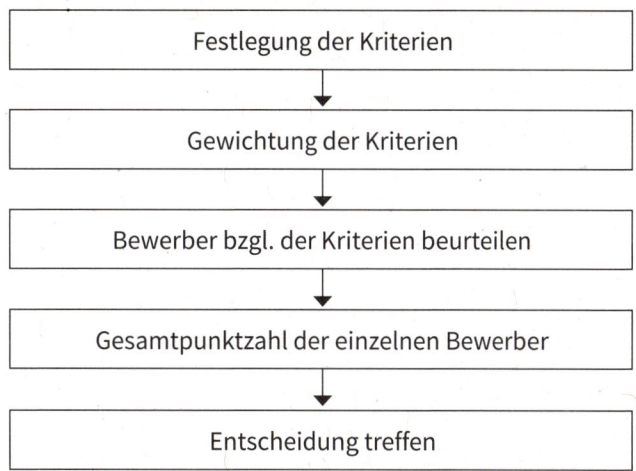

Festlegung der Kriterien
↓
Gewichtung der Kriterien
↓
Bewerber bzgl. der Kriterien beurteilen
↓
Gesamtpunktzahl der einzelnen Bewerber
↓
Entscheidung treffen

1.6.2 Beurteilungskriterien

- Fachliche Kompetenz (u. a. Ausbildung, Erfahrungen)
- Leistungsbereitschaft
- Einstellung zur Arbeit
- Zuverlässigkeit
- Verantwortungsbewusstsein
- Konzentrationsfähigkeit
- Teamfähigkeit
- Logisches Denken
- Initiative
- Selbstständiges Arbeiten und Lernen
- Zielstrebigkeit
- Motivation
- Kritikfähigkeit
- Beständigkeit
- Belastbarkeit
- Kreativität
- Entschlusskraft

1.6.3

		\multicolumn{2}{c}{Punktebewertungstabelle}		
		K. Lewandowski		T. Jensen	
Lfd. Nr. des Kriteriums	Gewichtung der Kriterien in %	Punkte	Gewichtete Bewertung	Punkte	Gewichtete Bewertung
1	20	5	1	6	1,2
2	15	8	1,2	7	1,05
3	10	2	0,2	3	0,3
4	10	4	0,4	2	0,2
5	5	1	0,05	3	0,15
6	20	8	1,6	4	0,8
7	10	6	0,6	5	0,5
8	10	6	0,6	8	0,8
Summe	100		5,65		5

Anhand der Punktebewertung ergibt sich, dass Herr Lewandowski gegenüber Herrn Jensen 0,65 Punkte mehr erreicht.

Es sollte daher Herr Lewandowski ausgewählt werden.

Personalwesen

1.7

1.7.1 Beim Akkordlohn steht die Höhe des erzielten Lohnes in direktem Zusammenhang mit der mengenmäßigen Leistung.

Für die Anwendung eines Akkordlohnsystems sind bestimmte Voraussetzungen erforderlich:

- Der Mitarbeiter muss die Arbeitsleistung beeinflussen können.
- Die erbrachte Leistung muss sich hinreichend genau messen bzw. bestimmen lassen.
- Der Anteil der Zeiten, die vom Mitarbeiter nicht beeinflusst werden können, sollte einen bestimmten Umfang nicht überschreiten.

1.7.2 In einem Akkordlohnsystem verhalten sich Leistung und Verdienst proportional zueinander. Wenn ein Mitarbeiter beispielsweise eine 10-prozentige Mehrleistung erbringt, steigt der Lohn um ebenfalls 10 Prozent.

Die Anwendung eines Akkordlohnsystems setzt daher die individuelle Beeinflussbarkeit des Arbeitstempos voraus. Durch die zunehmende Technisierung der Arbeitsprozesse in Deutschland und innerhalb der KAFAHA kann aber das Arbeitstempo und damit die Leistung kaum noch individuell variiert werden. Die Bedeutung von Akkordlohnsystemen ist daher in Deutschland und auch innerhalb der KAFAHA abnehmend.

Gleichzeitig wird die innerbetriebliche Arbeitsteilung immer stärker verringert, sodass die klassische Ermittlung von Vorgabezeiten für einzelne Arbeitsprozesse erschwert wird.

Die erforderliche Zeitwirtschaft beim Akkord wird als Element einer Misstrauens- bzw. Kontrollkultur gewertet, die mit zeitgemäßen Führungsvorstellungen nicht übereinstimmt.

1.7.3 Gründe, die in diesem Fall gegen Akkordlohn sprechen:

Bei der Einrichtung von Fertigungsautomaten ist besondere Sorgfalt erforderlich. Sofern Arbeitsmängel auftreten, kann es zu kostenintensiven Fehlern in der Produktion kommen. Möglicherweise werden sogar Mitarbeiter gefährdet. Aus diesen Gründen kommt diese Entlohnungsform hier nicht in Frage.

Vorzuschlagen wäre dagegen ein Zeitlohnsystem: Grundsätzlich eignet sich ein Zeitlohnsystem für solche Arbeiten, bei denen die Einhaltung einer bestimmten Qualität von Bedeutung ist. Auch gefährliche, geistig schöpferische Tätigkeiten oder Aufsichtsarbeiten werden in Form eines Zeitlohnes vergütet.

1.7.4 Bei der analytischen Arbeitsbewertung wird eine Tätigkeit in einzelne Anforderungsarten, wie z. B. Können, Verantwortung, Belastung, Arbeitsbedingungen zerlegt. Schließlich findet eine Bewertung dieser Anforderungsarten statt.

1.8 Beim Gruppenakkord wird der Bruttolohn von den Mitgliedern der Gruppe gemeinsam erwirtschaftet. Nach einem vorab festgelegten Schlüssel erfolgt eine Verteilung auf die einzelnen Gruppenmitglieder. Dieser Verteilungsschlüssel wird häufig aufgrund einer Arbeitswertstudie ermittelt.

a) Berechnung des gesamten Gruppenlohnes

Gesamtlohn der Gruppe = Stückzahl · Stückgeld
= 141 · 40,00 €
= 5.640,00 €

b) Aufteilung des Gesamtlohnes auf die Gruppenmitglieder

Anteile total: 8	1 Anteil:	5.640,00 € : 8	= 705,00 €
Herr Kertig	2,5 Anteile	705,00 € · 2,5	= 1.762,50 €
Herr Mirkow	2,8 Anteile	705,00 € · 2,8	= 1.974,00 €
Herr Herrmanns	2,7 Anteile	705,00 € · 2,7	= 1.903,50 €

Personalwesen

Lösung Aufgabe 2

2.1 Da keine besonderen Vereinbarungen getroffen wurden, gilt für Herrn Kossmann die gesetzliche Kündigungsfrist. Die Kündigungsfrist beträgt somit 4 Wochen zum 15. eines Monats oder zum Monatsende.

Das Kündigungsschreiben ist der KAFAHA am 10.02. zugegangen, somit endet das Arbeitsverhältnis am **15. März**.

2.2 Beispiele:
- Bescheinigung über abgeführte Lohnsteuer und Sozialbeiträge
- Qualifiziertes Zeugnis
- Urlaubsbescheinigung

2.3

2.3.1 Ein Merkmal des autoritären Führungsstils ist ein Befehls- bzw. Gehorsamsverhältnis zwischen Vorgesetztem und Mitarbeiter. Entscheidungen werden dabei allein und ohne Einbeziehung des Mitarbeiters getroffen.

Die Mitarbeiter führen so lediglich die Anordnungen des Vorgesetzten aus.

2.3.2 Vorteile
- Sicherheitsorientierte Mitarbeiter erhalten eine klare Arbeitsstruktur, da der Vorgesetzte ihnen stets sagt, was genau zu tun ist. Die Mitarbeiter tragen so nur eine geringe Verantwortung.
- Diskussionen und langatmige Besprechungen sind nicht erforderlich.
- Kurze Reaktionszeit auf Anforderungen, da keine Abstimmung erforderlich ist

Nachteile
- Die Mitarbeiter werden zunehmend unselbstständig, d. h. sie sind zu eigenen Entscheidungen ihren Arbeitsbereich betreffend nur sehr begrenzt in der Lage. Sie arbeiten lediglich die Vorschriften des Vorgesetzten ab.
- Es ergeben sich für die Mitarbeiter kaum Möglichkeiten zur selbstständigen Entwicklung ihrer Fähigkeiten.
- Viele Mitarbeiter werden unzufrieden und unmotiviert, weil sie in Entscheidungen über ihr Sachgebiet von ihrem Vorgesetzten nicht einbezogen werden und keinerlei eigene Entscheidungsspielräume haben.

Personalwesen

2.4 Meldung zur Sozialversicherung*

Grund der Abgabe*: **3 0**	Entgelt in Gleitzone*: ☐	Namensänderung: ☐	Änderung der Staatsangehörigkeit: ☐	

Beschäftigungszeit
von: **0 1 0 1 2 0 2 5** bis: **1 5 0 3 2 0 2 5**
Betriebsnummer des Arbeitgebers: **3 1 6 8 6 9 8 0**
Personengruppe*: **1 0 1**
Mehrfachbeschäftigung: ☐
Betriebsstätte Ost: ☐ West: ☐

Beitragsgruppen*: KV **1** RV **1** ALV **1** PV **1**
Angaben zur Tätigkeit: **2 6 7 6 6 8 3**
Schlüssel der Staatsangehörigkeit*: **0 0 0**

Beitragspflichtiges Bruttoarbeitsentgelt (in Euro ohne Cent): EUR **7 5 0 0**
Beamtenähnliche Gesamtversorgung: ☐

Errechnung des beitragspflichtigen Bruttoarbeitsentgelts

Bruttogehalt pro Monat 3.000 €
mal Anzahl der Monate im Jahr 2025 (01.01. – 15.03.) = 2,5

3.000 € · 2,5 = 7.500 €

> ***Hinweis:**
> Sämtliche Meldungen zur Sozialversicherung werden in der Praxis vom Arbeitgeber **elektronisch** über das **SV-Meldeportal** durchgeführt. Das in der Aufgabe abgebildete Formular weicht optisch vom Online-Formular ab. Die Elemente der Eintragung sowie die Entscheidungsprozesse (z. B. Grund der Abgabe) stimmen aber im Wesentlichen überein.

Lösung zu Aufgabe 3

3.1 Abmahnung

KAFAHA
Keramik-Fabrik Hamburg AG

Kernbrook 12 | Postfach 31 11 | 20011 Hamburg

KAFAHA AG · Postfach 31 11 · 20011 Hamburg
Herrn
Heiko Kehl
Dietrich-Bonhoeffer-Str. 11
20175 Hamburg

Ihr Zeichen:
Ihre Nachricht vom:
Unser Zeichen:
Unsere Nachricht vom:

Name:
Telefon:
Fax:
E-Mail:

Datum: 2025-02-20

Abmahnung

Sehr geehrter Herr Kehl,

am Montag, den 17. Februar 2025 sind Sie zum wiederholten Male zu spät am Arbeitsplatz erschienen. Die Angaben Ihres Vorgesetzten decken sich dabei mit den Aufzeichnungen des Zeiterfassungssystems.

Durch Ihre Unpünktlichkeit kommt es zu erheblichen Störungen des Betriebsablaufs. Ihr Verhalten können wir nicht billigen. Wir fordern Sie hiermit auf, die Regeln der Arbeitszeit genau einzuhalten.

Sollten Sie noch einmal zu spät zur Arbeit erscheinen, behalten wir uns vor, Ihnen die Kündigung auszusprechen. Wir bestehen darauf, dass Sie Ihre arbeitsvertraglichen Pflichten genau erfüllen.

Mit freundlichen Grüßen

Keramik-Fabrik Hamburg AG

ppa.

Brettschneider

Zur Kenntnis genommen:

Datum:

Heiko Kehl

Sitz und Registergericht:
HRB 79512
Amtsgericht Hamburg
USt.-Nr. 22/460/40047
USt.-IdNr. DE896735679

Geschäftsführer:
Jürgen Papol (Vorsitzender)
Dr. Wiebke Kernmann
Josef de Loy

E-Mail:
info@kafaha.de
Internet:
www.kafaha.de

Bankverbindung:
Hamburgbank AG
IBAN DE83 2007 5001 0000 2736 75

Personalwesen

3.2 Herr Kehl ist am 24. Februar 2025 14 Jahre bei der KAFAHA beschäftigt.

Somit ist bei einer Kündigung durch den Arbeitgeber eine Kündigungsfrist von **5 Monaten zum Ende des Kalendermonats** einzuhalten (vgl. § 622 (2) BGB).

3.3 Gemäß § 623 BGB ist die Schriftform für die Kündigung eines Arbeitsvertrages vorgesehen, jedoch ist die elektronische Form nicht zulässig.

Die Kündigung über eine E-Mail wäre zwar für die KAFAHA schnell und praktisch auszusprechen, sie wäre aber unwirksam. Sollte Herr Kehl vor dem Arbeitsgericht eine Kündigungsschutzklage erheben, könnte ein erheblicher Schaden (insbesondere in Form der Abfindung) für die KAFAHA entstehen.

3.4 Angaben in einem qualifizierten Zeugnis
- Angaben zum Arbeitgeber (u. a. Name, Adresse)
- Angaben zur Person des Zeugnisempfängers (u. a. Name, Geburtsdatum)
- Beschäftigungszeitraum
- Beschreibung der ausgeübten Beschäftigung (z. B. Aufgaben- und Verantwortungsbereich, Funktion, Aufgabenschwerpunkte, berufliche Entwicklung im Unternehmen)
- Angaben zu Führung und Sozialverhalten (u. a. Verhalten gegenüber Kollegen und Vorgesetzten, Zuverlässigkeit)
- Angaben zur Leistung und Sachkompetenz (u. a. Leistungsbefähigung, Arbeitsweise, Arbeitsergebnisse)
- Unterschrift des Ausstellers

3.5 Personalbeschaffungsmaßnahmen
- Interne Stellenausschreibung und Umsetzung von Mitarbeitern
- Übernahme von Auszubildenden nach Abschluss der Ausbildung
- Systematische Personalentwicklung, u. a. Weiterbildung und Umschulung von Mitarbeitern
- Stellenanzeige in Zeitungen und Zeitschriften
- Eintragung in Online-Jobbörse
- Mitteilung an die Agentur für Arbeit

3.6

3.6.1 Seit der Übernahme der Abteilung durch Herrn Ricke hat sich die Fluktuation erhöht. Mit einer Mitarbeiterfluktuation sind verschiedene Kosten verbunden, wie z. B. Kosten für Stellenausschreibung, Abwicklung der Abgänge/Zugänge, Einarbeitungskosten für neue Mitarbeiter.

3.6.2 Maßnahmen zur Verringerung der Fluktuation

Beispiele:
- Führungskräftetraining für Herrn Ricke
- Analyse der Arbeitsbedingungen und Humanisierung der Arbeit
- Verbesserte Arbeitsorganisation und Kommunikation
- Gezieltere Auswahl der Mitarbeiter

(Hinweis: Nach der Aufgabenstellung sollten zwei davon näher ausgeführt werden.)

Personalwesen

Lösung zu Aufgabe 4

4.1 Lösungsvorschlag (es sind dabei weitere sinnvolle Angaben denkbar):

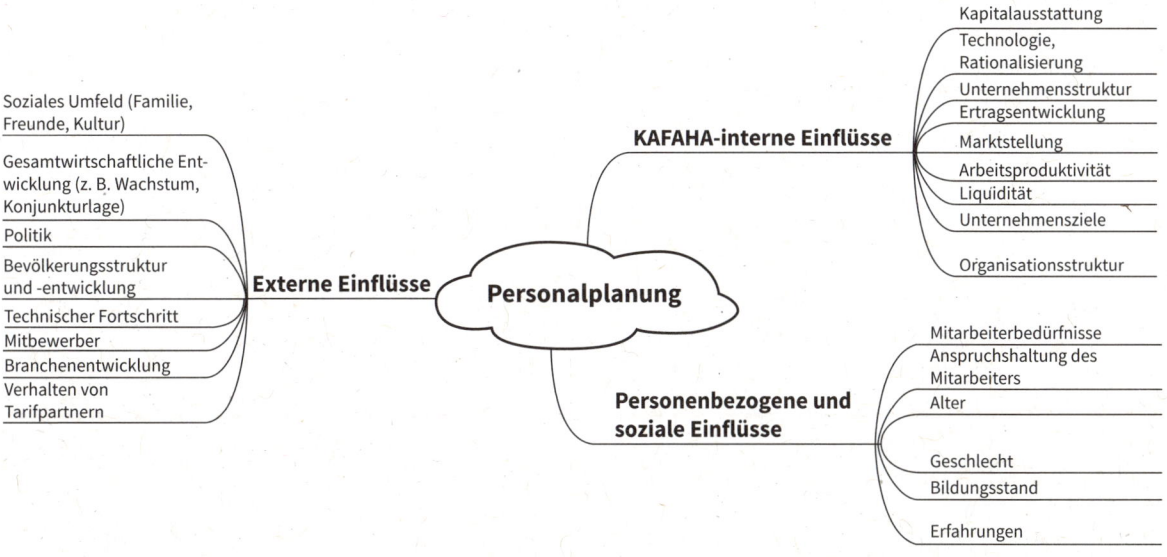

4.2 Am 31.12. werden gemäß der vorliegenden Personalstatistik 58 Mitarbeiter beschäftigt sein. Bei einem Personalabbau von 5 % dürften aber nur 57 Mitarbeiter vorhanden sein (5 % von 60 Mitarbeitern = 3 Mitarbeiter).

Es ist daher zu prüfen, ob Maßnahmen zur Stellenreduzierung ergriffen werden müssen.

4.3 Durch das so genannte „Outplacement" sollen Mitarbeiter vor oder nach der Kündigung im Bewerbungsprozess unterstützt und an neue Arbeitgeber vermittelt werden.

Das Outplacement kann von einem externen Berater oder einem innerbetrieblich Zuständigen durchgeführt werden.

Hierbei werden ein individuelles Eignungs- und Neigungsprofil erstellt, Bewerbungsunterlagen entwickelt sowie der Bewerbungsprozess eingeübt. Die Betreuung soll so lange erfolgen, bis schließlich eine Tätigkeit gefunden worden ist, die den Fähigkeiten und der bisherigen Position des Bewerbers entspricht.

Aus Sicht der KAFAHA ergeben sich folgende Vorteile des Outplacements:
- Unruhe oder Störung des Betriebsklimas werden vermieden
- Soziale Verantwortung beim Stellenabbau wird wahrgenommen und damit das öffentliche Ansehen verbessert
- Neubesetzung der Stelle kann zu Produktivitätssteigerungen führen
- Nachwuchskräfte erhalten Aufstiegschancen
- Eine erneute zukünftige Zusammenarbeit wird möglich
- Mögliche arbeitsrechtliche Schritte des Mitarbeiters werden vermieden bzw. das Risiko hierfür wird reduziert

Personalwesen

4.4 **Mögliche Vorteile:**

- Die möglichen Mengenausweitungen durch Zusatzaufträge führen zu einem höheren Umsatz.
- Die höhere Auslastung der maschinellen Kapazitäten führt zu einer günstigeren Kostensituation.
- Kapazitätsengpässe können besser überbrückt werden.
- Durch die zusätzliche Kapazität können größere Mengen hergestellt werden, die zur Annahme von Zusatzaufträgen genutzt werden können.

Mögliche Nachteile:

- Es werden insgesamt mehr Mitarbeiter benötigt, sodass das Abbauziel von minus 5 % gefährdet ist.
- Es müssen Zusatzaufträge vorhanden sein, um die weitere Schicht auszulasten.
- Die eingesetzten Mitarbeiter werden durch Schichtarbeit stärker belastet.
- Aufgrund der Schichtzuschläge entstehen Mehrkosten für den Personaleinsatz.
- Der Betriebsrat könnte seine Zustimmung zur Einführung der Schichtarbeit verweigern.
- Es ist ein höherer Organisationsaufwand, z. B. für die Schichtplanung, erforderlich.

Personalwesen

Lösung zu Aufgabe 5

5.1 **a) Berechnung der effektiven Arbeitstage pro Beschäftigten**

Arbeitstage	285
davon Urlaub	28
Effektive Arbeitstage	**257**

b) Berechnung des prozentualen Anteils der durch Krankheit ausgefallenen Arbeitstage

257 Tage = 100 %
30,8 Tage = x %

=> (30,8 Tage · 100) : 257 Tage = 11,98 %

5.2 **Berechnung des Branchendurchschnitts**

260 Arbeitstage – 30 Tage Erholungsurlaub = 230 Tage effektive Arbeitstage

Fehlzeiten: 16,3 Tage pro Jahr

230 Tage = 100 %
16,3 Tage = x %

=> (16,3 Tage · 100) : 230 Tage = 7,09 %

Der Krankenstand der KAFAHA liegt mit 11,98 % deutlich über dem Durchschnitt aller Branchen (7,5 %) sowie dem Branchendurchschnitt (7,09 %).

Fazit: Die KAFAHA sollte die Arbeitsbedingungen überprüfen, um Ansatzpunkte zu einer Verbesserung der Situation entwickeln zu können. Eine Verringerung des Krankenstandes ist im Hinblick auf die betroffenen Mitarbeiter einerseits und die entstehenden Krankheitskosten andererseits dringend notwendig.

5.3 a) Menschengerechtere Gestaltung des Arbeitsplatzes („Ergonomie"), z. B. durch:
- Körpergerechte Gestaltung der Arbeitsplätze (Mobiliar und Arbeitsmittel)
- Optimierung der Bewegungsabläufe (z. B. Verhinderung einseitiger Belastungen, Arbeitsprozesse der natürlichen Körperhaltung anpassen)
- Den Arbeitsprozessen angemessene Pausenregelungen
- Verbesserung der Gestaltung der Arbeitsumgebung (z. B. Kontrolle von Lärm, Raumtemperatur, ggf. Verminderung schädlicher Chemikalieneinflüsse)

b) Verbesserung des Betriebsklimas (z. B. durch kürzere und klarere Wege der Kommunikation zwischen Führungsebene und Belegschaft)

c) Verbesserung der Strukturierung des Arbeitsfeldes nach Rücksprache mit den Beschäftigten. Möglichkeiten wären z. B.
- **job enlargement** (Arbeitserweiterung): Zusammenfassung mehrerer Arbeitsgänge, wobei eine gleiche oder ähnliche Qualifikation des Beschäftigten erforderlich ist.
- **job rotation** (Arbeitsplatzwechsel): Beschäftigte tauschen innerhalb eines bestimmten Arbeitsabschnitts ihre Arbeitsplätze.
- **job enrichment** (Arbeitsanreicherung): Anreicherung der Tätigkeit mit Aufgaben, die Initiative und Gestaltungsspielräume zulassen, wie z. B. Planung und Kontrolle der Arbeit, Koordination mit anderen Bereichen.
- **Teilautonome Arbeitsgruppen**: Gruppen erhalten mehrstufige Aufgaben, die in eigener Verantwortung bearbeitet werden müssen. Im Rahmen einer zeitlichen Vorgabe arbeiten die Mitarbeiter selbstständig und flexibel.

Personalwesen

5.4 Beispiele:
- Die Lagermitarbeiter müssen Filtermasken (Staubmasken) tragen, die die Quarzstäube ausfiltern.
- Es sollte ein gut sichtbarer Sicherheitshinweis zu der Gefahr angebracht werden, mit dem Hinweis: „Leichten Atemschutz benutzen"
- Eine entsprechende Filteranlage müsste stetig die Luft im Lager reinigen.
- Es sollten andere Säcke eingesetzt werden, die ein Austreten des Quarzstaubes verhindern.
- Die Quarzsäcke könnten in einem abgedichteten Spezialbehälter gelagert werden.
- Die Beschäftigten sollten über die Risiken und Maßnahmen aufgeklärt werden.

Gebotszeichen

Leichter Atemschutz

5.5 Maßnahmen zur Verringerung von Konflikten am Arbeitsplatz

Beispiele

- Ehrliche und selbstkritische Ursachenforschung aller Beteiligten
- Bildung eines Arbeitskreises unter Beteiligung des Betriebsrates
- Bessere innerbetriebliche Kommunikation
- Führungskräfte so schulen, dass sie Konflikte erkennen und lösen können
- Rationalisierung schrittweise unter Einbeziehung des Personals umsetzen
- Ggf. alternative Beschäftigungsmöglichkeiten suchen (z. B. durch Versetzungen)
- Arbeitsplatzsicherung in einer Betriebsvereinbarung festschreiben
- Hilfe durch Dritte innerhalb sowie außerhalb des Unternehmens („Mediation") in Anspruch nehmen

Lösung zu Aufgabe 6

6.1 Mögliche Begründungen für die Ablehnung von Martin Pern:
- Wenig Erfahrung in der Keramikindustrie
- Kurze Tätigkeitszeiträume und häufiger Stellenwechsel
- Umzug von Darmstadt nach Hamburg erforderlich
- Risikosportarten als Hobbys können evtl. zu verletzungsbedingten Ausfällen führen
- Zwei ungeklärte Lücken im Lebenslauf (Juli bis Oktober 2013, April bis September 2014)
- Fehlende Zeugnisse der Firmen Pardmann (Ausbildungs- und Arbeitszeugnis), Ahlborn, FlowLine und Rahs sowie der Universität und des Wirtschaftsgymnasiums

ODER

Mögliche Begründungen für die Ablehnung von Tanja Kleppmann:
- Keine dreijährige Berufserfahrung im Einkauf
- Studienschwerpunkt war Marketing und Wirtschaftspolitik
- Fehlende Arbeitszeugnisse der Firmen Gerbers (Ausbildungs- und Arbeitszeugnis) und Lehmann
- Fehlende Zeugnisse der Universität und des Gymnasiums

Personalwesen

6.2 *Hinweis: Beispielhaft wird eine Absage an Herrn Pern formuliert. Sofern eine Absage an Frau Kleppmann erstellt werden soll, sind entsprechend die Bereiche „Anschrift" und „Anrede" anzupassen.*

KAFAHA
Keramik-Fabrik Hamburg AG

Kernbrook 12 | Postfach 31 11 | 20011 Hamburg

KAFAHA AG · Postfach 31 11 · 20011 Hamburg
Herrn
Martin Pern
Herzogweg 2
64240 Darmstadt

Ihr Zeichen:
Ihre Nachricht vom: 20..-04-04
Unser Zeichen: hb-ls
Unsere Nachricht vom:

Name: Hobel
Telefon: 040 17000-777
Fax:
E-Mail: hobel@kafaha.de

Datum: 20..-05-02

Ihre Bewerbung vom 4. April 20.. als Assistent für die Einkaufsabteilung

Sehr geehrter Herr Pern,

vielen Dank für Ihr Interesse an einer Mitarbeit in unserem Unternehmen.

Nach eingehender Prüfung Ihrer Unterlagen müssen wir Ihnen leider mitteilen, dass wir Sie bei der Stellenbesetzung nicht berücksichtigen können.

Für Ihren beruflichen und privaten Lebensweg wünschen wir Ihnen alles Gute.

Mit freundlichen Grüßen

Keramik-Fabrik Hamburg AG

i.A.

Hobel

Anlage
Bewerbungsunterlagen

Sitz und Registergericht:
HRB 79512
Amtsgericht Hamburg

USt.-Nr. 22/460/40047
USt.-IdNr. DE896735679

Geschäftsführer:
Jürgen Papol (Vorsitzender)
Dr. Wiebke Kernmann
Josef de Loy

E-Mail:
info@kafaha.de
Internet:
www.kafaha.de

Bankverbindung:
Hamburgbank AG
IBAN DE83 2007 5001 0000 2736 75

Personalwesen

6.3 **Unterlagen, die von Martin Pern noch benötigt werden:**
- Abiturzeugnis des Wirtschaftsgymnasiums
- Ausbildungszeugnis von Firma Pardmann
- Diplomzeugnis der Universität Göttingen/UCLA
- Arbeitszeugnis der Firma Pardmann
- Arbeitszeugnis von Firma Ahlborn
- Arbeitszeugnis von Firma FlowLine
- Arbeitszeugnis von Firma Rahs
- Nachweis über EDV-Kenntnisse (soweit vorhanden)
- Nachweis über Fremdsprachenkenntnisse (soweit vorhanden)

Unterlagen, die von Tanja Kleppmann noch benötigt werden:
- Abiturzeugnis
- Ausbildungszeugnis der Hermann Gerbers GmbH
- Diplomzeugnis der Universität Hamburg
- Diplomzeugnis der Universität Paris
- Arbeitszeugnis der Hermann Gerbers GmbH
- Arbeitszeugnis von Lehmann Feinkeramik GmbH
- Nachweis über EDV-Kenntnisse (soweit vorhanden)
- Nachweis über Fremdsprachenkenntnisse (soweit vorhanden)

6.4 **Unterlagen für die Personalverwaltung**

Beispiele:
- elektronische Lohnsteuerabzugsmerkmale
- Name der Krankenkasse
- Sozialversicherungsausweis
- Angaben zur Bankverbindung
- Urlaubsbescheinigung des vorherigen Arbeitgebers
- Angaben zu vermögenswirksamen Leistungen

6.5 **Pflichten, die sich aus dem Bundesdatenschutzgesetz und der Datenschutz-Grundverordnung ergeben:**

Beispiele:
- Zur Speicherung seiner personenbezogenen Daten wird die Zustimmung des ausgewählten Bewerbers benötigt. Es besteht die Pflicht, diese entsprechend einzuholen.

- Es ist sicherzustellen, dass die gespeicherten Daten jederzeit für Auskunftszwecke gegenüber dem ausgewählten Bewerber zur Verfügung stehen. Der ausgewählte Bewerber muss daher über seine gespeicherten Daten informiert werden.

- Die personenbezogenen Daten des ausgewählten Bewerbers sollen richtig sein. Sollte das nicht der Fall sein, ergibt sich die Verpflichtung, die fehlerhaften Daten auf Aufforderung des Mitarbeiters zu ändern.

- Personenbezogene Daten sollten vor dem Zugriff durch Unbefugte, z. B. durch Passwörter oder durch Zugangskontrollen, geschützt werden. Dieses ist durch das Unternehmen zu gewährleisten.

- Zusätzlich muss sichergestellt sein, dass im Nachhinein ermittelt werden kann, wer die personenbezogenen Daten eingegeben hat.

Personalwesen

6.6 Folgende Informationen bzw. Unterlagen sollte der ausgewählte Bewerber an seinem ersten Arbeitstag erhalten:

- Informationsmappe zum Betrieb
- Betriebsordnung
- Organigramm des Betriebes und Information über Leitungshierarchie
- Telefonliste
- Arbeitszeit-/Pausenregelungen
- Information über Parkmöglichkeiten
- Information über Sicherheitseinrichtungen
- Information über privates Telefonieren/privaten E-Mail-Austausch am Arbeitsplatz
- Information über Essensmöglichkeiten
- Information über Regelungen für Dienstreisen
- Information zur Zeiterfassung
- Magnetkarte für Zeiterfassung
- Übergabe von Schlüsseln

6.7 Zur Erleichterung der Arbeitsaufnahme des ausgewählten Bewerbers sind folgende Maßnahmen geeignet:

- Zeiterfassung zu Beginn des ersten Arbeitstages starten
- Aufnahme im Telefon-/E-Mail-Verzeichnis
- Anlegen einer E-Mail-Adresse vorbereiten
- Berechtigung zur Nutzung von DV-Systemen anlegen
- Einweisung in vorhandene Technik (z. B. Computer, Telefonanlage, Kopierer)
- Rundgang durch den Betrieb und Vorstellen der Mitarbeiter, mit denen der neue Betriebsangehörige am meisten Kontakt haben wird
- Erläuterung der Hierarchien bzw. Zuständigkeiten in der betrieblichen Organisation
- Aushang/Rundschreiben/E-Mail, um alle Mitarbeiter über die Einstellung zu informieren
- Erstellung eines Einarbeitungsplans

Personalwesen

Lösung zu Aufgabe 7

7.1

7.1.1 Assessment-Center sind Auswahl- bzw. Beurteilungsverfahren, mit deren Hilfe Bewerber/innen oder Mitarbeiter ausgewählt werden können.

Durch Beobachtung von Leistungen und Verhalten der Teilnehmer/innen in Rollenspielen, Simulationen, Fallstudien und Tests sollen Rückschlüsse auf die jeweiligen Kompetenzen, Persönlichkeitseigenschaften und Potenziale gezogen werden.

7.1.2 Arbeitsschritte zur Vorbereitung der Personalauswahl sowie des Assessment-Centers (AC):
- Qualifikationen der Bewerber vergleichen
- Bewerber für die Teilnahme am AC auswählen
- Beobachter für AC auswählen
- Termin für AC in Absprache mit Beobachtern festlegen
- Raum für AC auswählen und buchen
- Catering (z. B. Mittagessen, Getränke) für AC auswählen und bestellen
- Einladungen zum AC formulieren und an Teilnehmer versenden
- AC inhaltlich gestalten und Übungen zusammenstellen
- Zeitplan für reibungslosen Ablauf des AC erstellen
- Übungsmaterial, Präsentationstechnik und sonstige Unterlagen für AC zusammenstellen
- Beobachtungsbogen entwickeln und Beurteilungsphase vorbereiten
- Beobachter für das AC schulen
- Vor Beginn des AC den Raum vorbereiten

7.2

- Im Rahmen des AC wird in Handlungssituationen eine Vielzahl von Kompetenzen und Persönlichkeitseigenschaften getestet.

- Durch die inhaltliche Gestaltung anhand realistischer Berufssituationen soll die Auswahl geeigneter Bewerber bzw. Mitarbeiter verbessert werden. Besondere Stärken und Schwächen der Bewerber können deutlicher beobachtet werden als lediglich in einem Bewerbergespräch. Die gewünschten Qualifikationen können im Hinblick auf mögliche Einsatzbereiche überprüft werden. Durch die Handlungsorientierung und die Gruppendynamik wird gleichzeitig die Gefahr verringert, dass sich Teilnehmer während des Auswahlprozesses verstellen und somit ein unrealistisches Bild gegenüber dem potenziellen Arbeitgeber (hier: der KAFAHA) abgeben.
Insgesamt soll durch AC das Risiko teurer Fehlbesetzungen gesenkt werden.

- Der Einsatz mehrerer Beobachter verhindert zu starke subjektive Einschätzungen und Sympathieentscheidungen.

- Der Beobachtungszeitraum im AC von ca. ein bis zwei Tagen ist gegenüber einem Vorstellungsgespräch (ca. 2 Stunden) wesentlich länger. Dieses ermöglicht es, ein realistischeres Bild von dem jeweiligen Bewerber zu entwickeln.

- Anhand des AC-Ergebnisses kann dem Teilnehmer eine konkretere Rückmeldung über seine Beurteilung gegeben werden.

- Die Beurteilungskriterien zur Bewerberauswahl werden transparenter als dies der Fall ist, wenn lediglich ein Einstellungsgespräch geführt wird.

Fortsetzung nächste Seite

Personalwesen

Fortsetzung

7.2 – Der Bedarf an Personalentwicklung und Fortbildung kann für jeden Teilnehmer individuell festgestellt werden. Für den ausgewählten Mitarbeiter können hieraus zielgenau geeignete Maßnahmen vorgesehen werden.

– Die Beteiligung unterschiedlicher Beobachter verringert das Risiko späterer Widerstände gegen diese Mitarbeiter im Betrieb.

– Der Einsatz betriebsinterner Beobachter schärft deren soziale Kompetenz und wirkt sich positiv auf deren Führungsverhalten aus.

– AC können die Entwicklung des Betriebsklimas (in diesem Fall das der KAFAHA) in Richtung einer positiven Leistungskultur fördern.

7.3 Die Probezeit dient dazu, dass beide Vertragspartner – Arbeitgeber und Arbeitnehmer – entscheiden können, ob sie das Arbeitsverhältnis nach der Probezeit fortsetzen wollen.

Für den Arbeitgeber (hier die KAFAHA) ergeben sich insbesondere folgende Vorteile:

– Im Rahmen der Probezeit kann die KAFAHA feststellen, ob Frau Merten die in sie gesetzten Erwartungen erfüllt, d. h.

– es kann geprüft werden, ob Frau Merten die fachlichen Anforderungen der Stelle erfüllt;

– es kann die soziale Kompetenz von Frau Merten beobachtet werden, z. B. ihre Kommunikationsfähigkeit, die Teamfähigkeit, ihr Führungsverhalten und ihre Belastbarkeit.

– Für die KAFAHA ergibt sich der Vorteil, dass bei Nicht-Eignung von Frau Merten das Arbeitsverhältnis ohne Angabe von Gründen und mit einer gesetzlichen Frist von 14 Tagen gekündigt werden kann (vgl. § 622 Abs. 3 BGB).

7.4 Die Assistentenstelle von Frau Merten ist eine Stabsstelle, die der Kaufmännischen Leitung zugeordnet ist (siehe Situation).

Die Ergänzung im Organigramm muss daher beim Kaufmännischen Leiter Herrn Bernd ansetzen:

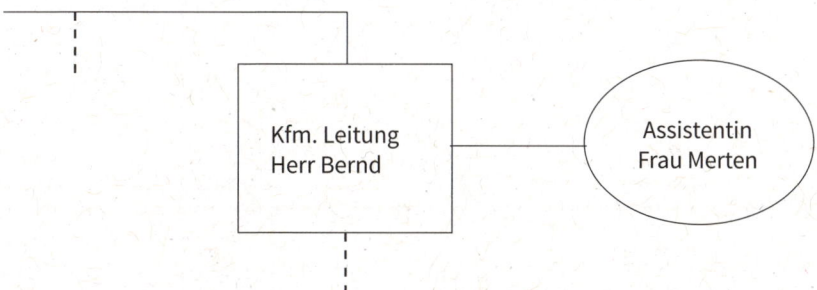

7.5 Stabsstellen sind dadurch gekennzeichnet, dass sie keine Weisungsbefugnis haben. Als Stelleninhaberin einer Stabsstelle ist Frau Merten daher ohne besondere Vollmacht von Herrn Bernd grundsätzlich nicht befugt, Anweisungen an Herrn von Zohm zu geben.

7.6.1 Der Fehler liegt in der Übernahme des Beitragssatzes zur Krankenversicherung begründet. In der Personalstammdatei ist der allgemeine Beitragssatz von 14,6 % angegeben, plus 1,6 % kassenindividueller Zusatzbeitrag. In der Gehaltsabrechnung wurde aber ein Beitragssatz von 16,2 % eingetragen, mit einem zusätzlichen Beitrag von 1,6 %. Richtig ist, dass der gesamte Beitragssatz nur insgesamt 16,2 % beträgt.

Somit wurde ein zu hoher Beitrag zur Krankenversicherung ermittelt, sodass der Auszahlungsbetrag zu gering ausgewiesen wurde.

Personalwesen

7.6.2 Korrektur der Gehaltsabrechnung

Pers.-Nr.: 351226002	
NAME	Gesa Merten
Monat	Juli 20..
Abrechnung	Monatlich
Weitere Bezüge	0,00
Steuerklasse	III
Kinderfreibeträge	1,0
Kirchensteuer	9 %
Jährlicher Freibetrag	0
Krankenversicherung	
Name der Kasse	BKK XY-Fabrik Hamburg
Beitragssatz allgemein (Grundbeitragssatz) Zusatzbeitragssatz	(14,6 %) 1,6 %
Pflegeversicherung	Ja
Rentenversicherung	Ja
Beitr. zur Arbeitsförderung	Ja
Bundesland	Hamburg
Bruttogehalt	3.200,00 €
Einmalbezüge	-
VWL AG-Zuschuss	-
Dienstwagen	-
Sonstige	-
SUMME Bezüge	3.200,00 €
Lohnsteuer	123,16 €
Soli-Zuschlag	0,00 €
Kirchensteuer	0,00 €
Krankenversicherung (8,1 % von 3.200 €)	(259,20 €)
Pflegeversicherung (1,7 % von 3.200 €)	54,40 €
Rentenversicherung (9,3 % von 3.200 €)	297,60 €
Arbeitslosenversicherung (1,3 % von 3.200 €)	41,60 €
VWL	40,00 €
SUMME Abzüge	815,96 €
Auszahlung	2.384,04 €

Personalwesen

Lösung zu Aufgabe 8

8.1 Hauptzweck von Personalbeurteilungen ist die Erhebung von Informationen, um Personalentscheidungen möglichst zu objektivieren. Zusätzlich dienen Sie als Grundlage für die gesamte Personalplanung und insbesondere der Planung der Maßnahmen zur Personalentwicklung.

8.2 Hinweis: Die Aufgabenstellung besteht lediglich darin, entsprechende Teilschritte zu benennen. Insofern wird keine sachlogische Reihenfolge erwartet.

- Entscheidung zur Durchführung einer Mitarbeiterbeurteilung
- Planung der Personalbeurteilung
- Entwicklung von Beurteilungsbögen
- Schulung der Beurteiler
- Beurteilungsgespräche vorbereiten
- Beurteilungsgespräche durchführen
- Beurteilung auswerten
- Zusammenfassung der Ergebnisse
- Formulierung eines Gesamtergebnisses
- Rückmeldung an Mitarbeiter/Unternehmensleitung
- Qualifizierungsbedarf bestimmen

8.3
- Welche Veränderungen beim Personal sind künftig erforderlich?
- Wie sollen künftig der Einsatz und die Förderung des Personals gestaltet werden?
- Welche Anforderungsänderungen werden sich zukünftig ergeben? Welcher Ausbildungsbedarf besteht?
- Wie und in welche Richtung sollen die vorhandenen personalen Potenziale entwickelt werden? Wie soll die Laufbahnplanung gestaltet werden?
- Welche Maßnahmen zur Entwicklung des Personals sind zu planen, zu organisieren und durchzuführen?

8.4 Durch Personalbeurteilungen soll nicht der ganze Mensch, sondern es sollen lediglich dessen berufsbezogene Merkmale beurteilt werden.

Hierzu können die gleichen Merkmale erhoben werden, die auch für die Auswahl von Mitarbeitern geeignet sind:

- Fachliche Kompetenz (u. a. Ausbildung, Erfahrungen)
- Leistungsbereitschaft
- Einstellung zur Arbeit
- Zuverlässigkeit
- Verantwortungsbewusstsein
- Konzentrationsfähigkeit
- Teamfähigkeit
- Logisches Denken
- Initiative
- Selbstständiges Lernen
- Zielstrebigkeit
- Motivation
- Kritikfähigkeit
- Beständigkeit
- Belastbarkeit
- Kreativität

Personalwesen

8.5
- Möglicherweise entsprechen die Anforderungen der Stelle nicht Herrn Röslers Fähigkeiten und Wünschen. Denkbar wäre eine Versetzung in eine andere Abteilung, die seinen Möglichkeiten besser entspricht.
- Sofern Herrn Rösler wesentliche Fähigkeiten für die erfolgreiche Erfüllung seiner Aufgaben fehlen, könnten entsprechende Fortbildungsangebote diese Lücke schließen. Da allerdings in allen Punkten Schwächen vorliegen, wäre der Aufwand hierfür möglicherweise zu hoch.
- Unter Umständen sind weder eine Versetzung noch Personalentwicklungsmaßnahmen möglich bzw. sinnvoll.
- Es wäre dann in weiteren Gesprächen mit Herrn Rösler zu prüfen, welche Ursachen seine Leistungsdefizite bzw. Verhaltensauffälligkeiten haben. Falls diese in bewusstem Fehlverhalten des Mitarbeiters liegen, wären u. U. eine Abmahnung und stärkere Begleitung dieses Mitarbeiters in Betracht zu ziehen.

Lösung zu Aufgabe 9

9.1

9.1.1

9.1.1.1 Ergänzung der Tabelle:

Erhöhung des Ecklohns von 17,69 €/h um 4 % bedeutet einen neuen Ecklohn von 18,40 €/h (s. u. Lohngruppe 7). Daraus ergeben sich folgende Ergänzungen:

Lohngruppe	1	2	3	4	5	6	7	8	9	10
Schlüssel (in %)	-	75	80	85	90	95	100	105	110	115
Lohn (€/h)	-	13,80	14,72	15,64	16,56	17,48	18,40	19,32	20,24	21,16

9.1.1.2

	Menge [Stück]	Vorgabezeit [Min]	Minutenfaktor	Summe
Lohn Produkt 1	295	3,5	0,3067 €	316,67 €
Lohn Produkt 2	270	4,5	0,3067 €	372,64 €
Lohn Produkt 3	430	4	0,3067 €	527,52 €
Lohn Produkt 4	940	6	0,3067 €	1.729,79 €
SUMME				**2.946,62 €**

Erläuterung:

1. Stundenlohn = 18,40 €/Stunde (siehe Lösung zu Aufgabe 9.1.1.1)

2. Minutenfaktor = 18,40 €/Std. / 60 Minuten = 0,3067 €/Minute

3. Berechnung des Brutto-Monatsverdienstes

Brutto-Monatsverdienst
= Stückzahl Produkt 1 x Vorgabezeit Produkt 1 x Minutenfaktor
+ Stückzahl Produkt 2 x Vorgabezeit Produkt 2 x Minutenfaktor
+ Stückzahl Produkt 3 x Vorgabezeit Produkt 3 x Minutenfaktor
+ Stückzahl Produkt 4 x Vorgabezeit Produkt 4 x Minutenfaktor

Brutto-Monatsverdienst
= 295 x 3,5 x 0,3067
+ 270 x 4,5 x 0,3067
+ 430 x 4 x 0,3067
+ 940 x 6 x 0,3067
= 2.946,62 €

Personalwesen

9.2 Pro:
- Schonung der Arbeitskraft des Beschäftigten durch Vermeidung von Arbeitshetze
- Geringerer Arbeitsdruck verbessert die Produktqualität
- Geringerer Arbeitsdruck verhindert Arbeitsunfälle
- Maschinen und Werkzeuge werden evtl. schonender eingesetzt (dadurch möglicherweise geringere Wartungs-/Reparaturkosten)
- leichte Berechnung des Lohns (Stundenlohn mal Anwesenheitszeit)
- Aufwändige Vorarbeiten in der Arbeitsvorbereitung für die Ermittlung der Vorgabezeiten entfallen

Contra:
- Geringerer Anreiz zur Leistungssteigerung
- Evtl. sinkende Produktivität des Betriebes
- Überwachung der Arbeitsleistung erforderlich
- Es entstehen Kosten durch die Umstellung des Lohnsystems
- Feststehende Fertigungszeiten für Kalkulation und die Planung fehlen
- Der Arbeiter kann seinen Verdienst durch Mehrleistung nicht erhöhen
- Zur Planung, Steuerung und Kontrolle des Fertigungsprozesses sind keine oder nur grobe Zeitvorgaben vorhanden

9.3

9.3.1 Lohngruppe 5   16,56 €/h

Herr Hoffmann verfügt über keinen Berufsabschluss, sodass die Lohngruppen 6 – 10 nicht möglich sind, da diese einen Berufsabschluss voraussetzen.

Durch die Spezialkurse („besondere Ausbildung") sowie Herrn Hoffmanns langjährige Erfahrung ist eine Eingruppierung in Lohngruppe 5 vorzunehmen.

Somit ist im Arbeitsvertrag die Lohngruppe 5 mit einem Stundenlohn von 16,56 € anzugeben.

9.3.2 a) Berechnung des Lohnes pro Arbeitswert

Lohn pro Arbeitswert	=	(Maximaler Lohn – Minimaler Lohn) : Maximaler Arbeitswert
	=	(20,24 – 14,72) : 24
	=	0,23 €/Arbeitswert

b) Berechnung der Lohnverteilung

Lohn pro Stunde = Mindestlohn + (Arbeitswert · Lohn pro Arbeitswert)

Arbeitsplatz	Lohnverteilung
A	14,72 + (18 · 0,23) = 18,86
B	14,72 + (12 · 0,23) = 17,48
C	14,72 + (15 · 0,23) = 18,17
D	14,72 + (20 · 0,23) = 19,32
E	14,72 + (24 · 0,23) = 20,24

Personalwesen

Lösung zu Aufgabe 10

10.1 Tätigkeiten im Bereich Entgeltabrechnung

Beispiele:
- Personaldaten einholen (IT-System, Personalakte)
- Personaldaten erfassen und verarbeiten
- Lohn-/Gehaltsbestandteile anhand von Arbeitsvertrag, Tarifverträgen und Betriebsvereinbarungen ermitteln
- Steuerfreie Zulagen ermitteln
- Steuerliche Abzüge ermitteln
- Sozialversicherungsabzüge ermitteln
- Vorschüsse/Rückzahlungen ermitteln
- Abrechnungen erstellen
- Überweisungen tätigen und buchen

10.2

10.2.1 Berechnung des Akkordrichtsatzes

Akkordrichtsatz = Grundlohn + Akkordzuschlag
= 14,00 € + 2,80 €
= 16,80 €/Std.

Berechnung des Minutenfaktors

Minutenfaktor = Akkordrichtsatz / 60
= 16,80 : 60
= 0,28 €/min.

10.2.2 Pro 10 Stück werden 6 Minuten benötigt. 900 Stück wurden hergestellt, also gilt folgender Dreisatz:

10 Stück = 6 Min.
900 Stück = x Min.

=> (900 Stück : 10 Stück) · 6 Min = x
= 540 Min.
= 9 Stunden

= 9 Stunden à 16,80 €/Std. = **151,20 €/Tag**

Der Bruttolohn des Arbeiters für den 14.06. beträgt 151,20 €.

10.2.3
Durch die Überschreitung der Vorgabezeit wird mehr Zeit zur Verpackung benötigt, sodass die mengenmäßige Ausbringung dieses Bereiches sinkt.

Da im Akkordlohn die mengenmäßige Leistung und die Bezahlung in einem „Gleichklang" (= Akkord) stehen, sinkt das Arbeitseinkommen der Beschäftigten. Aus Sicht des Betriebes verringern sich die gesamten Lohnkosten. Da aber die mengenmäßige Leistung in gleichem Maße wie die Lohnkosten sinken, bleiben die Lohnstückkosten unverändert.

Sollte eine sehr deutliche Überschreitung der Vorgabezeiten eintreten, ist eine flexible Lohnentwicklung nach unten nicht mehr möglich, da in diesem Fall die vereinbarten Mindestlöhne gezahlt werden müssen. Durch diesen Effekt kommt es zu einer Erhöhung der Lohnstückkosten.

Personalwesen

10.3

10.3.1 Kosten, die im Bereich Personalentwicklung anfallen

Beispiele:

- Gebühren für Veranstaltungen/Seminare
- Reisekosten der Teilnehmer
- Kosten für Unterkunft und Verpflegung der Teilnehmer
- Kosten für die ausgefallene bezahlte Arbeitszeit der Teilnehmer
- Honorare und Reisespesen für externe Referenten
- Gehälter interner Referenten
- Miete bzw. Raumkosten für Veranstaltungen/Seminare
- Kosten für Lehrmittel (z. B. Skripte, Folien)
- Anteilige Verwaltungskosten der Personalentwicklungsabteilung

10.3.2
- Der Zusammenhang zwischen der Bildungsmaßnahme und dem erzielten Erfolg kann nur unzureichend hergestellt werden.
- Durch eine Vielzahl anderer Einflussfaktoren werden die Auswirkungen der Bildungsmaßnahme verstärkt oder abgeschwächt.
- Auswirkungen von Bildungsmaßnahmen sind erst mit einer zeitlichen Verzögerung festzustellen.
- Bildungsmaßnahmen können bei unterschiedlichen Mitarbeitern zu verschieden Ergebnissen führen.
- Die Messung verschiedener Entwicklungsziele ist teilweise sehr schwierig bzw. aufwändig. Eine wirksame Erfolgskontrolle wird so zusätzlich erschwert.

10.3.3 Möglichkeiten zur Auswahl der Dozenten

- Beurteilungssystem einführen und Qualitätsmerkmale bestimmen

Fragenkatalog entwickeln:
- Verfügt der Dozent über eine angemessene Ausbildung?
- Welche fachliche und methodisch-didaktische Erfahrung kann der Dozent auf dem Fachgebiet nachweisen?
- Ist die notwendige Kommunikationsfähigkeit gegeben?
- Welche unterstützenden Maßnahmen (z. B. Skripte, Folien, Dateien) werden durch den Dozenten zur Verfügung gestellt?
- Ist die Bereitschaft zur Dozentenbeurteilung gegeben?
- Testveranstaltungen durchführen und auswerten
- Referenzen des Dozenten prüfen
- Auskünfte über den Dozenten einholen
- Inhaltliche Konzepte jeweils von Fachabteilung prüfen lassen

Notizen

04 Leistungserstellung

Notizen

Leistungserstellung

Lösung zu Aufgabe 1

1.1 Möglichkeiten für Bezugsquellen-Recherchen

- Website im Internet: „Wer liefert was?"
- Internet-Recherchen allgemein
- Gelbe Seiten
- Brancheninformationen (IHK)
- Kataloge
- Messen
- Fachforen
- Fachzeitschriften

1.2 Argumente für die Beibehaltung der eigenen Produktion

- Genauere Kontrolle über Fertigungsabläufe, -zeit, -qualität
- Verlässlichere Terminplanung, da alle Zeitbedarfe bekannt sind
- Know-how der KAFAHA über die Herstellung von Brennrohlingen bleibt erhalten
- Unabhängigkeit von externen Lieferanten
- Kostengünstiger nach Überschreiten einer kritischen Menge

Argumente für eine externe Beschaffung

- Externe Lieferanten sind möglicherweise Spezialisten, die durch besonderes Know-how Effizienz-, Qualitäts- und Kostenvorteile bieten
- Kein Kapital für zukünftige Investitionen erforderlich
- Keine Leerkosten für nicht ausgelastete Betriebsmittel zur Anfertigung der Brennrohlinge
- Bezug der Rohstoffe wird von Lieferanten durchgeführt, der Einkauf der KAFAHA wird entlastet
- Probleme mit der Beschaffung, Anlieferung und Prüfung der Rohstoffe werden auf den Lieferanten abgewälzt
- Materialhandling übernimmt Lieferant, sodass Lagerkapazitäten und evtl. auch die Anzahl von Mitarbeitern verringert werden können

Leistungserstellung

1.3

1.3.1

Menge (Stück)	Eigenproduktion			Fremdbezug	Vorteil Eigen-produktion	Vorteil Fremdbezug
	Fixkosten	Variable Kosten	Gesamt-kosten	Summe Bezugspreis		
0	270.000 €	0 €	270.000 €	0 €	− 270.000 €	270.000 €
1 000	270.000 €	8.670 €	278.670 €	53.670 €	− 225.000 €	225.000 €
2 000	270.000 €	17.340 €	287.340 €	107.340 €	− 180.000 €	180.000 €
3 000	270.000 €	26.010 €	296.010 €	161.010 €	− 135.000 €	135.000 €
4 000	270.000 €	34.680 €	304.680 €	214.680 €	− 90.000 €	90.000 €
5 000	270.000 €	43.350 €	313.350 €	268.350 €	− 45.000 €	45.000 €
6 000	270.000 €	52.020 €	322.020 €	322.020 €	0 €	0 €
7 000	270.000 €	60.690 €	330.690 €	375.690 €	45.000 €	− 45.000 €
8 000	270.000 €	69.360 €	339.360 €	429.360 €	90.000 €	− 90.000 €
9 000	270.000 €	78.030 €	348.030 €	483.030 €	135.000 €	− 135.000 €
10 000	270.000 €	86.700 €	356.700 €	536.700 €	180.000 €	− 180.000 €
11 000	270.000 €	95.370 €	365.370 €	590.370 €	225.000 €	− 225.000 €
12 000	270.000 €	104.040 €	374.040 €	644.040 €	270.000 €	− 270.000 €
13 000	270.000 €	112.710 €	382.710 €	697.710 €	315.000 €	− 315.000 €
14 000	270.000 €	121.380 €	391.380 €	751.380 €	360.000 €	− 360.000 €
15 000	270.000 €	130.050 €	400.050 €	805.050 €	405.000 €	− 405.000 €

K_{fix} (Eigenprod.)   + K_{var} (Eigenprod.)   = K_{var} (Fremdprod.)

270.000   + 8,67 x   = 53,67 x | − 8,67 x
270.000   = 45 x | : 45
6.000   = x

Der kritische Punkt liegt bei 6 000 Stück: Bei dieser Menge sind die Gesamtkosten der Eigenproduktion genauso hoch wie der Bezugspreis bei Fremdbezug.

Erläuterung:

− Die Fixkosten bei Eigenproduktion sind beschäftigungsunabhängig und sind daher bei jeder Menge gleich hoch.
− Die variablen Kosten ergeben sich jeweils aus der Multiplikation von variablen Stückkosten mit der Menge.
− Gesamtkosten = Fixkosten + variable (Gesamt-)Kosten
− Der Bezugspreis bei Fremdbezug ergibt sich aus der Multiplikation des Bezugspreises je Stück mit der jeweiligen Menge.
− Der „Vorteil Eigenproduktion" errechnet sich aus Fremdbezug − Bezugspreis abzgl. der Gesamtkosten bei Eigenproduktion.
− Der „Vorteil Fremdbezug" wird ermittelt aus Gesamtkosten bei Eigenproduktion abzgl. Bezugspreis bei Fremdbezug.

Leistungserstellung

1.3.2 Grafische Darstellung

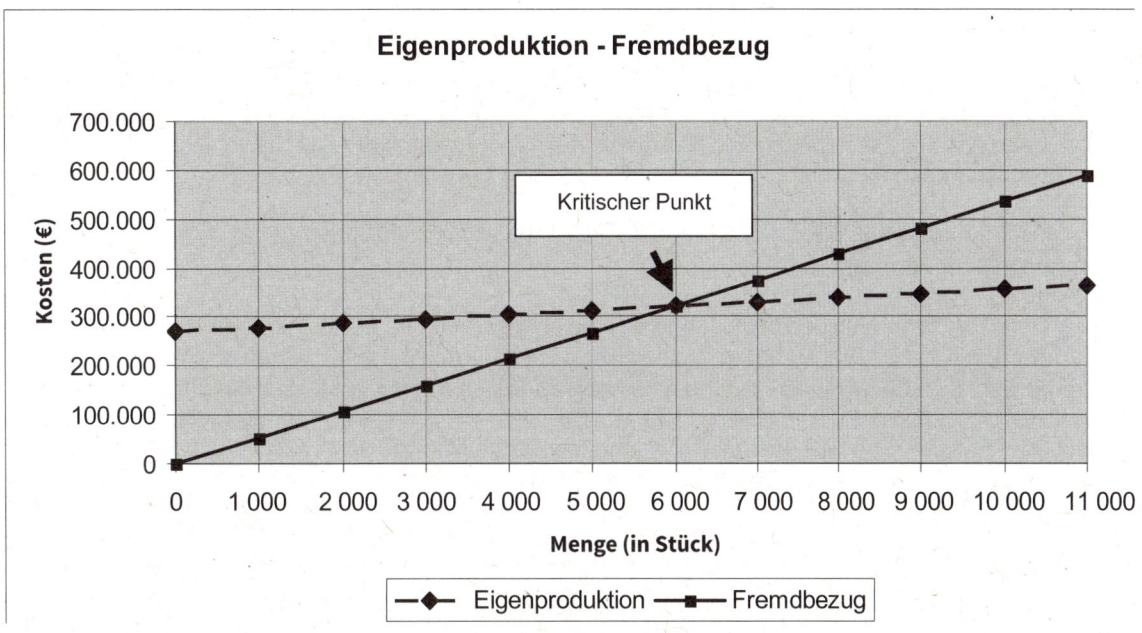

1.4
- Durch häufige Umrüstung der Fertigungsanlagen fallen hohe Umrüstkosten an.
- Durch eine Verringerung der jeweiligen Losgröße ergeben sich relativ hohe Stückkosten, da die fixen Umrüstkosten auf immer weniger Produkteinheiten verteilt werden.
- Das Vorhalten verschiedener Farben bindet Kapital, verursacht einen höheren Handlingsaufwand im Lager, sodass die Lagerkosten steigen.
- Durch den höheren Umrüstaufwand müssen möglicherweise mehr Mitarbeiter eingestellt werden, was insgesamt höhere Lohnkosten verursacht.
- Wenn Farben nicht in der erwarteten Menge nachgefragt werden, besteht die Gefahr, dass diese verderben und nicht mehr verwendbar sind. Diese müssten dann möglicherweise kostenpflichtig entsorgt werden.
- Eine Verkleinerung der Fertigungslose bedingt zeitintensive und häufigere Umstellungen, sodass sich die Durchlaufzeiten in der Produktion verlängern.

1.5 Schritte des Planungsprozesses

Beispiele:
- Konstruktionszeichnung anfertigen
- Produktmuster/Prototyp herstellen
- Produktmuster auf technische Anforderungen testen
- ggf. technische Anpassung vornehmen
- Stückliste erstellen
- wirtschaftliche Bedingungen und Machbarkeit prüfen (u. a. Kosten planen, Investitionsbedarf und Finanzierungsfragen klären)
- Maßnahmen zur Qualitätssicherung planen
- Nullserie herstellen
- Arbeitspläne erstellen
- Maschinenbelegung planen

Leistungserstellung

Lösung zu Aufgabe 2

2.1 Risiken, die sich bei einer Erhöhung der Produktionsmenge ergeben (vgl. Lösung 1.4)

- Eine Erhöhung der Produktionsmenge bedingt organisatorische Änderungen des Betriebsablaufs (Schichtarbeit, Maschinenbelegungszeiten etc.) sowie der Verwaltung auf allen Ebenen des Unternehmens. Dadurch entsteht ein Mehraufwand, der durch Gewinnzuwachs auf längere Sicht hin gerechtfertigt werden muss.

- Die erhöhte Produktionsmenge führt zu einer stärkeren Kapitalbindung, insbesondere in absatzschwachen Perioden.

- Durch die Erhöhung der Produktionsmenge könnte ein Bedarf an zusätzlichen Mitarbeitern sowie neuen Betriebsmitteln (u. a. Maschinen) ausgelöst werden. Durch diese Investitionen werden die Fixkosten erhöht. Bei einem Rückgang der Nachfrage könnte sich das nachteilig auswirken.

- Es ergibt sich eine stärkere Beanspruchung der Betriebsmittel, die möglicherweise stärker verschleißen und somit häufigere Reparaturen auslösen.

- Die Mitarbeiter werden stärker belastet. Bei gleichbleibender Mitarbeiterzahl besteht die Gefahr, dass aufgrund von Stress Gesundheitsschäden für die Mitarbeiter auftreten. Möglicherweise erhöht sich hierdurch der Krankenstand.

- Durch die stärkere Beanspruchung von Betriebsmitteln und Mitarbeitern können sich Qualitätsprobleme ergeben.

- Die Kapazitäten werden soweit ausgelastet, dass kurzfristig auftretende Aufträge nicht zeitnah fertiggestellt werden können.

2.2

2.2.1
- Es ergibt sich eine eingeschränkte Lieferbereitschaft, wenn ein plötzlicher Großauftrag bzw. Bedarf auftritt.

- Durch die Abstimmung mit der Verkaufsmenge werden die Kapazitäten nicht gleichmäßig ausgelastet. Es ergeben sich höhere Leerkosten, d. h. Kosten der nicht ausgenutzten Kapazität.

- Die vorhandenen Mitarbeiterkapazitäten lassen sich wegen bestimmter Arbeitszeitregelungen nur bedingt flexibel anpassen.

2.2.2 Aus der ökologischen Wertanalyse wird deutlich, dass das neue Herstellungsverfahren kostengünstiger und zugleich weniger umweltbelastend als das herkömmliche Verfahren ist.

2.3
- Anpassung der Intensität: Die Maschinen könnten evtl. schneller laufen. Möglichweise könnten vorübergehend Mitarbeiter in Form der Zeitarbeit beschäftigt werden.

- Zeitliche Anpassung: Einrichtung von Sonderschichten, Überstunden.

Leistungserstellung

2.4

2.4.1 Die Anzahl vor- und/oder nachgelagerter Produktionsstufen soll verringert werden.

Lean production bedeutet „schlanke Produktion". Dieser Ansatz beinhaltet, dass jede Form der Verschwendung im Bereich der Produktion zu verhindern ist.

Beispiele für Verschwendung:
- Fehlerhafte Produktion
- Unausgelastete Kapazitäten
- Zu hohe Lagerbestände
- Zu hohe Produktionskosten

Eine Verringerung der Produktionstiefe kann einen Beitrag zur Verbesserung der Produktion leisten, indem z. B. durch die Auswahl geeigneter Teile-Zulieferer die Qualität der End-Produkte erhöht oder die Lagerbestände an Materialien verringert werden können.

2.4.2
- Das Unternehmen kann sich besser auf seine Kernkompetenz konzentrieren. Das schärft das Unternehmensprofil bei den Kunden und verhindert eine Verschwendung von Ressourcen.
- Eine verschlankte Produktion führt zu einer Verringerung der Investitionen, da Fertigungsanlagen nicht mehr benötigt werden bzw. keine neuen angeschafft werden müssen.
- Die Liquidität wird geschont, da keine neuen Investitionen erforderlich sind.
- Möglicherweise vorhandene Überkapazitäten werden verringert. Somit sinken die Leerkosten.
- Vorhandene Probleme beim Abbau von Personal können verringert werden.
- Zulieferer können die Leistungen möglicherweise effizienter und damit kostengünstiger zur Verfügung stellen.
- Das Know-how bedarf ständiger Weiterentwicklung. Durch Konzentration auf das Kerngeschäft können die Entwicklungskosten auf den Kernbereich gebündelt werden.

2.5

2.5.1 Die Fertigungskosten lassen sich bei einer Menge von 3 200 Stück wie folgt berechnen:

$$\frac{(\text{Rüstzeit} + \text{Fertigungszeit/Stück} \cdot \text{Stückzahl}) \cdot \dfrac{\text{Fertigungskostensatz}}{60 \text{ Minuten}}}{\text{Stückzahl}}$$

$$\frac{(116 \text{ Min.} + 9 \text{ Min./Stück} \cdot 3\,200 \text{ Stück}) \cdot \dfrac{83\,€}{60 \text{ Min.}}}{3\,200 \text{ Stück}} = 12{,}50\,€/\text{Stück}$$

Leistungserstellung

2.5.2 **1. Arbeitsproduktivitäten berechnen**

Arbeitsproduktivität = Produktionsmenge : Arbeitsstunden

1. Quartal Vorjahr: 10 010 Stück : 455 Arbeitsstunden = 22 Stück/Arbeitsstunde

1. Quartal Folgejahr: 15 125 Stück : 625 Arbeitsstunden = 24,2 Stück/Arbeitsstunde

Differenz: 2,2 Stück/Arbeitsstunde

22 Stück/Std.	=	100 %
2,2 Stück	=	x %
x	=	<u>10 %</u>

Die Produktivität hat sich um 10 % erhöht.

2.5.3 Es werden nachstehend sowohl Begründungen für eine inländische Produktion als auch für eine Verlagerung der Produktion ins Ausland angeführt. Entscheidend für die Bewertung der Lösung ist lediglich die wirtschaftliche Plausibilität der Argumentation.

Begründung für inländische Produktion

Aus Aufgabe **2.5.1** ergeben sich Fertigungskosten, die im Ausland um 3,80 €/Stück günstiger sind. Allerdings kann dieser Vorteil durch mögliche Probleme aufgehoben werden. Dabei sollten insbesondere die Logistikkosten geprüft werden. Zusätzlich können politische und allgemeine wirtschaftliche Probleme im Ausland dazu führen, dass der Kostenvorteil schwindet. Möglich wäre zudem, dass die Arbeitskräfte vor Ort noch nicht ausreichend qualifiziert sind und erst geschult werden müssten, was mit Kosten verbunden wäre.

Aus Aufgabe **2.5.2** ergibt sich ein erheblicher Produktivitätszuwachs. Sollte sich dieser zukünftig fortsetzen lassen, verringert sich stetig der Kostenvorteil einer ausländischen Produktion.

Für einen inländischen Standort sprechen u. a. die guten Infrastruktureinrichtungen (z. B. Hafen, Verkehrswege), das relativ hohe Qualifikationsniveau inländischer Arbeitskräfte, das hohe Maß an Arbeitsfrieden (wenig Ausfälle durch Streiks), politische, gesellschaftliche und wirtschaftliche Stabilität sowie die Nähe zum inländischen Absatzmarkt.

Die Geschäftsleitung sollte daher die Produktion der Tellerserie „Toskana" nicht ins Ausland verlagern.

Begründung für eine Produktion im Ausland

Aus Aufgabe **2.5.1** ergeben sich Fertigungskosten, die im Ausland um 3,80 €/Stück günstiger sind. Somit liegt ein klarer Kostenvorteil vor, der für eine Produktion im Ausland spricht.

Der Produktivitätszuwachs (**Aufgabe 2.5.2**) lässt sich durch die Erfahrungen im inländischen Werk auf eine ausländische Produktionsstätte übertragen. Hierdurch kann relativ kurzfristig das Produktivitätsniveau einer inländischen Produktionsstätte erreicht werden.

Für einen ausländischen Standort spricht weiterhin die Nähe zu anderen ausländischen Absatzmärkten. Die entstehenden Logistik- und damit Kostenvorteile könnten sich positiv auf die Ergebnissituation auswirken.

Arbeitsrechtliche Bestimmungen sind in vielen Ländern so gestaltet, dass Arbeitnehmer bei abnehmendem Personalbedarf unproblematischer wieder freigesetzt werden können. Dadurch ist eine größere Anpassungsfähigkeit an Nachfrage- und Produktionsschwankungen gegeben.

Als strategischer Schritt könnte eine ausländische Produktionsstätte sinnvoll sein, um auf Änderungen in der deutschen Steuerpolitik reagieren zu können.

Die Einrichtung einer weiteren Produktionsstätte könnte für einen innerbetrieblichen Wettbewerb um die „bessere" Produktionsstätte genutzt werden. Die dabei entstehenden Ideen könnten dabei helfen, die jeweilig andere Produktionsstätte zusätzlich zu verbessern.

Die Geschäftsleitung sollte daher die Produktion der Tellerserie „Toskana" ins Ausland verlagern.

Leistungserstellung

Lösung zu Aufgabe 3

3.1   **1. Lösungsmöglichkeit**

a) Berechnung der Gesamtkosten für Fertigungsautomat A bei 3 400 Laufstunden

Gesamtkosten Fertigungsautomat A

200.000 € + (82,70 € · 3 400 Laufstunden) = **481.180 €**

b) Berechnung der Gesamtkosten für Fertigungsautomat B bei 3 400 Laufstunden

Gesamtkosten Fertigungsautomat B

275.000 € + (54,20 € · 3 400 Laufstunden) = **459.280 €**

c) Berechnung der Kostendifferenz

Kostendifferenz = Kosten Fertigungsautomat A – Kosten Fertigungsautomat B

481.180 € – 459.280 € = 21.900 €

Die Kosten für den Fertigungsautomaten A sind um 21.900 € höher als bei Fertigungsautomat B. Daher sollte unter Kostengesichtspunkten Fertigungsautomat B ausgewählt werden.

2. Lösungsmöglichkeit

a) Berechnung der Gesamtlaufzeit der Maschinen

Maschinenlaufzeit pro Jahr

(16 Stunden/Tag · 220 Tage/Jahr) – 120 Stunden/Jahr

3 520 Stunden – 120 Stunden = 3 400 Stunden

b) Ermittlung der kritischen Maschinenlaufzeit (Maschinenlaufstunden x):

Kosten Fertigungsautomat A = Kosten Fertigungsautomat B

Hinweis: Die Abschreibungen auf die Anschaffungskosten sind in den fixen Kosten enthalten. Diese Zahlenwerte der Anschaffungskosten werden daher nicht benötigt.

200.000 € + 82,70 x	= 275.000 + 54,20 x	| – 54,20 x
200.000 € + 28,50 x	= 275.000	| – 200.000
28,50 x	= 75.000	| : 28,50
x	= **2 631,58 Maschinenstunden**	

Die Kosten für beide Fertigungsautomaten sind bei einer Maschinenlaufzeit von **2 631,58 Stunden** gleich hoch. Da die Nettolaufzeit der Maschinen aber 3 400 Stunden beträgt, wirken sich bei dieser Laufzeit die geringeren variablen Kosten des Fertigungsautomaten B aus. Unter Kostengesichtspunkten ist daher **Fertigungsautomat B** auszuwählen.

Leistungserstellung

3.2
- Qualität der produzierten Erzeugnisse, Fehlerquoten
- Umweltverträglichkeit (u. a. Lärmemissionen)
- Technische Erweiterungs- und Anpassungsmöglichkeiten
- Bedienungsfreundlichkeit
- Sicherheit für die Mitarbeiter
- Platzbedarf
- Finanzbedarf bzw. Finanzsituation der KAFAHA
- Rentabilität der Maschinen
- Kapazität des Automaten
- Zeitbedarf und Kosten für die Wartung
- Räumliche Flexibilität (z. B. Abbau der Maschine und Aufbau an anderer Stelle)
- Andere Beschaffungskriterien (z. B. Lieferzeit, Zuverlässigkeit des Lieferanten)
- Möglichkeiten der Zusammenfassung bei der Beschaffung

3.3

3.3.1

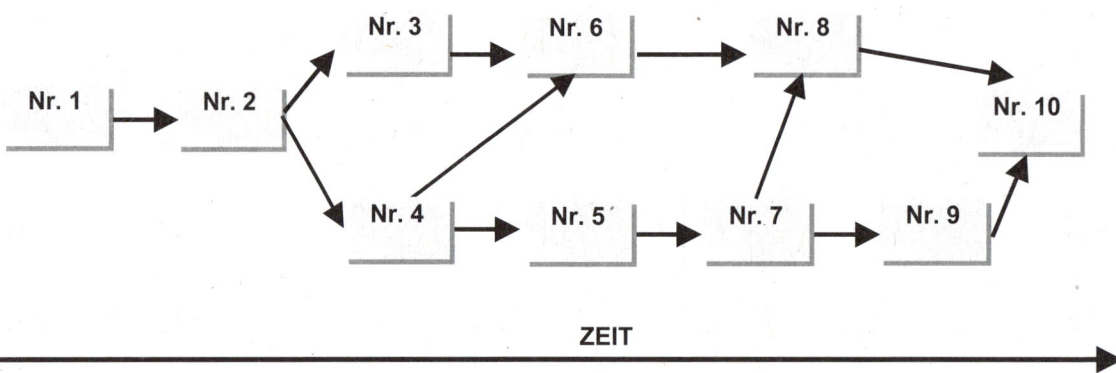

Erläuterung:

- Vorgehen: Es sollte beim Arbeitsgang Nr. 1 begonnen werden und die Tabelle Schritt für Schritt abgearbeitet werden.

- Nach Arbeitsgang Nr. 2 teilen sich die Arbeitsprozesse auf. Dieses wird dadurch deutlich, dass als Voraussetzung für die Arbeitsgänge Nr. 3 und Nr. 4 jeweils Nr. 2 angegeben ist.

- Als Voraussetzung für Arbeitsgang Nr. 6 sind die Arbeitsgänge Nr. 3 und Nr. 4 angegeben. Hier fehlt der Pfeil von Nr. 4 zu Nr. 6, der ergänzt werden muss.

- Als Voraussetzung für Arbeitsgang Nr. 8 sind die Arbeitsgänge Nr. 6 und Nr. 7 angegeben. In der Aufgabe fehlt der Pfeil von Nr. 7 zu Nr. 8, der ergänzt werden muss.

3.3.2 Der untere Zweig der Arbeitsgänge bestimmt die Dauer des gesamten Prozesses. Daher sind die Anzahl der benötigten Tage der Arbeitsgänge 1, 2, 4, 5, 7, 9 und 10 zu addieren:

1 + 2 + 3 + 2 + 2 + 2 + 1 = **13 Tage**

Die Maschine ist nach 13 Tagen für Produktionszwecke einsetzbar.

Leistungserstellung

3.3.3 Hinweise zum Arbeitsschutz

Beispiele:
- Betätigung des Notfallschalters
- Anlegen eines Gehörschutzes
- Einsetzen eines Staubfilters
- Tragen eines Mundschutzes
- Tragen von Handschuhen
- Aufsetzen des Helms
- Tragen der Sicherheitsschuhe
- Aufsetzen der Schutzbrille
- Hinweis auf Unfallverhütungsvorschriften

Lösung zu Aufgabe 4

4.1
- Das Marktvolumen könnte sich aufgrund der schwachen Konjunktur verringern, sodass sich die KAFAHA den schrumpfenden Markt mit seinen Wettbewerbern teilen muss. Bei einem verschärften Wettbewerb zwischen den Anbietern führt eine höhere Qualität der KAFAHA zu einem Wettbewerbsvorteil. Gerade bei den sicherheitsrelevanten Bauteilen der KAFAHA ist eine hohe Qualität ein entscheidender Erfolgsfaktor.

- Um die hohen Standards der Automobilindustrie einhalten zu können, wird ein Optimum an Produktqualität auch bei den Zulieferern benötigt. Das Qualitätsmanagement leistet darüber einen Beitrag zur Erhaltung der bestehenden Kundenbeziehungen.

- Eine hohe Qualität verringert das Risiko von Vertragsstrafen und Preisnachlässen aufgrund von Qualitätsmängeln. Damit wird tendenziell die Ertragskraft gestärkt, die in konjunkturell schwierigen Phasen insgesamt eher geschwächt ist.

- In der Kundenwahrnehmung stellt die Qualität der Erzeugnisse eine Basis zum Aufbau eines positiven Images dar. Dieses verbesserte Image erleichtert die Gewinnung von Neukunden.

4.2
- Die eingesetzten Materialien sollten möglichst recyclebar sein.

- Sofern dies technisch möglich ist, sollten bereits recycelte Materialien für die Produktion eingesetzt werden.

- Sollte ein Einsatz bereits recycelter Materialien nicht möglich sein, könnten nachwachsende Rohstoffe in dem Maße verwendet werden wie diese nachwachsen („Prinzip der Nachhaltigkeit").

- Eine verbesserte Haltbarkeit der Keramikträger führt zu einer langen Lebensdauer der Produkte. Die Ressourcen werden somit „umweltoptimal" eingesetzt.

- Die Produkte sollten frei von jeglichen Schadstoffen und gesundheitlich völlig unbedenklich sein.

- Der Produkte sollten keine Emissionen (z. B. Gase) abgeben.

- Die Produktion (z. B. der Brennprozess) sollte möglichst emissionsarm erfolgen, sodass die Belastung von Boden, Luft und Wasser minimal ist.

- Zusätzlich sollte der Energieverbrauch bei der Herstellung (insbesondere im Brennprozess) und beim Recycling (z. B. bei der Verwertung von Altfahrzeugen) möglichst gering sein.

- Die Verpackung der Produkte sollte möglichst umweltfreundlich erfolgen.

Leistungserstellung

4.3 Bei dieser Aufgabe sind sehr unterschiedliche Lösungen denkbar, die sich aus folgenden Beispielelementen in einer schlüssigen Reihenfolge zusammensetzen können:
- Produktidee
- Beurteilung der Marktchancen der neuen Produkte (evtl. Marktforschung)
- Technische Konzeption und Konstruktion der neuen Produkte
- Kostenplanung und Einschätzung der Rentabilität
- Abschließende Produktgestaltung
- Erstellung von Rezepturen
- Planung und Vorbereitung der Fertigung
- Beschaffungsplanung
- Herstellung von Musterstücken
- Herstellung einer Vorserie

4.4 a) Berechnung der gesamten Fertigungszeit pro Stück

Arbeitsgang	Fertigungszeit pro Stück in Minuten
Gebrannten Keramikträger schneiden	1
Entgraten des geschnittenen Keramikträgers	2
Schleifen/Polieren des Keramikträgers	4
Kanäle mit Druckluft säubern	3
Schutzlack auftragen	3
Qualitätsprüfung	2
SUMME	**15 Minuten/Stück**

b) Gesamte Fertigungszeit bei einer Produktion von 5 000 Stück

15 Zeitminuten/Stück · 5 000 Stück = 75 000 Zeitminuten
75 000 Zeitminuten : 60 Zeitminuten/Stunde = **1 250 Arbeitsstunden**

4.5 a) Umrechnung des gesamten Zeitbedarfes aus 4.4 auf einen Monat:

1 250 Arbeitsstunden : 3 Monate = **416,67** Arbeitsstunden/Monat

b) Monatlicher Personalbedarf

416,67 Arbeitsstunden/Monat : 140 Mann-Stunden/Monat
= 2,98 Mitarbeiter ≈ **3 Mitarbeiter**

Der monatliche Personalbedarf im 2. Quartal für diesen Produktionsprozess beträgt 3 Mitarbeiter.

4.6 Besonders geeignet sind Werbemittel, die Streuverluste gering halten und sich direkt an die Automobilindustrie wenden:
- Anzeigen und redaktionelle Beiträge in Veröffentlichungen, die besonders in der Automobilindustrie verbreitet sind (Beispiel: Mitgliederzeitschrift eines Herstellerverbandes, Fachzeitschriften)
- Direktansprache der Automobilhersteller, z. B. über Mailings mit anschließendem telefonischen Kontakt
- Prospekte, die die Produkteigenschaften darstellen und erläutern
- Messestände auf Fachmessen für Lieferanten der Automobilhersteller
- Durchführung von Hausmessen

Nicht geeignet sind Werbemittel, die die Werbeziele sowie die Zielgruppe nicht angemessen erreichen, d. h. bei denen die Streuverluste zu groß sind. Dieses dürfte bei stark konsumentenorientierten Werbemitteln wie z. B. Tageszeitungen oder Fernsehspots der Fall sein.

Leistungserstellung

Lösung zu Aufgabe 5

5.1

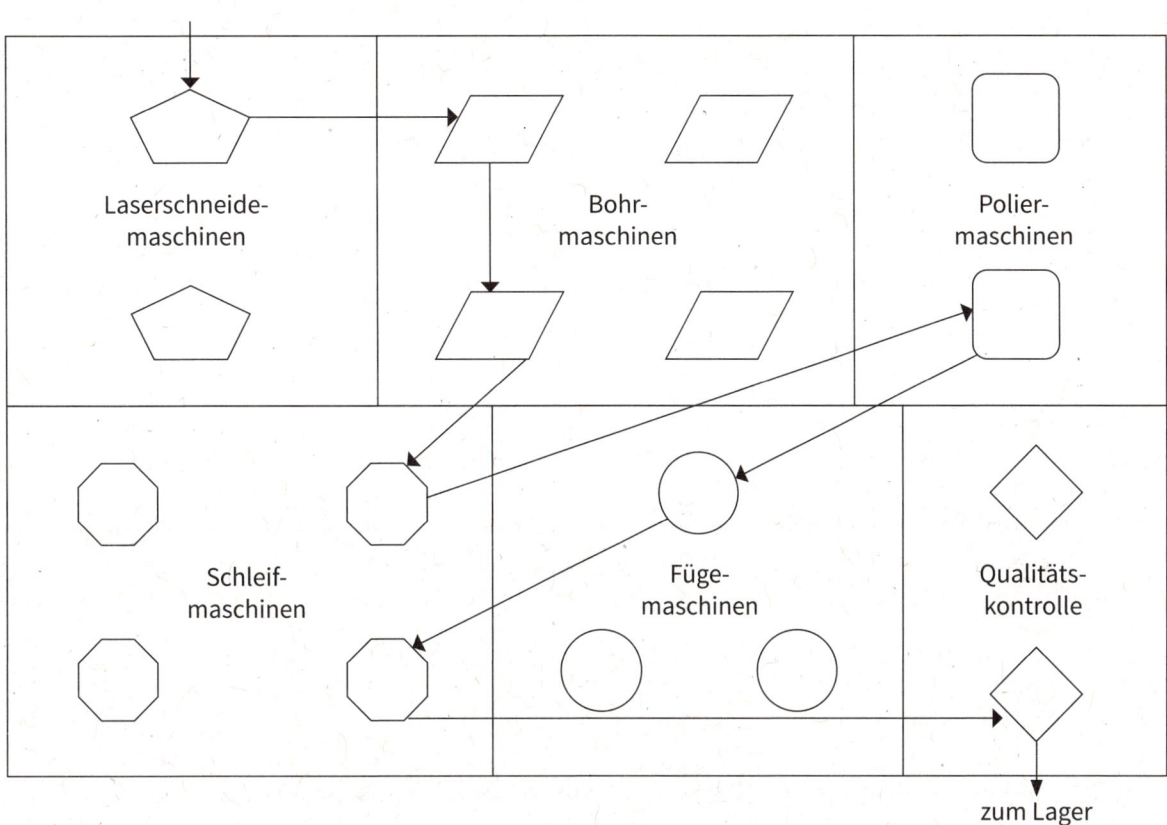

5.2 Auftragszeit = Summe der Rüstzeiten + Summe der Zeiten je Einheit · Losgröße

a) Berechnung der Rüstzeiten

Summe der Rüstzeiten (t_r)

= 8 + 5 + 10 + 8 + 6 + 7 + 4 + 12 = **60 Minuten**

b) Berechnung der Ausführungszeit je Einheit

Summe der Ausführungszeiten je Einheit (t_e)

= 1,1 + 1,2 + 2,0 + 2,0 + 3,3 + 2,1 + 1,3 + 2,0 = **15 Minuten**

c) Berechnung der Auftragszeit in Minuten

Angegebene Auftragsmenge	= 500 Stück
Auftragszeit in Minuten	= 60 Min. + 15 Min./Stück · 500 Stück/Auftrag
	= **7 560 Minuten/Auftrag**

d) Berechnung der Auftragszeit in Stunden

Auftragszeit in Stunden	= 7 560 Minuten/Auftrag : 60 Minuten/Stunde
	= **126 Stunden/Auftrag**

5.3 Bei dem dargestellten Organisationstyp der Fertigung handelt es sich um eine Werkstättenfertigung.

Erkennbar ist dieses daran, dass Betriebsmittel mit gleichartigen Verrichtungen räumlich zusammengefasst sind, wobei die Werkstücke nach der Bearbeitung zur jeweils folgenden Werkstatt weitertransportiert werden.

Leistungserstellung

5.4 Die Werkstättenfertigung führt zu verhältnismäßig langen und uneinheitlichen Transportwegen, die zu relativ hohen innerbetrieblichen Transportkosten führen.

Durch den nicht konstanten Materialfluss kann es zu häufigen zeit- und kostenintensiven Umrüstungen kommen.

Die verschiedenen Fertigungsaufträge können relativ lange Materialliegezeiten hervorrufen. Teilweise entstehen Materialstaus vor den Maschinen.

Durch die verschiedenen zeitintensiven Umrüstungen, Materialliegezeiten und Transportvorgänge sind insgesamt die Durchlaufzeiten in der Fertigung vergleichsweise lang.

Zusätzlich führt der unterschiedliche Materialfluss zu einem hohen Koordinationsbedarf und damit zu entsprechenden Kosten im Bereich der Fertigungssteuerung.

5.5

5.5.1
- Durch die Umstellung werden selbstständige Arbeitsgruppen gebildet.
- Unterschiedliche Maschinen werden innerhalb einer Arbeitsgruppe nach dem Fertigungsdurchlauf räumlich zusammengefasst.
- Die Einführung der Gruppenarbeit stellt eine Kombination zwischen der Werkstättenfertigung (Verrichtungsprinzip) und einer Reihenfertigung (Flussprinzip) dar.
- Der Fertigungsprozess wird übersichtlicher.

5.5.2
- Die Mitarbeitergruppen sollten so zusammengestellt werden, dass für alle pro Gruppe zusammengestellten Betriebsmittel die entsprechenden Kenntnisse und Fertigkeiten bei bestimmten Gruppenmitgliedern gegeben sind.
- Durch die Gruppenprozesse ist die Teamfähigkeit der einzelnen Mitarbeiter unmittelbare Voraussetzung. Zudem müssen Konflikte ausgehalten und insbesondere selbstgesteuert gelöst werden können. Insofern ist ein höheres Maß an sozialer Kompetenz erforderlich.
- Die Gruppenmitglieder sollten „menschlich" gut zusammenpassen. Daraus ergibt sich ein günstigeres Gruppenklima, das tendenziell zu einer besseren Kommunikation und Arbeitszufriedenheit führen dürfte.
- Die Mitarbeiter sollten sich mit ihrer Aufgabe weitgehend identifizieren und die Bereitschaft zur Übernahme von Verantwortung mitbringen.
- Das Arbeiten in Gruppen erfordert zudem die Fähigkeit, sich in Strukturen und Prozesse mit einer höheren Komplexität einzufügen. Von allen Mitarbeitern wird daher das Denken in Zusammenhängen gefordert.

5.6

5.6.1 Zeiten zur Vorbereitung des Arbeitsplatzes und zur Nachbereitung der Betriebsmittel werden als Rüstzeiten bezeichnet:

Zeiten für …
- das Lesen und Verstehen des Fertigungsauftrages
- die Reinigung der Maschinen
- das Einrichten der Maschinen
- Energie, die für die Umrüstung oder das Anfahren der Maschinen benötigt wird
- einen Testlauf. Das hierbei produzierte Material ist häufig Ausschuss.
- Ausfallzeit der Maschine, die mit dem Maschinenstundensatz bewertet wird.

Leistungserstellung

5.6.2
- Sinnvolle Zusammenfassung von Fertigungsaufträgen
- Festlegung von Mindest- bzw. optimalen Losgrößen
- Einsparmöglichkeiten bei Umrüstungen prüfen (z. B. Fremdunternehmen einbeziehen, Zeiten verkürzen, Anzahl der Testläufe verringern)
- Anschaffung neuer Maschinen, die geringere Rüstzeiten erfordern

5.7

5.7.1 Bestimmung der optimalen Losgröße und Ergänzung der Tabelle

Hinweise:

a) Durchschnittlicher Lagerbestand = Losgröße : 2
b) Lagerkosten = Durchschnittlicher Lagerbestand · 5,50 €/Stück
c) Gesamtkosten = Rüstkosten + Lagerkosten

Daraus ergibt sich folgende Ergänzung der Tabelle:

Losgröße Stück	Rüstkosten in €	Durchschnittl. Lagerbestand Stück a)	Lagerkosten der Waschbecken in € b)	Gesamtkosten in € c)
12 000	9.000	6 000	33.000	42.000
10 000	10.800	5 000	27.500	38.300
7 500	14.400	3 750	20.625	35.025
6 000	**18.000**	**3 000**	**16.500**	**34.500**
5 000	21.600	2 500	13.750	35.350
4 000	27.000	2 000	11.000	38.000
3 000	36.000	1 500	8.250	44.250

Die optimale Losgröße liegt bei der Menge, bei der die Gesamtkosten am geringsten sind. Die geringsten Gesamtkosten in Höhe von 34.500 € sind bei einer Menge von **6 000 Stück** gegeben.

Leistungserstellung

5.7.2 Grafische Darstellung

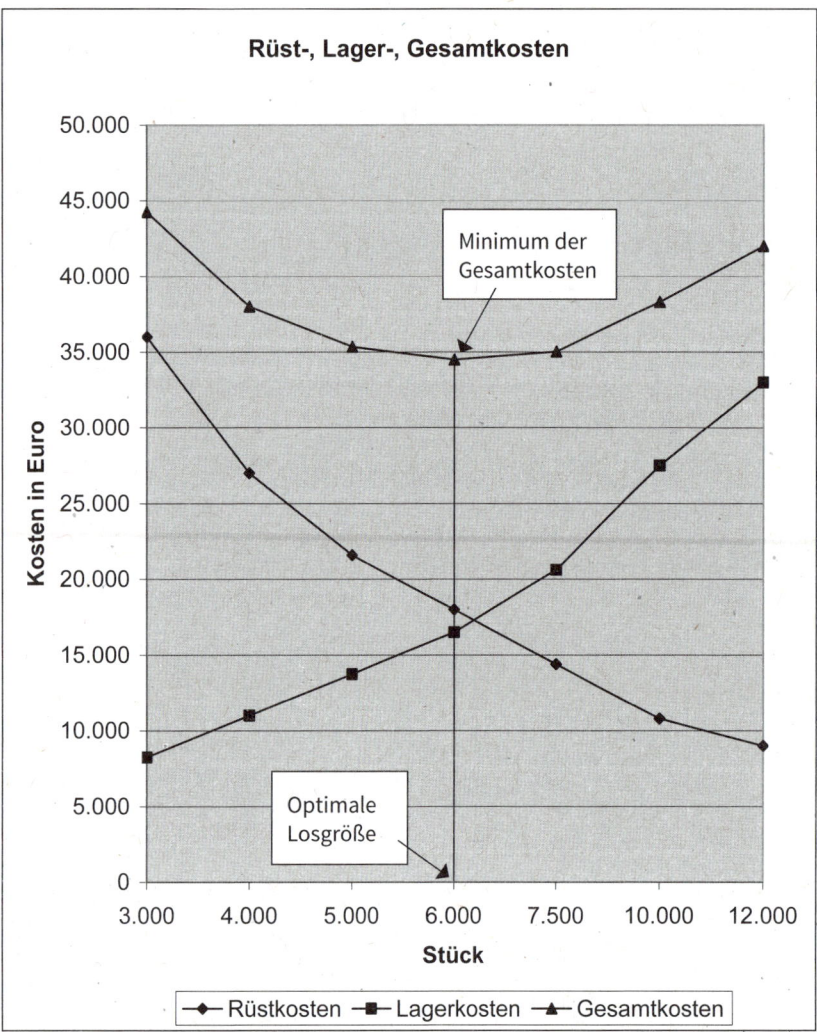

5.7.3
Rüstkosten fallen unabhängig von der zu produzierenden Menge an. Sie werden daher auch als auflagenfixe Kosten bezeichnet.

Bei sinkender Losgröße verteilen sich diese fixen Kosten auf die geringere Anzahl von Mengeneinheiten der Auflage: Die Rüstkosten pro Stück steigen.

Lagerkosten sind auflagenvariable Kosten. Je größer die Produktionsmenge ist, umso höher sind die Lagerkosten zwar insgesamt, die Lagerkosten je Stück bleiben jedoch konstant.

5.7.4 Vereinfachende Annahmen

Beispiele:

- Die Lagerkosten hängen vom Wert des durchschnittlichen Lagerbestandes ab. Der Lagerhaltungskostensatz bleibt konstant.
- Die Rüstkosten sind konstant.
- Der Jahresbedarf ist im Voraus bekannt.
- Es liegt ein kontinuierlicher und gleichmäßiger Lagerabgang vor.
- Es sind keine Fehlmengen (= Bedarf, der die vorhandene Menge übersteigt) zugelassen.
- Es besteht ein unendlich großes Lager mit unendlich großer Lagerkapazität.

Leistungserstellung

Lösung zu Aufgabe 6

6.1

6.1.1 Analyse des Fehlerprotokolls:

Es wurden insgesamt 15 000 Stücke geprüft, davon waren 100 Stücke fehlerhaft.

1. Möglichkeit der Berechnung

Durchschnittliche Fehlerquote = Gesamtzahl der Fehler : Gesamtanzahl der geprüften Stücke
= 100 : 15 000
= 6,67 ‰

Die durchschnittliche Fehlerquote beträgt 6,67 ‰

2. Möglichkeit der Berechnung

a) Bestimmung der Fehlerquote bei den einzelnen Stichproben

Stichprobe	Fehlerhafte Stücke	Fehlerquote pro Tausend
1	8	5,33
2	10	6,67
3	10	6,67
4	7	4,67
5	12	8,00
6	14	9,33
7	10	6,67
8	13	8,67
9	5	3,33
10	11	7,33

Berechnungsbeispiel (Stichprobe 1):
(8 · 1 000) : 1 500 = 5,33 ‰

b) Berechnung der durchschnittlichen Fehlerquote

Durchschnittliche Fehlerquote = Summe aller Fehlerquoten : Anzahl der Stichproben
= (5,33 + 6,67 + 6,67 + 4,67 + 8,00 + 9,33 + 6,67 + 8,67 + 3,33 + 7,33) : 10
= 6,67 ‰

6.1.2 a) Berechnung der prozentualen Abweichung zwischen dem Stichprobenergebnis und der Qualitätsvorgabe

Die Vorgabe lautet:
Pro Tausend geprüfter Teile dürfen höchstens 5 Teile fehlerhaft sein, dies entspricht 5 ‰.
Es sind aber tatsächlich 6,67 ‰ fehlerhaft, also 1,67 ‰ mehr als die Vorgabe erlaubt.

Fortsetzung nächste Seite

Leistungserstellung

Fortsetzung

6.1.2 Errechnung der prozentualen Abweichung:

5 ‰ = 100 %
1,67 ‰ = x %
100 % : 5 · 1,67 = **33,4 %**

Die Abweichung zwischen dem Stichprobenergebnis und der Qualitätsvorgabe beträgt 33,4 %.

b) **Berechnung der Fehlerkosten**

33,4 · 1.800,00 € = **60.120,00 €**

Durch die erhöhte Fehlerquote entstehen Kosten in Höhe von 60.120,00 €.

6.1.3 Fehlerkosten

Fehlerkosten können KAFAHA-intern oder extern entstehen; externe Fehlerkosten entstehen, wenn die Fehler nach der Auslieferung vom Kunden festgestellt werden.

Unter Fehlerkosten fallen z. B. folgende Kosten:

– Allgemeine Prüfkosten (u. a. Gehälter der Prüfmitarbeiter, Abschreibungen für Geräte im Prüflabor, Kosten für Verbrauchsmaterialien bei der Prüfung)
– Kosten für eventuelle Nacharbeit von Teilen (u. a. eingesetzte Mitarbeiterstunden, Kosten für Materialien)
– Kosten für Ausschuss
– Kosten durch Rücknahme fehlerhafter Produkte, wenn diese bereits ausgeliefert wurden
– Kosten für Schadensersatz, Vertragsstrafen oder gewährte Minderungen, wenn Produkte bereits ausgeliefert wurden
– Kosten für entgangenen Markterfolg (u. a. Gewinnverzicht)
– Kosten aufgrund eines Imageschadens (u. a. Kosten für Gegenmaßnahmen)

6.1.4

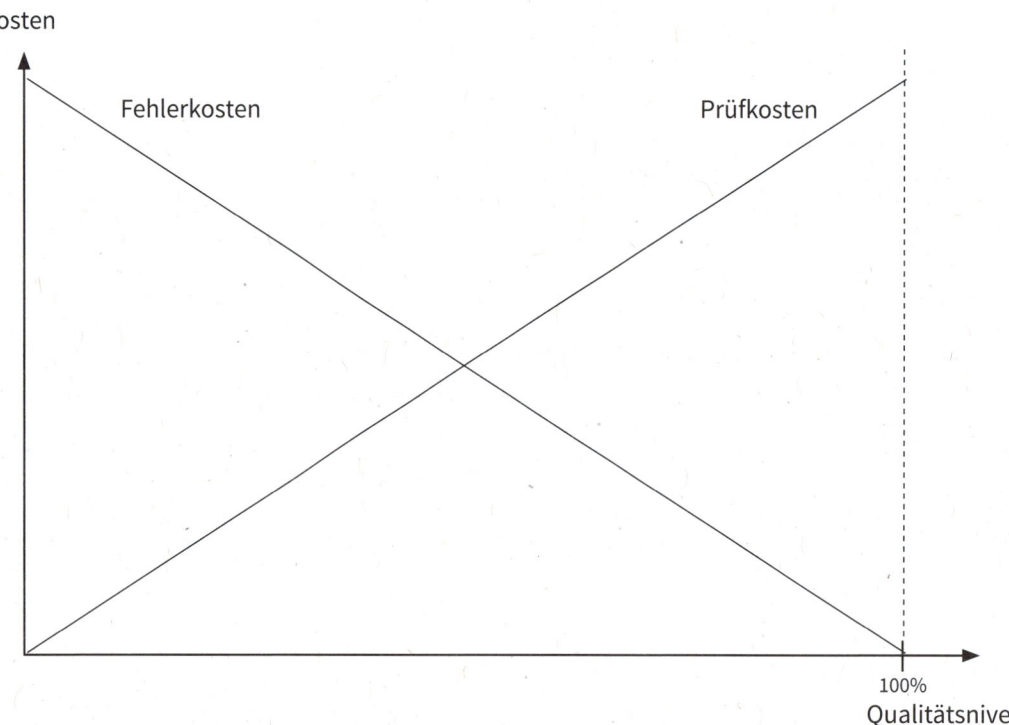

6.1.4 Erläuterung:

a) Prüfkosten

Prüfkosten sind Kosten, die durch alle planmäßigen Qualitätsprüfungen verursacht werden (Beispiel: Laboruntersuchungen, Erprobung von Prototypen, Eingangsprüfungen, Zwischenprüfungen in der Fertigung, Materialprüfungen, Endprüfungen, Verpackungskontrolle, Abnahmeprüfungen).

Durch einen hohen Prüfaufwand kann die Anzahl der Fehler beim Verkaufsprodukt verringert werden. Je höher das Qualitätsniveau ist (d. h. die Anforderungen an Fehlerfreiheit sind), desto höher sind die Prüfkosten pro Einheit.

b) Fehlerkosten

Fehlerkosten sind Kosten, die durch eine Nichterfüllung von Qualitätsforderungen verursacht werden (Beispiel: Ausschusskosten, Nacharbeitskosten, Kosten für Konstruktionsänderungen, Kosten für Reklamationsbearbeitungen, Kosten für Serviceleistungen).

Mit steigendem Qualitätsniveau aufgrund eines einwandfreien Verfahrens sinkt die Fehlerquote und damit sinken die Fehlerkosten pro Einheit.

6.2 Mögliche Vorteile aus einer Zertifizierung

- Verbesserungspotenziale können aufgespürt und umgesetzt werden:

    Durch eine Zertifizierung werden neben dem Organisationsaufbau insbesondere die Arbeitsabläufe deutlich. Somit können Verbesserungspotenziale entdeckt werden. Mit Hilfe von Standardisierungen in den Abläufen und in der Kommunikation können diese optimiert werden.

- Voraussetzung für Marktzutritt:

    Zertifizierte Kundenunternehmen verlangen zunehmend von ihren Lieferanten ebenfalls die Zertifizierung. Für bestimmte Marktsegmente bzw. Kundengruppen ist eine Zertifizierung damit Voraussetzung für einen Marktzugang. Beispielsweise verlangen staatliche Stellen entsprechende Zertifikate im Zusammenhang mit Ausschreibungen.

- Wettbewerbsvorsprung:

    Gegenüber nicht-zertifizierten Unternehmen kann eine Zertifizierung zumindest zeitweilig einen Wettbewerbsvorteil begründen.

- Kostenersparnis:

    Durch die umgesetzten Verbesserungen im Bereich der Abläufe und Strukturen können Kosteneinsparungen erreicht werden. Hierdurch wird gleichzeitig die Zukunftsfähigkeit der KAFAHA verbessert.

- Verbesserung von Arbeitsbedingungen:

    Durch transparente und optimierte Arbeits- und Kommunikationsprozesse kann eine Verbesserung der Arbeitsbedingungen für die Beschäftigten erreicht werden.

- Vorbeugung gegen Produkthaftungsklagen:

    Das ISO-Zertifikat kann haftungsrechtliche Gegenbeweise erleichtern (Beispiel: bei Beweislastumkehr im US-amerikanischen Produkthaftungsrecht).

Leistungserstellung

6.3 Gründe für die Einführung eines Qualitätshandbuches

- Ein Qualitätshandbuch dient der Qualitätssicherung. Diese fördert die Kundenzufriedenheit und das Vertrauen auf Seiten der industriellen Abnehmer und der Endverbraucher.

- Die Einführung eines Qualitätshandbuches führt zu einer Senkung der Fehlerquote. Hierdurch werden Kosten, die aufgrund von Gewährleistungsansprüchen entstehen, verringert bzw. vermieden.

- Ein Qualitätshandbuch schafft Transparenz innerhalb der Organisation und erleichtert eine Optimierung der Abläufe. Diese Optimierung führt zu einer effektiveren Beherrschung der Produktionsprozesse, verhindert unnötige Doppelarbeiten und minimiert die Durchlaufzeiten.

- Das Qualitätsbewusstsein aller Mitarbeiter wird generell durch ein Qualitätshandbuch gefördert.

- Über ein Qualitätshandbuch werden die betrieblichen Abläufe abgesichert. Gleichzeitig bleibt das Know-how bei Personalwechsel erhalten sowie Abgrenzungen von Zuständigkeiten und Verantwortlichkeiten werden deutlich dokumentiert.

- Ein Qualitätshandbuch erleichtert die Einarbeitung neuer Mitarbeiter.

- Ein funktionierendes Qualitätsmanagement, das durch ein entsprechendes Handbuch realisierbar wird, ist Voraussetzung für eine Zertifizierung. Gerade bei zunehmendem Wettbewerb stellt diese einen Wettbewerbsvorteil dar (siehe Nr. 6.2).

- Als Marktführer mit hoher Qualitätssicherheit (siehe Aufgabensituation) ist die Image-Wahrung von großer Bedeutung. Ein Qualitätshandbuch unterstützt daher die Beibehaltung und weitere Verbesserung des positiven Images der KAFAHA.

6.4 TQM-System

TQM steht für „Total Quality Management". Hierunter versteht man jede gesamtbetriebliche oder unternehmensweite Strategie, die auf ständige Optimierung der Qualität auf allen Ebenen und in allen Phasen des betrieblichen Leistungserstellungsprozesses gerichtet ist.

Dabei geht es nicht nur um die Qualität der Produkte, sondern um die Qualität der gesamten Organisation mit allen Menschen, Prozessen, Systemen usw.

Leistungserstellung

Lösung zu Aufgabe 7

7.1

7.1.1 Es liegt eine retrograde Terminplanung vor. Dabei wird die Produktion ausgehend vom Liefertermin geplant.

In der Kombination mit der vorliegenden Darstellungsform ergeben sich folgende Vorteile:

- Die Pufferzeiten zwischen den Arbeitsgängen sind erkennbar.
- Liegezeiten des Materials sowie der Zwischenerzeugnisse zwischen den Arbeitsgängen werden vermieden.
- Die Kapitalbindung wird verringert.
- Die Zinskosten werden vermindert.
- Der gesamte Prozess ist übersichtlich dargestellt und erleichtert die Überwachung der Produktion.

7.1.2
1. Der Arbeitsvorgang „Formen" dauert lediglich 0,5 Wochen (siehe Tabelle, Vorgang 4). Im Terminplan ist die Dauer mit einer Woche angegeben.
2. Der zugesagte Versandtermin („3. August 20.."; siehe Situation) liegt nicht in der 30. Kalenderwoche, sondern in der 31. Kalenderwoche (siehe Kalenderauszug).

7.2

7.2.1

1. Berechnung der Zeitvorgabe (Soll-Zeit)

Rüstzeit + Ausführungszeit je Einheit · Losgröße = Gesamte Auftragszeit
(30 + 20) + (1,5 + 2,0) · 300 = 1 100 Dezimalminuten

Umrechung in Zeitstunden: 1 100 : 100 = 11 Stunden

2. Berechnung des Unterschiedes zur Ist-Zeit

Istzeit − Sollzeit = Zeitabweichung
12 Stunden − 11 Stunden = 1 Stunde

3. Berechnung des prozentualen Unterschiedes zur Soll-Zeit

11 Stunden = 100 %
1 Stunde = x %

=> 100 : 11 · 1 = **9,09 %**

Die Zeitvorgabe an der Bohrmaschine 1 muss sich um 9,09 % verlängern.

7.3 Mit Hilfe der folgenden Maßnahmen könnte der Fertigungstermin dennoch eingehalten werden:

- Es könnten Überstunden vorgesehen werden, um die Arbeitszeit zu verlängern.
- Es könnte geprüft werden, ob freie Kapazitäten zum Bohren zur Verfügung stehen.
- Es könnte geprüft werden, ob ein Fremdunternehmen kurzfristig das Bohren übernehmen könnte.
- Aufträge für andere Keramikteile beinhalten möglicherweise Pufferzeiten. Durch eine Umdisposition bei anderen Aufträgen könnten so Kapazitäten an der Bohrmaschine 1 frei werden.

Leistungserstellung

7.4

7.4.1 Der Lieferant Bergmann befindet sich nicht im Lieferverzug, da weder ein fixer Liefertermin vereinbart wurde, noch eine Mahnung durch die KAFAHA erfolgt ist.

Daher kann die KAFAHA keine Ansprüche aus einem Deckungskauf geltend machen.

Die erhöhten Kosten für den Bezug des Poliermittels bei der Arox GmbH müssten somit von der KAFAHA getragen werden. Dieses hätte eine Ergebnisverschlechterung zur Folge.

Hinzu kommt, dass der Fertigstellungstermin trotz der Verzögerung eingehalten werden kann. Aus der Vorgangsliste ergibt sich ein Zeitpuffer von einer Woche zwischen dem Schleifen (Vorgang 9) und dem Polieren (Vorgang 10).

Frau Tenzlow sollte also keine Ersatzbeschaffung bei der Firma Arox GmbH vornehmen.

7.4.2 Unter Berücksichtigung der Entscheidung, dass dem Vorschlag von Frau Tenzlow nicht gefolgt werden soll (siehe 7.4.1), sind folgende Aktivitäten erforderlich:

- Mitteilung an Frau Tenzlow, dass keine Bestellung bei der Arox GmbH erfolgen soll.
- Schriftliche Bestätigung eines fixen Liefertermins von Firma Bergmann anfordern.
- Warenannahme informieren, dass das Poliermittel sofort nach der Anlieferung zur Polierwerkstatt gebracht werden soll.
- Polierwerkstatt informieren, dass das Poliermittel voraussichtlich erst am Ende der 29. Kalenderwoche eintreffen wird.

7.4.3 Es werden täglich 1 200 Stück verbraucht. Die am Donnerstag (21.07.) noch vorhandene Menge von 2 240 Stück reicht daher noch für den gesamten Freitag (2 240 Stück – Abgang von 1 200 Stück).

Für den Montag stehen nur 1 040 Stück zur Verfügung. Daher muss bestimmt werden, zu welcher Uhrzeit die Lieferung erfolgen muss.

Ausgehend von einem gesamten Tagesbedarf von 1 200 Stück muss zunächst der Verbrauch für die Zeiten bestimmt werden, in denen die Ware angenommen, kontrolliert und vorbereitet wird. Diese Zeiten betragen insgesamt 50 + 20 = 70 Minuten.

Pro Stunde werden 1 200 : 10 Stunden = 120 Stück an Poliermittel verbraucht.

In einer Stunde und 10 Minuten (= 70 Minuten) werden daher 120 + 120/6 Stück = 140 Stück verbraucht.

Daher ist zu berechnen, wann die Menge von 1 040 – 140 = 900 Stück erreicht wird.
Bei einem Stundenverbrauch von 120 Stück ist das in 7 Stunden und 30 Minuten der Fall (900 : 120).

Rechnet man vom Arbeitsbeginn 7 ½ Stunden weiter, so ergibt sich, dass spätestens um 15:30 Uhr die Ware eintreffen muss.

7.5 Die Produktion könnte am Montag, den 13.06. beginnen. Aus der Vorgangsliste ergibt sich ein Zeitpuffer von einer Woche zwischen dem Schleifen (Vorgang 9) und dem Polieren (Vorgang 10).

7.6

7.6.1 Ein Großteil der Durchlaufzeit wird durch Liegezeiten verursacht, die durch den Arbeitsablauf bedingt sind.

7.6.2 Liegezeiten führen zu einer unnötigen Verlängerung der Durchlaufzeit. Da diese Liegezeiten durch den Arbeitsablauf bedingt sind, sollte eine Verbesserung der Arbeitsabläufe angestrebt werden. Hierdurch könnten Kosten vermieden und für die Kunden kürzere Lieferzeiten realisiert werden.

Leistungserstellung

7.6.3 – Der Einsatz von Arbeitskräften nach speziellen Fähigkeiten und Begabungen führt zu Produktivitätsverbesserungen.

– Es bestehen mehr Einsatzmöglichkeiten, auch für niedrig qualifizierte und damit kostengünstige Arbeitskräfte.

– Durch häufige Wiederholung der gleichen Arbeitsprozesse werden Lern- und Übungseffekte erreicht, die zu einer höheren Produktivität führen.

– Die Anlern- und Einarbeitungsphase kann verkürzt werden, sodass sich die Einarbeitungskosten verringern.

– Ersatz für ausfallende Arbeitskräfte ist innerbetrieblich leichter zu organisieren, da ähnlich qualifizierte Kräfte enger zusammenarbeiten

– Der Produktionsablauf wird transparenter. Dadurch bestehen gute Voraussetzungen, um effektivere Planungs-, Steuerungs- und Kontrollinstrumente einzusetzen.

– Durch die Rationalisierung von Arbeitsvorgängen lohnt sich in größerem Umfang der Einsatz von Spezialmaschinen und -werkzeugen. Hierdurch lassen sich Kostendegressionseffekte erzielen.

Lösung zu Aufgabe 8

8.1 Berechnung des Nettobedarfs Kaolin

Rohstoff: Kaolin in kg	Zeitraum: April 20..
Primärbedarf (Waschbecken) Stück	2.900
Sekundärbedarf kg	5.800
Zusatzbedarf kg	290
= Bruttobedarf kg	6.090
Lagerbestand kg – Mindestbestand kg + Offene Bestellungen kg	1.200 – 600 + 1.000
= verfügbarer Lagerbestand kg	1.600
= Nettobedarf kg	4.490

Unter dem Primärbedarf wird der Bedarf an verkaufsfähigen Produkten und Handelswaren verstanden.

Aus diesem Primärbedarf kann der Bedarf an Rohstoffen ermittelt werden (= Sekundärbedarf).

Ein Zusatzbedarf zum Sekundärbedarf ergibt sich aus Ungenauigkeiten, Schwundeffekten oder Ausschussproduktion.

1. Berechnung des Primärbedarfes

Primärbedarf Standard = Auftragsmenge Neukunde + Auftragsbestand

= 500 Stück + 2 400 Stück

= 2 900 Waschbecken

Fortsetzung nächste Seite

Leistungserstellung

Fortsetzung

8.1 2. Berechnung des Sekundärbedarfes

Für ein Waschbecken Standard werden jeweils 2 kg Kaolin benötigt. Bei einem Primärbedarf von 2 900 Waschbecken, ergibt sich folgende Rechnung:

Sekundärbedarf in kg = 2 900 Waschbecken · 2 kg/Waschbecken
 = 5 800 kg Kaolin

3. Berechnung des Zusatzbedarfs

Der Zusatzbedarf ist im Verhältnis zum Sekundärbedarf mit 5 % angegeben worden.

100 % = 5 800 kg
 5 % = x   kg
=>   (5 800 · 5) : 100 = x
x = 290 kg

4. Berechnung des Bruttobedarfs

Sekundärbedarf	5 800 kg
+ Zusatzbedarf	290 kg
= Bruttobedarf	6 090 kg

5. Berechnung des verfügbaren Lagerbestandes

Lagerbestand lt. Inventur	1 200 kg
− Sicherheitsbestand	600 kg
+ Offene Bestellungen	1 000 kg
= Verfügbarer Lagerbestand	1 600 kg

6. Berechnung des Nettobedarfs

Bruttobedarf	6 090 kg
− Verfügbarer Lagerbestand	1 600 kg
= Nettobedarf	4 490 kg

8.2

8.2.1 Allgemein gilt für die Berechnung der Auftragszeit folgender Zusammenhang:

Auftragszeit = Rüstzeit + Ausführungszeit
 = Rüstzeit + (jeweilige Stückzeit · Auftragsmenge)

Für die einzelnen Maschinen ergibt sich folgende Berechnung:

1. Maschine Universalmaschine B

Maschine UB = 60 Minuten + (108 Sek. · 500 Stück) = 57 600 Sek. = 960 Minuten
960 Min. = 16 Stunden

2. Maschine SB

Maschine SB = 5 Minuten + (57 Sek. · 500 Stück) = 28 800 Sek. = 480 Minuten
 = 8 Stunden

Fortsetzung nächste Seite

Fortsetzung

3. Maschine SC

Maschine SC = 30 Minuten + (54 Sek. · 500 Stück) = 28 800 Sek. = 480 Minuten
= 8 Stunden

4. Maschine SA

Maschine SA = 40 Minuten + (168 Sek. · 500 Stück) = 86 400 Sek. = 1 440 Minuten
= 24 Stunden

5. Maschine UA

Maschine UA = 80 Minuten + (48 Sek. · 500 Stück) = 28 800 Sek. = 480 Minuten
= 8 Stunden

6. Maschine UC

Maschine UC = 50 Minuten + (282 Sek. · 500 Stück) = 144 000 Sek. = 2 400 Minuten
= 40 Stunden

8.2.2 Zur Festlegung des frühestmöglichen Fertigstellungstermins soll eine progressive Terminplanung („Vorwärtsplanung") durchgeführt werden. Die Produktion beginnt daher am 1. April.

Der Arbeitsplan bestimmt dabei die Reihenfolge des Durchlaufes. Gleichzeitig müssen die Ergebnisse aus 8.2.1 berücksichtigt und auf Schichten bezogen werden. Da die KAFAHA im Zweischichtsystem mit einer Arbeitszeit von acht Stunden pro Schicht arbeitet, muss pro acht Stunden Maschinenlaufzeit ein Kreuz eingefügt werden:

Lfd. Nr.	Maschine/Arbeitsgang	Laufzeit für Neukundenauftrag	Anzahl der nächstmöglichen Kreuze nach Fertigstellung des vorangegangenen Arbeitsganges
1	UB	16	2
2	SB	8	1
3	SC	8	1
4	SA	24	3
5	UA	8	1
6	UC	40	5

Die Maschinenbelegung muss wie folgt eingetragen werden:

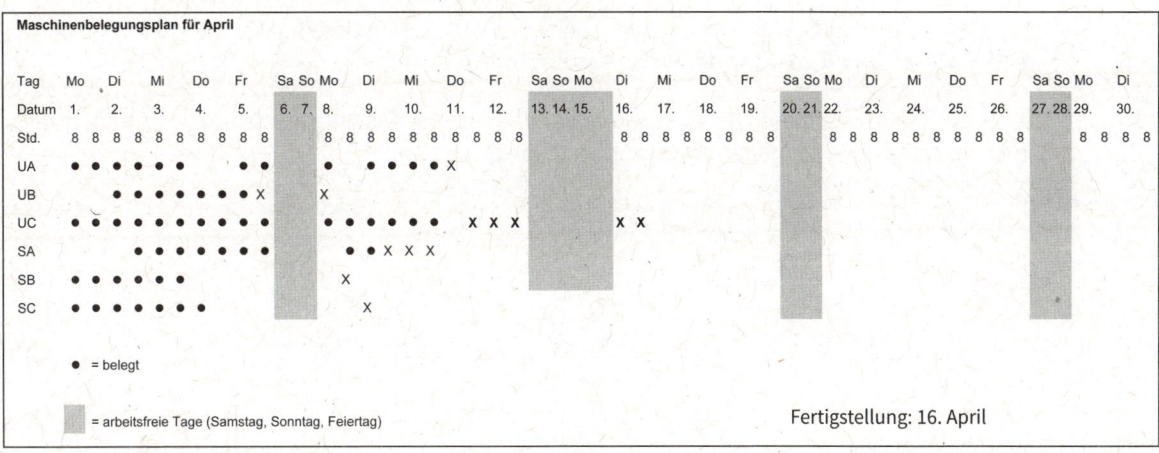

Leistungserstellung

8.2.3

Die E-Mail ist folgendermaßen zu ergänzen (graue Unterlegung):

Hallo Herr Frick,

die 500 [1] Waschbecken Standard [2] für den neuen Kunden können frühestens am 16. April [3] am Ende der Spätschicht die Produktion verlassen. Für die Verpackung und den Transport zum Kunden müssen weitere 2 Arbeitstage berücksichtigt werden, sodass ich Ihnen als frühesten Liefertermin den 19. April [4] (vormittags) empfehlen würde.

Falls Sie noch Fragen haben, stehe ich Ihnen selbstverständlich zur Verfügung.

Viele Grüße

Frank Mutig

Erläuterungen:

[1 und 2] Siehe Aufgabensituation

[3] Siehe Ergebnis der Teilaufgabe 8.2.2

[4] Siehe Ergebnis der Teilaufgabe 8.2.2 zzgl. 2 volle Arbeitstage (17., 18. April). Der Vormittag des 19. April ist daher der nächstmögliche Liefertermin.

8.3
- Da die Maschine UA am Abend des 10. April beschädigt wird, kann die Reparatur frühestens zur Frühschicht des 11. April begonnen und zum Ende der Spätschicht beendet werden. Um den Liefertermin dennoch einhalten zu können, könnten für die Maschine UA sowie die nachfolgende Maschine UC Nachtschichten oder Wochenendarbeit vorgesehen werden.

- Der Auftrag könnte auf der freien Universalmaschine UB oder der UC (siehe Maschinenbelegungsplan) produziert werden, sofern dieses technisch möglich ist.

- Der Auftrag könnte an ein Fremdunternehmen vergeben werden, wenn eine innerbetriebliche Lösung in der KAFAHA nicht möglich sein sollte.

- Es könnten Mitarbeiter aus anderen Bereichen an der Maschine UC eingesetzt werden, um den Zeitbedarf für diesen Vorgang deutlich zu reduzieren.

- Denkbar ist eine beschleunigte Abwicklung der Verpackung des Auftrags sowie des Transportes, z. B. durch Auswahl einer schnelleren Versandart (Expressversand).

Leistungserstellung

Lösung zu Aufgabe 9

9.1 Der Leistungsgrad gibt das Verhältnis von beeinflussbarer Ist-Mengenleistung zu beeinflussbarer Normal-Mengenleistung an.

In diesem Fall erfolgt eine Messung in Zeiteinheiten, sodass der Leistungsgrad sich wie folgt bestimmt:

Leistungsgrad = (Normalzeit · 100) : Istzeit

a) Berechnung der durchschnittlich benötigten Zeit

Durchschnittliche Zeit = (280 + 275 + 260 + 300 + 290 + 287) : 6 Messungen
= 282 Sek. = Istzeit

b) Berechnung der Normalzeit

Die Normalleistung beträgt 12 Stück pro Stunde (siehe Situation). Daraus lässt sich die Normalzeit (= Zeit pro Stück) bestimmen:

60 Minuten : 12 Stück = 5 Minuten/Stück = 300 Sek./Stück = Normalzeit

c) Berechnung des Leistungsgrades

Leistungsgrad = (300 · 100) : 282
= 106,38 %

9.2 Bruttotagesverdienst = Stückzahl · Vorgabezeit · Minutenfaktor

Vorgabezeit = 60 Minuten : Normalleistung
= 60 : 12
= 5 Minuten

Minutenfaktor = Akkordrichtsatz : 60
= 15,00 € : 60 = 0,25 €/Min.

Bruttotagesverdienst 10. Mai = 106 · 5 · 0,25
= 132,50 €

9.3 Die Lohnstückkosten verändern sich nicht. Durch die Mehrproduktion erhöht sich der Bruttolohn im gleichen Verhältnis wie die Produktionsmenge.

10. Mai: Lohnstückkosten = (Stückzahl · Vorgabezeit · Minutenfaktor) : Produktionsmenge

Für die Berechnung am 13. Mai kann der Faktor bestimmt werden, um den die Produktionsmenge (= Stückzahl) gestiegen ist. Dieser ergibt sich aus folgendem Verhältnis:

Faktor = Produktionsmenge am 13. Mai : Produktionsmenge am 10. Mai
= 110 : 106
= 1,03774

13. Mai: Lohnstückkosten = [(1,03774 · Stückzahl) · Vorgabezeit · Minutenfaktor] : 1,03774 · Produktionsmenge

Da der Faktor 1,03774 im Zähler wie im Nenner multiplikativ erscheint, kann der Bruch um diesen Wert gekürzt werden. Nach dem Kürzen ist ersichtlich: Es ergeben sich die gleichen Lohnstückkosten wie am 10. Mai.

Leistungserstellung

9.4 Normalleistung ist die menschliche Leistung, die

- bei ausreichender Begabung
- nach Einarbeitung und ständiger Übung
- auf Dauer
- ohne gesundheitliche Schädigung

erbracht werden kann.

9.5 Grundlohn und Akkordzuschlag ergeben den Akkordrichtsatz. Durch eine Erhöhung beider Werte ist somit eine Erhöhung des Akkordrichtsatzes notwendig. Dies bewirkt, dass der Minutenfaktor zur Lohnberechnung angepasst werden muss.

Notizen

Notizen